浮生 三辑

世纪文睿 Centurylit

吴正 著

世纪出版集团

上海人民出版社

听螺 1

水仙情结 49

绵情昏睡 147

后记 233

听螺

亿万年的投影，千古的斑记，永恒的反省，月光便是；最单纯的音乐，最原始的绘色，仅一字的诗句，那是——虚。

1. 战争与和平 ▲

　　到家已经是九点了，疲乏和颓废征服了我。而暴跌的股市令思想惯性地转向那个已不再有价值的念头：假如我在昨天都将它们卖出了，那又有多好哇！

　　亲人们对我永远最理解，整局晚饭桌上没有笑语。太太说："孩子测验得了个满分。"我没吭气。母亲说："多喝一碗乌鱼汤，今晚煲得特好。"我不做声。两个孩子更作乖，由始至终，竟没有一句争食的吵闹。

　　十点正，电视照例打开，宏博而悲壮的音乐之后，映出了几个断锯型的字体：第二次世界大战实录。

　　大家一样无语地观看：母亲怎样祝福儿子，妻子怎样吻别丈夫；战壕里，士兵怎样掏出那帧家乡和亲人的相片，凝视着，然后插刺冲锋；战俘营里，单衣的战俘又怎样在万里外的西伯利亚雪原悄然僵毙。残酷，进行着，人类只是无法自拔……

　　当悲壮之乐再起，大家才从历史的恍然中回进现实。是上床的时间了，但谁也不想动弹。我突然用一条臂抱住了两个女儿，另一条则搂紧了妻子，母亲坐在我们对面，她说："那年八·一三，在上海，我抱着你已不在人世的大哥逃进租界，日机'哒哒哒'地在后面追赶，不知道哪一粒子弹会轮到我们。"太太说："其实，只有在没有战争的日子里，才会有股票，那么一种刺激。"我环望着她们，一个接一个，口里没有，心里在说："世界需要和平，我需要的，只是你们……"

一九八九年十二月二十四日　圣诞前夜

2. 青石板下的春天　　　　　▲

　　上世纪纪九十年代的第一个阳春，我结伴上海诗人黎老同游西湖。一个诗的季节，一个诗的地点。一个诗的游伴，我们选坐在废弃于湖畔的一方大青石碑上，望着阳光下粼粼的湖面出神。碧草已深，遮住了我们的脚踝，石碑是一方古代的遗物，弯曲的篆刻传递着某类遥远的讯息。

　　"还是起身走走吧！再说，也不要压死了石板下的春天。"

　　我蓦地被一种莫名的内疚刺痛："是的，压死新生的，除了青石板，就千万不能包括我俩！"

　　当我们沿着湖岸，外套搭在臂间，开始信步之前，我向青石碑丢去了最后的一瞥：我们的文化就如同我们的历史一样悠长啊。

　　那次漫步我们谈了很多，谈社会、谈人生、谈文坛、谈诗歌，谈及很远很远的过去以及未来。

　　入夜了，黎老已呼呼入梦，我仍失眠。推开宾馆临湖的窗页，夜正深黑。在这冬虫早已死绝，夏蝉还未诞生的季节，只有醉跌进湖水中的星星在静静地闪烁。不知怎么的，我老抛不开对于那方青石板以及石板下萌动的，丝丝挣扎着的生命的牵挂。

　　春，正向她的深处走去……

一九九零年三月

3. 月光 ▲

　　月光是在阳光的男性消耗、疲惫、淡晕、隐没之后的那种女性的露面：温柔、病态、默默且医治创伤如一贴带薄荷镇痛剂的膏药。

　　曝晒了一天的丘岗的肌肉，此刻正赤裸在她凉凉的舐吻中。万雀寂静，千株肃立，唯她流动；天空黝黑，大地黝黑，唯她乳白；凡喉俱瘖，凡眼皆合，唯她辛勤；上帝沉思，历史斩章，唯她持续；山入梦，水入梦，人入梦，唯她清醒。月光是一种反其道而行之，永远试图以其苍白的振臂诉说某些真理之外的更真理，诸如：美的涵意，静的本质，夜的企图，死的另一度境界以及空虚的被填充原来是由另一类更广博更无限的空虚，等等，等等。

　　故此，处身于月光中的最佳动作便是：托腮沉思，或在窗前或在银海孤屿般的露台上；而贝多芬的《月光曲》和肖邦的《夜曲》只是一种心的无声的奏鸣，就连一句溜滑于唇间的无意的泄露也不允许……偶尔，也会有写日记、谱曲、吟诗一类的冲动，那也最好克制，或让它成为一种凝视着笔尖的久久不肯落笔。而至于在小树林里或海滩上，互视互饮着对方眼神的情侣们，最多也容许一声若有若无的、幽幽的，叹息，动情还是勾魂，反正语言是绝对多余的，就更谈不上什么山盟海誓之类。

　　亿万年的投影，千古的斑记，永恒的反省，月光便是；最单纯的音乐，最原始的绘色，仅一字的诗句，那是：虚。

　　　　　　　　　　　　　　　　　　　　　　　　一九九零年九月

4. 床边童话

　　习惯在母亲柔言细语的讲故事声中，想象着王子、仙女、月宫、天河以及种种朦胧而一步步地迈入梦境是多数有着幸福童年的孩子所共有的经验。

　　我，也不例外。

　　其实，故事也无外乎老就是那么几只的重复又重复，滚瓜烂熟到有时母亲张冠李戴了，我还能立即加以拨正："不，妈妈，仙女还没摘桃呢，第一次摘的是葡萄。"

　　"噢，是的，是葡萄，乖孩子，快闭眼睛。"于是我便安心地合上眼，而下一个人生镜头已是满屋金色的晨光，母亲正笑吟吟地站在床边，准备替我穿衣了。

　　但偏有那么一次，母亲直到该我上床的时间仍未归家。父亲坐在一潭熊熊的壁炉前，读着一册书陪我睡。没有故事、仙女以及葡萄。

　　而缺乏了这些美丽想象的陪伴，不知怎么的，入睡便成了一种不再可能。不知过了多久，只觉得有一只手隔着"窸窣"作响的被窝拍拍我的肩："睡不着么？"

　　我从被窝中探出热乎乎的脸蛋："嗯，爸爸，我想听故事……"

　　"但爸爸不会讲故事，"停了一会，他走到面对我小床的落地长窗前，拉开了垂帘，"这儿有一只故事，一只现实的故事，"他望着我的眼睛，"你能从中想象些什么出来吗？"

　　窗外是一派典型的上海寒冬的景象：昏暗的路灯斜照着法国梧桐枯秃了的枝丫，西北风中，一些行人正紧裹大衣与围巾顶风而行。我想：他们正赶回家去吧？就像现在的妈妈……下意识地，我复将颈臂龟缩回暖烘烘的被窝中去，心中充满了一种莫名的安全感：这里，正是全世界最温暖的地方呢。

　　我慢慢地闭上了眼睛，并很快入睡了。在那一夜的梦中，我已长大成人，临出门前，母亲把一件大衣披在我身上，说："外面冷……"而父亲却将一柄宝剑交到我手中，说："备着它吧，孩子，世界上除了公主与仙女外，还有恶魔。"

　　　　　　　　　　　　一九九零年元月十三日　　离港赴沪前夕

5. 钢琴 ▲

它站着，乌黑，沉默而笨重，你能否理解它有一颗灵魂？如水似月，当纤纤的指尖在键面上掠过，一点即碎；或如电似雷，当重重的力量在其心窝间捶下，撕心肺而不裂。

那天，当秋雁在落日的天边望断，再之后又很久，很久，你的魂魄早已被一缕潺潺的幽诉勾住，若即若离，时隐时现。你忽然觉得有些凉了，双手抱住了肩头，看一片枯叶从枝头黯然飘下。而街对岸的那扇仍没有着灯的窗页半开，你只能想象在墙上正放映着的一袭巨大的身影，掀背俯腰地向着一排贝齿投入地剖白，你能说些什么呢？除了轻轻地向自己叹出口气来："哦——这是钢琴……"

又一回，皓月当空，现实惨白，且纹丝不动如布景，而你正独自徘徊在一处布局井然的庭院里。雕像、露台、喷泉、台阶，而树影婆娑，如揉碎的梦境。突然，你被一连串激蹄般行进着的音符钓住，恰似猛然游进了激流中去的，一尾绝望了的鱼……你觉得中世纪不就在昨天？你感到人生再大的冲动也无非是那种向着高音区域的，琶音式消失的音符呐喊。你又能说些什么呢？除了张开双臂，朝着绝对空虚的天空呼唤道："啊——这是钢琴！"

但当它站着，乌黑、沉默而笨重，你会否因此开始思索起所谓灵魂栖息的种种方式：飘荡？依附？寄居？还是感触的精虫，往往会在意想不及的一刻，令你精神受孕的某种可能？

一九九零年九月二日

6. 眼镜

　　当目光不再聚焦的时候，人类便发明了它。

　　在上帝赋予人类的诸多的恩赐物中，双眸应是最珍贵的一件了。除了色彩的拼调、影像的图配外，还有善恶的识别、真伪的鉴定，而更重要的是那两扇灵魂之窗的打开、下帘、掌灯和反射熠熠星光的种种传说。

　　躲在镜片背后的智慧的眼、思索的眼、火辣的眼、利剑的眼、淫耻的眼、虚伪的眼、势利的眼、诡计多端的眼……眼镜，都是第一线的接近者。它伸出两条长臂去攀住了脸崖峭壁上的两幅天然屏障，为了使自己永远不至于在各式目光的直逼下而退缩。因为它必须清醒自己的使命：对于佩戴者，世界，哪怕再广大，都是透过它的一种彻底被涵盖；而对于世界，佩戴者的双眼，哪怕再个案化，也只可能是经过它的一种，在同一标准线上的，洞察力的校正。而那拱桥洞，架鼻梁而过，架中界而过，架意识之复叠而过，遂将两束分散的观察，各以为是的判断，民主集中成了同一种的行动指南，左右互补，不偏不斜。

　　然而，世界有时也会模糊，当它从太热切的幻想突然进入到凉气袭面的现实中，或当成就与幸运的蒸汽将它透明的大脑皮层冲昏时。有时，生活也会斑渍点点而不再清晰，那是因为太多时空的污垢蒙蔽了它的本来面目。记住，最佳，也是最通常的方法，无非是将它摘下，再呵上一口反省的内涵，擦拭，便是让它恢复透视功能的唯一步骤了。

　　唯在梦境中，目光遵循的又是另一套聚焦理论，因此当睡眠，我们便将它摘下，让它卷腿收臂地劳息在了黑暗中的床头柜上……

一九九零年九月四日

7. 游戏的规则 ▲

凡游戏，都有规则，人生那一场的是：无论输赢，只可回首，不容反悔。

只有一种选择去完成一种搭配；一种特定去制造一种染色体的当然组合。走一条道路，循一延轨迹，继续一个方向，为了到达一处不想到达都一定要到达，也一定会到达的，谈不上是什么的，人生目标。因此，每个生命的十字路口，都徘徊着众多的彷徨者；而其实，彷不彷徨都一样，哪一条道不同样地布满荆棘？

有时，走在大街上，千百个旁行者中的某一个向你瞅上一眼，随即转入了一条横巷，犹若流星滑向天边，水滴溢出人海，他，遂隐没成了一段永恒的不知下文。

有时抬头，在夜色深浓的都市，万千亮灯的窗洞向你启示：无数筋疲力尽的跋涉者，恰巧今晚，都在这里汇合，而明早，又将各奔各程。

有时偶经叩门者与启门者恰好于那一刻在泪水中拥抱的，他人的门前，你会困惑：究竟，他们的道前与路后，连贯着一个怎么样的故事？曲折着一段怎么样的情节？而泪，为什么就一定要是朝着对方永远也见不到的背上滴下？至于拥抱，到底算不算是肉搏人生沙场后的一种情感补偿，还是动作惯性？

在我们这个生之世界，每个人，都是一个例外，而无数例外，构成一局从无例外。每段命运，都是一种特殊，而亿点特殊均匀为一片平等。每起邂逅，都是一次意外，而万千意外描绘出一轨必然。因此人，是不适宜去想往他人之种种的，这是两个不同的命运层面，互渗之不可能，犹若时光的无法倒流一样。你是这一座，他是那一座，永不能移动的青山，却总是你看他，他看你，更高。

这便是人生：无数不可忍受，但总要，也终会被忍受的人生；无数不可思议，但必须，也必能自圆其说的人生；无数悔恨，无数内疚，无数不如意，无数不知所措，因而只有顺其自然的人生；猜无数个谜，却亮出的只有一张牌底的人生；设无数条假如，却归于同一结论的人生；作无数只美或恶之梦，醒来，仍发现睡在同一张床上的人生。

一九九一年六月三十日　于香港

8. 少女的祈祷 ▲

　　一生中，人有过无数个第一次，在记忆的天秤上，第一次的珍贵往往重于今后无数次重复的总和，这是因为第一次在脑膜上刻下的记忆以及联想总是最深刻、最顽固、最无法改弦易辙，因而便也具有了最权威的引导性、暗示性。人有初恋、初吻、禁果的初尝，而我最难以忘怀的第一次却是一曲钢琴的旋律，在一片上海寒冬之晚的背景上定格成了一幅永恒的画面。

　　1967年底。我，正处于迷醉音乐的年岁上；而社会，又正丧魂落魄在一个疯狂旋涡的中心。学校停课了，始终逍遥于政治运动之外的我，只能将一日近十小时的青春能量全都燃耗在了小提琴的练习中，而让自己近乎错觉地沉湎在巴赫、莫扎特、贝多芬那些神话般的名字和神话般的旋律之中。为了防止琴声外泄而招来红袖章者们的倒眉怒颜，我的妙法是将一团碎布塞进琴肚里，于是琴弦便发出了一种只有拉奏者才能分辨得清的低吟之声，盈盈切切地在耳畔歌唱着中世纪，歌唱着阳光煦丽、月光温柔的另一度时空。

　　一日，我的提琴老师兴奋而至，并告诉我说，他已为我找到了一位钢琴伴奏。"而且，"他说，"这是一位与你年龄相若的少女。"这无疑是一个令我怦然心跳，继而更浮想联翩的消息，但使我好奇的仍是：在这翻江倒海的世道中，哪里竟还能安稳得下一座象征"资产阶级"的乐器——钢琴？

　　不管怎么说，为了让自己的耳朵能适应正常的提琴音色，我便着手将琴肚里的碎布取出来，并壮大了胆子地准备了几首小品，静静地盼候着那个美丽的机会的来临。

　　这是一个上海所常见的朔风革面的寒夜，我们抱着琴，走进了一条上海传统式的弄堂。路灯昏黄，月色凄凉，没有维也纳的露台，没有野蔷薇装饰的百叶窗，没有吉他，没有情歌。一扇"石库门"住宅的黑门打开了，穿过一片狼藉的天井和简朴的客堂，我们登上了一条叽咔作响的窄梯。但，就在此时，一溜串向高音区激蹄而进的清澄音符忽然从扶梯转弯处流出来，流下梯级，直透我们的心腑，我们拾级而上的脚步戛然而止了。"少女的祈祷！——"幽暗中我能见到提琴教师的眸子在闪亮，"这是这首曲子的曲名——唉，多久没听了，远久得就像在前一世的人生哪！"

　　真相，是在我们进入房内，并与弹奏者交谈之后才逐步了解到的。这是一间七八平方米见宽的亭子间，家具除了两张单人的钢丝床，几把折椅，就要算

是那座显眼的，几乎占据了一半空间的旧式壁琴。而琴上方的墙上，除了几条"语录"外，还有一幅毛主席在研究文稿时神情专注的宣传海报——没有雕塑，没有烛台，没有油画，更没有熊熊着诗意的壁炉。而弹奏者也远不是身着拖地白纱裙的贵族少女，飘逸动人，她只是一位近于发育不良的矮小苍白的女孩，令人印象深刻的是她那对忧郁的眼神和沉思的表情。

"爸爸妈妈都隔离了，正房和家具也都贴上了封条，只留下姐姐、我、每月三十元的生活费以及这方亭子间。"在互相熟络了一会之后，她说，并用眼睛幽幽地望着我们，"什么都不重要，什么都能克服，只盼能给回我们这架琴……说是妄想吧，但我说，哪里也都会有好人，而那位工宣队指导员就是其中的一个，他只说了句'弹起来要小心些'，便同意了我这项大胆的恳求。于是，琴盖上的那张封条就拆除了。"她将坐在琴凳上的身体侧转过去，一提手，一串向高音区递进的琶音便湿漉漉地随势而出了。"少女的祈祷，我爱这首曲，尤其是在这样的季节，这样的深夜，弹到它，就会联想起幼年时，爸爸如何手把手地教我们弹琴的种种细节——嗨！少女的祈祷呀少女的祈祷，这就算是我们姐妹俩共同的祈祷吧，祈祷父母能早些回家，祈祷冬天快过，春天快来，祈祷昨天的欢笑又能重在这间亭子间里升起，祈祷…………"她转回脸来，眨一眨眼，两颗豆粒大的泪珠便溢眶而出了。

"伴奏谱带来了吗？"停了一会儿，她才说，并用手指了一指我的提琴。这才令我们记起了此行的目的，但我与老师两人面面相觑，显然，我们原先的打算都已不约而同地修正了。"还是让我们听你弹琴吧——就弹《少女的祈祷》，"我说，"这比伴奏或许更有意思。"

"是么？"一丝淡然的微笑自她脸上掠过，但没有反对，因为就在下一刻，她已转回身去，开始了弹奏。

痴痴醉醉地，当我倾听着这人类最纯洁的旋律在这世纪最混浊的中心升起，并在这寒冬的夜空中开始传荡，我突然觉得一切都净化了，至少在这八米见方的亭子间中，世界变得温馨、善良、充满了美的祝愿和爱的理解。

二十多年过去了。那么个春末夜，中年的我正置身在南国一处繁华的岛上，在半山区的一座豪宅的某个单元的宽畅的客厅间。一切都已彻底改变：观念、容貌、环境以及人生坐标。一尊散发披肩的亭亭少女的身影正坐在距我三四米外的三角琴前，俯身仰首地弹奏。激昂的八度音程震颤着我的心灵：这是"少女的祈祷"的前奏。但当主题温柔地露面，并依依而又依依不舍在高音区的脆滴般的憧憬中时，我再也承受不住了，我起身向弹奏者走去，并在她琴凳的一角坐了下来。

"Daddy？……"女儿的手指停止了弹奏动作，抬起脸来望着我，这是一张像她母亲一样漂亮的瓜子脸。

"……知道 Daddy 第一次听这首曲子时的情景吗？"我自言自语道，并不需要对方，也知道对方无法回答。

"嗯……"

"二十五年前，一个上海的寒冬之夜，在一间朝北的亭子间里，一座旧式的壁琴，一位与你年龄相若的少女……"

"她是谁——她是妈咪吗？"

"不，"我的眼神恍惚着，"她只是一位我见过一次面，甚至连姓名都忘了问的女孩。她，矮小、苍白、发育不良；她眼神忧郁，表情沉思，她不——绝不——美丽。但她却是第一次为我弹奏了这首美丽曲子的人，她让我了解了少女们的心中在祈祷些什么……"

女儿迷惘地望着我，她可能模糊地知觉了些什么，或者什么也没有。但这些都不要紧，重要的是现一刻的她，能被我在怀里实实在在地搂着，而她长长的秀发正由我的指尖缓缓地梳理过去。"你有你的年华，Daddy 有 Daddy 的，孩子，而音乐之所以不朽，这是因为只有它，才可以跨越了时空。"我说。

一九九二年　清明后一天

9. 享受平凡 ▲

究竟，世间何种拥有才最珍贵？答案是：平凡。

平凡是一种群体间的互相认同，一种如鱼得水的和谐，一种安逸兼安全感，一种因此便不怕会有高处不胜寒或滴水溢出河床后必遭蒸发的结局，一种我我你你他他、我们你们他们的人类社会无论如何也都包含我这一小份子的归属感。

最美，往往珍藏于民间，民间是一座最巨型的保鲜库：任何天伦，任何乐趣，任何欢笑，任何真挚，只有在这里才永不言腐败。钱买不到的，权抢不到的，名诱不到的，都在这里四季叠更，周而复始；而一旦被掳入皇宫、载入龙盘、高供于大殿之上后，便会迅速枯萎。这是因为，在这人造的泥土中丧失的正是那种最宝贵的养料成分：平凡。

平凡令你了解人，也令你能被他人所了解。因为人，都难免会有心理高压的时刻，而了解以及被了解才是舒压之唯一有效的途径，反观显赫，显赫很孤独，有时只是一种搅浆糊面的化妆——笑怒从此不再能由衷的化妆。至于举世瞩目，到底这是一种幸福呢，还是痛苦？恰似墓地夜行，吹口哨，谁也说不清是为了壮胆，还是心情真是太轻松一样。太子乔装入市井，总统化名访民情，工作之需，考察之余，谁又能肯定说他们各自都不是更要去释放某类长期憋积的感情呢？名人的苦恼只有名人知：名歌星还是公审犯，射灯聚焦处，荣誉或者耻辱，反正同为一尊众目睽睽下的猎物，这点是一致的。而警卫森严中的富豪深宅，相信居住者的体会也不会比坐监相差太远。

渴望成名以及对于成名后种种好处的假设，这都是些常人们在远观名人时的一种想当然，身历其境者的感受未必就真如此——这是合理的：名人的昨天不也是常人？在其历经奋斗而建立起成就大厦的时候，名声，这飘虚无的遮眼帘也会随之深浓起来。如何能求自我突破，能穿透这雾障般的假象而摘取生命的真谛，这便是已成名者们的下一步奋斗目标，只有拥此志者才能发觉原来人生的追求是圆周的：始于该点的终于该点，出身于平凡的回归平凡。当然，永远会有那些老喜欢坐在往昔成就的塔尖上，被赞美之声所包围的沾沾自喜者，那类人，其实不应该算是个真正的成功者，至多也只是个成功路上的半途而废者。这些一生只为追求名利（而不是真理）而奋不顾身的心理动力无非就一种，那便是：虚荣。虚荣之所以含有个"虚"字，可见我们的前人在创造此一辞汇时，早已为我们埋下了领悟的伏笔。

听浮生三辑

平凡，只有平凡才是实实在在的，是从塔尖回来地面的脚踏实地。平凡，不是人人能够懂得享受的一种最低也是最高境界，最小也是最大的奢侈：平凡如几碟味品高雅趣致的食谱，需要细嚼慢咽，<u>丝丝扣尝</u>，才能心领神会其中之妙处；而名腾利嚣恰似暴饮暴食、狼吞虎咽之后不是泥醉便是呕吐。

对于重享平凡，我能仅供参考的简易之法是：拣一个思路最清晰，感觉最富有弹性的黄昏，走出你闭门造车的斗室，去融入人流，融入社会滔滔的汪洋。做一滴水，在街头、在剧院、在小贩们热气蒸腾的摊档前驻足；或选一个阳光煦烂的星期天，换上球鞋和运动衫裤到郊外的草地上去张手伸腿地躺下，仰望蓝天，仰望浮云，你会觉得昨天离你又近了，童年离你又近了，春天离你又近了，不因为什么只因为你——又平凡了！

甘于平淡，乃智者认识人生的终点。

一九九二年四月二十日　于香港

10. 美，变奏自真　▲

　　在泰戈尔以前，小诗并不发达。泰戈尔可说是第一个将一种形式以断思而展现却连绵为全局的创作技巧重新解释了所谓"诗"，究竟是什么？诗小，联想却庞大；句短，涵意却深长；断句可被解读成是一道道独立的哲题，而连篇又能被理解为是一种统一波伏的情绪，光滑，闪亮且流动如潺溪。这便是泰戈尔——记得第一次接触他的《飞鸟集》是在我十三岁的初一时。这是一本由郑振铎译的薄册子，封尘在图书馆架的一角被我好奇地发现。但就当我躲在一旁如饥似渴地阅读起来时，一位老者型的语文教师走来，顺手翻过书的封皮："嗯，好书！"他环顾了周围一下，轻声地说道。而另一位偶经的青年教师的观点却正好相反："资产阶级人性论——小心中毒啊！"当他扬长而去时，我见他腋下夹着两册厚厚的沉甸：奥斯特洛夫斯基的《钢铁是怎样炼成的》以及吴运铎的《把一切献给党》。然而我，却一发不可收拾地迷上了泰戈尔，我朦胧地意识到，这是一潭墨绿、墨绿的无底湖，而我只是在它最表层浮泛着的一叶醉舟。

　　三十年过去了，泰戈尔还是泰戈尔，而我却从一个幻想澎湃的少年变成了一位理智沉淀的中年人。可能是在一种年龄——年龄，既仍保鲜着身为母亲的孩子的记忆，又丰富着对自己孩子之爱的双重感受的年龄的当口上，令我最偏爱的还是泰氏的《新月集》。这一块块自一个稚童的眼中透视出来的，这个世界的切面，竟是如此令人惊讶地清澈、透明且神奇得令我们这些身为读者的成年人都自始至终浸淫在一种曾似相识又从未相识的错觉中：是啊，最深奥的哲理其实也就是最朴素的原始。这，就是泰戈尔的伟大之处了：用最日常的语谈来结构最永恒的诗篇，用最通见的景物来喻示最醒世的真理。以原托海，以静衬动，以善抗恶，以爱制蛮，以大自然舐犊人类，以儿童教诲成人。他向我们指出，诗不是其他的什么，诗即美，美即真，真即我们每个人与生俱来的，赤裸裸地根本不需要任何伪装。读泰氏的诗，就像在聆听一位须发飘飘的老哲人望着云端的自言自语，缓急有序，抑扬顿挫，宛如陶醉于一段纯印度式的古典音乐。印度的田野山丘在他的笔下凹凸浮雕，印度的民态风情在他的纸上泼墨深浅，他是一位以语言为奏器的弹唱式诗人，游牧在他深爱的、黑黝黝的印度的大地上。一位举世推崇的伟大诗人，因为他，首先只是一位平凡的印度人；一个思想深邃的杰出哲贤，因为他永远只是个长不大的人类的孩子。

　　"光如一个赤身裸体的孩子，在叶丛中快快活活地游戏，他不知道人原是会欺诈的"——诗人的理解其实是何等的深刻啊，但他宁作一个一无所知者。

　　　　　　　　　　　　　　　　　一九九四年六月五日　于上海西康公寓

11. 诗人与盲美 ▲

因为构思的需要，我总喜欢偷偷地溜出办公室，在户外的那片平台花园上，背着手儿踱步。那是一片位于香港太古城住宅区的花园式平台：连接在高矗与高矗之间，宽阔、整洁、遍植花木；间隔着喷泉、水池、条椅、立地园灯以及抽象雕塑的布局，给人以一种强烈的现代建筑的美学感受。

可惜的是：能享受这种美丽与宁静的人却很少。在香港，这片生存战场上，凡中青年，一律上场，剩下一些老弱病残的、幼小的点缀着这派景致。而在他们之中，唯我，是一个突出的不协调：非但年处精壮，又能有在此踱步的清闲，而且还经常一个人自言独语，激动时狂奔如风，脸色苍白，目中无物，速觅一隅僻静处半蹲半跪，取出纸笔，乱涂一通，继而才缓缓起身，再次漫步。

那是一个仲春的下午，阳光明媚，气候温润，我习惯地将纸笔袋入口袋，便神情恍惚地踏上了正处于花绚叶茂之中的平台花园。通常，我不是垂头凝视足下流过的地面，就是仰首空对碧天浮云，其实在此思路腾跃的当口，即使目光迎视过任何人或事，也都不会有产生令其聚焦之能量的。然而，这却是一次鲜见的例外。我竟自老远便见到一袭少女的形象簇拥在花丛之中。她侧坐着，一件薄飘的细格府绸衬衫贴合着她青春的身段。或者，她的坐姿与存在就是一首诗，反正肯定是有某种类似于意境的东西自她的周围辐射开来，否则，我那挪动的脚步是绝不可能不由自主地向她靠近过去的。她，由一位老妇人陪伴着，坐在一张墨绿的长椅上，细嫩，白皙的脸的一侧弯勾着一缕自额头流下来的乌发。膝头上摊开着一册厚书，两手搁在书页上，而眼，却是望着远远的海景，出神。我自她的面前走过，第一次竟然没敢转过头去。这是因为，要与这样一位矜持的少女对峙眼神，哪怕一瞬，也都需要一种心跳的勇气。

当我在偌大的平台上绕了个圈，再次踱经她面前时。当我的目光蓦地抓住了她的那对大、美却毫无动态的、雕塑物一般的眼神时，我的心刹那痉挛了：她，竟是一尊盲美！我的心怦怦地跳动，仿佛是做了什么亏心事一般。慌慌张张地离开，悲郁、惆怅得几乎有些愤慨了：其感觉与偶然撞见一桩他人的隐私，或是自己在一个光鲜的场合间作出了一项粗鲁的举止而后悔莫及时相类似。

第二天，当我重拾笔纸步上阳光之中的平台时，我，应该是怀着构思之外的另一起朦胧之目的的。果然，她仍坐在原处，一样的坐姿，一样的打扮，所不同的是一旁没了陪她的那位老妇人。我胸有成竹地向她走去，只在长椅的边上迟疑了一会，便在其另一端坐了下来。她似乎毫无反应，眼遮在长睫毛之下的盲目木讷地注视着远方。和风轻拂起她略带蓬松的长发，周围静极了，只有几只麻雀在花丛间"叽叽"地欢叫。观察了一会，刚打算起身离去，忽然——

"请问先生，是不是快三点了？"

我吃惊地转过脸去："嗯……是的。"一段静默之后："你怎么知道我是一位先生呢？"

"凭直觉。"

"噢——，"我舒出一口气来，"你很美，小姐，说真的，很美，可惜……"她仍然坚持着那起坐姿，但我清楚地见到两片淡淡的红晕飞上了她桃白色的颊上。其实，这才是我想继续表达的："你让所有的人都来赞慕你的美丽，却无法体会这种赞慕的目光究竟是如何的？"当然，我咽下了这半截话头。

"那是十年之前的事了，一场大病后，世界从此向我关上了所有的门窗。但童年时代对于春的记忆却不会褪色，而且还随着年龄的增长，愈来愈强烈了——我的周围都开满花了吗？"

"是的。"

"什么花？"

"杜鹃。"

"颜色？"

"大红、粉红、嫩黄、雪白，缤纷极了！——你能想象吗？"

"能。她们一定都很美丽，所以我选择了坐在这里。"

再一段静默。"先生，你会写诗吗？"

"啊？！——"这一次我几乎是脱口而出的。

"你也喜欢诗？"

"又凭直觉，难道？"

"也不完全是，因为我自己就爱读诗，虽然这对于我们盲人来说并不容易。哎，这便是本诗集，只不过是一种盲人读物罢了。"这，才揭开了那本永远摊放在她膝头，包裹在深紫红硬封面中的厚册的谜底，"我爱摸读着它，坐在春天里，想象春天，感受春天。……不过现在，我得走了。"她说着竟站起身来，似乎能看见我惊愕的表情，她追加的那一句话是："因为婆婆她，回来了。"

果然，那位老妇人手握着两杯可乐，远远地向我们走来。神色略有些紧张地将其中的一杯递给她。"这个男人是谁？"没有回答——因为的确，她也不知道我是谁。"都同你讲不要同任何陌生人攀谈，你能看见他们的面目吗？"当她扶着她慢慢离去时，我只听得那句在她耳旁低低的抱怨声，让我这个"面目不清"的"陌生男人"半个屁股留坐在长椅上，不知该起立呢还是继续待下去？

又过了几天，我因商务需离港而去，待再次回到这片平台上来背手踱步，已是一个月之后的事了。短春已逝，夏的骄阳洒满了平台。我惯性地绕到那张空椅处，杜鹃的大部分已经凋谢，只有麻雀，仍在枝丛间"叽叽"地欢叫。一天、二天、三天、一星期、二星期、三星期，她，并没有出现。或许，她那谨慎的婆婆带她去了另一个平台？又或许，春天过了，她也不想再出来了？这些，我都无法知道，我知道的只是自己的心窝总是空荡荡的，像被掏去了些什么，尤其是几天后的一个傍晚，当我远远地看到一位饲鸟的老者正神情悠然地将一笼鸟雀自枝丫上托递下来，并用一方黑布自上而下地将其罩上——说消失就消失，光明，原是如此地虚幻哪！我的心更近乎于病态地颤抖了起来。

一九九四年三月二十八日

听 浮生三辑 螺

12. 上帝的涵义 ▲

　　上帝，不论它的外号、别名、他称还会有多少，指的都是同一种超能的存在；时空之上，形体之外，凡常力所不能够达之处，它便在了。而人，不管他是有神，还是无神论者；说，还是不说出来；表达，还是表达不清，意识之中总摆脱不了有那么一影尾随。它，远远近近、跟跟停停、神神秘秘、朦朦胧胧，它注释因果、彩排人生、轨迹命运、必然结局，它精确着恩仇善恶每一小格间的函数关系；它以空气、阳光、泥土这三项基素，昨天、今天、明天这三度时空，观察、提示、等待这三种手段，完全了这片五光十色的世界，合成出那段甜酸苦辣的人生，它是谁？它就是上帝。

　　这么多的哲学、预言、玄机、巫术都在围绕同一主题隔靴抓痒，朝着同一目标无的放矢；没有一本教科书——哪怕圣经——能将上帝讲解清楚，没有一套理论——就算佛教——能将生死轮回自圆其说。人，只是在生命的自燃中，隐隐约约地悟及一切不可能之外的唯一可能；忽忽闪闪地照明出一袭非我非你非他的庞大的存在，我们无所选择，我们无从回避，我们只有辞汇出一个上帝的字眼来踏实自己，来壮胆自己，来心安理得地认定谋事在人、成事在天的真理。因此，人是可怜可悲且孤单无援的，而路则愈走愈崎岖，天色则愈暗，心便愈惊悸。惟信仰才是一种提灯的照明，上帝，于是便被点亮，且在人生渐深的暮色中愈来愈炯炯起来。

　　然而，我之惊觉它的存在却是在一次极为普通的日常观察中。

　　那天近晚，忽然渴望停下手中一切的作业而让大脑能有一刻漂白的我，竟将兴趣都倾注在了屋角的那小片蛛网上。这是一片看来已有了不少时日张开的陷阱，一只肥褐的蛛王居中，而在其边缘则散落着猎物们早已被食空了的鳞鳞躯壳。突然，一只绿体的昆虫闯入了我观察的视野，在一个说时迟那时快的瞬间，猎物已被网住。一阵慌乱的挣扎，触动的只是"网国"统治者的神经，令它沿着网脉丝络迅速地向目标滑去。可能还会有些其他的什么，但有一点是肯定的：上帝的概念便是此一刻向我闪出了一种悟感，我站起身来，仅一个伸手的动作，就将那颗绿豆般大小的可怜虫与那张险恶的粘网脱离了，而令兴冲冲赶来的大肚子食客白喜一场，绿虫则于浑噩之中被推进了自由的空间，一度弧线，便自开启了的窗口飞出，顿时消失在了明亮的室外。但就当我松了一口气坐下，并再度仰望蛛网时，阅读到的却是另一只猎物被逮的故事。只是这一次，

浮生三辑

听螺

纵然再有"上帝"的大悲大悯,我也不愿起身,因为这次被网的是一只花腿大蚊,想到它口尖暗器,摸黑偷犯,嗜血播疾,遗"痒"人间的种种劣径,我想要观赏的反倒是它那组如何葬身蛛腹的镜头!至于其后,其后我当然是如愿以偿啦。

花蚊与绿虫的悲喜剧就如此轻易地上演、落幕——轻易到除了我,全世界没有人会知道在这生存的一角曾轨迹过两种怎样绝然相反的命运曲线。而至于好自问我,则在心的考卷上罗列出了一连串的假如:假如那天我并不在场?假如我在场而并不去介意那种种发生在虫界的"惊险"?假如我在场并也留意到那张蛛网所经历的一切,然而却只限于旁观上的兴趣?……当然,所谓假设,那只是一种在结局后的溯源而上,除了反思的价值外,别无他意。然而对于"上帝"这起庞大的课题,一节轻松的反思又能增添些什么呢?除了:上帝,其实也并不抽象,人人,有时,便是他人的上帝。而我的一首名为"上帝"的短诗更是如此构思的:他每晚在自己的画像前/下跪、且/祈祷:"万能的主啊,请赐我以/力量……"

一九九四年五月一日

13. 海 ▲

　　生活在香港的最大好处就是能常见到海。

　　出门是海，推窗是海，散步沿海边，喝咖啡则更必须自一个望得到海的角度。

　　苦闷了，在海旁的一段缓步，将一切的不可忍受都交托给了海，去宽容；疯癫了，蹦跑过数哩宽的沙滩，一头扑进海的怀抱，让凉凉的醉蓝舐拥着你，波传你的兴奋，溶解你的欢乐，沉浮你的情绪，理解你的种种无可表达，以同一句"哗哗"的词汇来应答。

　　有时思索，海边，除了你，就只剩下一轮当空的皓月，粼粼的无垠恰是一场实与虚的答辩，结论在海天相连的深蓝边际；有时感触，看海如何在某个阴霾的早晨天海一色地，铅重地展开，人生不也有点像一幅正放映着黑白影片的宽银幕？没有风帆，没有海鸥，千古的洪荒间只浮动着一息人的灵性；有时怀念，在霞光万道的夕阳还来不及触及水面的前一刻，去看海，你会觉得你的情操纯得像金子，散落在万顷波面上无从打捞；有时激昂，最合适的景观无乎于成了能站立在海水将自己撞得粉身碎骨的绝壁悬崖上。奉献，不一定要以身相试，那卷滚而至的雄姿，那前仆后继的无畏，那撕心裂肺的绝唱，还原你一份英勇气概，满足你一曲悲壮遐想——能做些什么呢？"啊，海魂！"你只能回报以这么一句泵自于心井最深处的赞美！

　　海是美的，美得原始，美得宽阔；美得粗犷，美得壮烈；美得苍茫，美得凄厉；美得不定型，美得赤裸裸……

　　然而，海之于香港仿佛池塘成了一潭装饰，一角都市，一门商业，一条楼价便由它而叫高或压低的重要依准。重围在石屏密林中的海，因而每日每夜都不得不忍受万千只眼睛对她的，隐自于各个角度的、密密麻麻的窥视：哪一只窗洞中钩心斗角着遗产争夺战的无耻，而哪一道门缝中又不择手段着收购以及反收购役的卑鄙，海的心中，或许都有数，只是海并没有退避，没有灰心，依旧坦荡，依旧晶莹如蓝宝石。人解释说，为了一方屈居的斗室，窗开就必须朝海；海理解说，为了一种狭隘的心胸，视角就真应该放宽阔些哪——

　　海，就这样地糅合在香港的生活形态中，香港人日醒夜梦的萦绕里。然而对于我，海的美妙是她能让你想象；让你抒怀；让你的心灵净化在一节不知不觉的神往中；让你猛然记忆起某些遥远的遗忘，重温某段隔世的高尚，回归某

浮生三辑
听螺

条最朴素的真理；让你在一度定义着永恒的精神层面上，哪怕再短暂，也作多一刻滞留——海，啊海！

　　生活在香港最大的好处就是能常见到海……

　　　　　　　　　　　　　　　　一九九四年九月二十二日　于香港

14. 笔 ▲

　　当你失意，当你孤单，当你绝望，当这世间的一切最终都落在了你的把握之外时，至少笔，是一项例外。

　　你输她以真情，她便回报你以"沙沙"的流动，吐畅，吐够，吐足，吐尽，完了，再坠下一墨点重重的感慨。笔，始终是你最可信的诉吐者，最坚韧的承诺者，最细心的理解者，最一字不漏的表达者——至于告密，那是纸干的勾当，一天，当它在一双阴险冷笑的眼睛前不得不和盘托出，与笔，就绝无关系。

　　一盏带光晕的台灯，一方压满了泛黄相片的玻璃台板，夜深人静，黑暗在你身后布防了一千零一圈的重围，在这全世界唯一的一座光明的岛上，静躺着的是一叠雪白的稿笺。而你，设想就在此刻旋开笔筒，提起笔来：你怎么不会觉得那笔端的尽处正尖锐着你所有的感觉，就像暴风雨中心的一枚避雷针，正颤动在生命的制高点上，渴盼着一朵带电之云的飘近？你盈泪的瞳，你酥软的心，你放电的魂，此刻，竟都附托给了那枝瘦瘦小小短短细细的貌不惊人的笔，她，便化身为了你的精神，标杆出了你的境界。

　　这时候的世界随你涂画，这时候的人生任你布局，这时候的爱情凭你想象，这时候的仇敌由你拳棒交加——笔，就是如此的一种传神兼入韵，连杆着你深奥无比的心井，汩汩地泵出你密藏的情绪：清澈、透明、甘美并饱满着你最新鲜的体温；时而教人贴近，时而叫人感动，时而叫人惊叹，时而教人去认识一个连你也不曾认识过的你自己。笔，只是以一种蓝色的血液去流透，去贯通，去填满你的那种鲜红所无法深入的丝丝细微，而让一片真你，先平面在纸上，再立体在了阅读者的想象里。当然，笔有时也会有被扔弃在一边的时刻，这是要在你闭目切齿地破指触纸，直接以血红替代墨蓝，痛书一篇生命的檄文，那当口上的笔只会安静在一旁，默默地理解着：她理解自己能力的终极，她等待着在那沸腾一幕之后的再之后，那尖包扎着绷布的手指终又会重新将她颤抖地拈起……

　　笔，就是这么的一枝风骨傲立，坚挺着一种不可被辱，宁断也不屈。当你强权，当你狂妄，当你独裁，当这世间的一切似乎都落入了你指鹿为马的蛮横里，唯笔想说出那些真实，拒绝合作……

一九九四年十月十日

15. 老　　　　▲

　　年轻的人们，当他们在运动场上汗油晶莹地龙腾虎跃；或是三五成群在海涛啸卷的崖顶岭端高谈阔论，壮志满怀；或是在某个花好月圆之晚搂着情人微颤的身躯，享受一次烈火般的长吻，谁又会去想到"老"，这个不祥的字眼？这是因为躲在它后面的那个字更可怕，那便是：死。然而，老却无声地游动着——朝你朝他朝一切人。要知道，当它一寸更一寸地向你靠近之时正是你身强力壮，生命辉煌之刻。

　　有时见到一位风瘫的老人，哼哼呀呀，任人摆布，"我也会老去"的阴云会在你如日中天的思想晴空一掠而过；有时忍受一位唠叨得难以忍受的老人啰啰嗦嗦地重复着同一个无关紧要的题目，你曾否想到，他，可能就是老年了的你的写照？只是有意还是无意，你不愿在此类思路上作太久的停留——离"老"，反正我还远得很哩。然而老，便是在这种情境的反复而又反复之中将至了。

　　其实，老又有什么可怕的？不经老的人才可悲呢，因为这意味着夭折。老的意义就在于它是不可改变的，它是你岁月的终站，是你一切努力与挣扎的必然结局，它蹒跚的脚步迟早会在你生命的长廊之中响起。

　　"夕阳无限好／只是近黄昏"，为什么不能将这著名的诗句，作一个字的更动呢？——夕阳无限好／因是近黄昏——立足点便立即自消极转到了积极上。黄昏，是一个诗化了的时分，是回顾一天得失最美妙的当口：满足还是后悔，站在黄昏的制高点上，你，应最有发言权。老，不是什么——不是悲观，不是绝望，不是浑浑噩噩地等待那一天的来到，作为一种生命的演奏，再气势恢宏的交响乐都会有最后一个休止符，都会有指挥的手势悬空圈结的那一刻，成功与否的标准只在于：乐停音绝之后的下一刻会不会有轰然的掌声响起？其实，平静祥和的老年正是对于奋斗了一生的你的最高补偿：假如说老的后一个字真是死的话，它的前一个字更重要，那便是：生。生与死平衡在你的那座老之天平的两端，这是一种心安理得，一道没有了生之遗憾于是也就消失了死之恐惧的等式——所谓名垂千古或者遗臭万年，老的明天并不会从此便消失。

　　当然，老决不是件愉快的事。老的不愉快不仅因为血管，而且更在于观念的硬化。因此，减低胆固醇的摄入并不比增强现代意识的吸收来得更重要。时代在前进，也曾中青年过的老终会让位于下一辈，这非但是一种必然兼自然，而且更是一种光荣，一种功成利就的引退，一种登上所谓"德高望重"圣座的第一步台阶——除了筋骨酸痛、行动滞缓外，老的悲哀更在于不知觉地让自己做成了绊脚石。所谓第一线的老人总喜欢与青年结伴，而第一线的青年总喜欢与老人为伍，揭示的不就是这么一种社会接力赛的传棒精神？

远的必会近来，近的必将远去——老的公正就在于它平等地对待所有的人：贫富贵贱，即使是世间最强权的暴君也逃不过老的最终来到，于是，世界便有了一次更换新貌的机会。

当你年轻，当你强壮，当你的生命正灿烂地行进着的时候，请明白：老，正在道路远端的那团迷雾间等着你，它会借助生活中每一瞬闪过的机会来向你提醒说：都准备好了吗——包括生理，心理以及先死而后生的那一层深奥的意义？

一九九五年五月一日　于香港

16. 与云的对白 ▲

一个肃穆的画展上，眼光随着脚步流淌而过：人物、静物、风景、街容以及反映某类重大主题的庞然展开，只是令我沉浮在了色块与表现手法的此起彼伏中，心情负重而困倦。突然，一幅名为"云"的油画蓦地抓住了我的视线，令我那迟钝了的感觉又重新锐利了起来。这是一幅偏静在展厅一角的，小小壁挂，不受观众留意，就如当初，它明显地没被展会主办人太多垂注那样。基调为素灰白的画面什么也没提供，遥远而渺茫的地平线很低，之上飘浮的是几朵绵白色的主题。空——这是当你的目光与作品接触到的瞬间所顿悟到的那个字：从空旷到空洞，从空虚到空灵，空是一种最无可定义的定义，最没法规范的规范：填充物？你或者能在某一天找到，但就绝不在手边，下意识告诉你，那是要在你心静气和地去沉思和再沉思之后，才可能出现的事。

这，便是云，那种界限在气体液体与固体之间的存在——其实，又何必神态凝重，壮怀激烈地去翻江捣海？生活原是一种在取景意义上的断章取义，任何一种最常见的景物之中都可能会蕴含了些深刻的玄机，而云，便是这么样的一类题材。

有时，你搭乘一架波音机，机头一掀啸，就把世间所有的烦嚣都抛在了下面，载你闯进了这洁白的云的故乡：之上，是一穹晶蓝晶蓝的碧空，之下，是一片涌动着千姿百态的云浪的海洋，而你那飞机小小的投影正紧贴着那些柔动着的峰谷之曲线滑行。这便是云的本貌，晴雨雷电，在苍穹与大地之间，扮演着它那一份特定的角色。于是一下子，人间悲喜剧便有了答案：命运并不神秘，它们的实质不都是那同一穹晶蓝的永恒，晶蓝的空？

又有时，在你经历了气喘吁吁的登攀之后，终于伫立在了黄山群脉的水墨画一般的峰顶之上了。除了风声与松涛外，这里是一片寂静的世界。浩浩荡荡的云群在你脚下，就像无声影片里的万匹骏马，奔驰而过。在这里，倾轧已化作后浪推前浪的柔体运动，而阴谋，则敞开为了一派白皑皑的景观的聚散。你看得入了神，想不到云的另一层意境竟如此坦白，如此奇妙，如此非人间！你开始理解，为什么会有神女仙士自这峰端驾雾腾云而去的种种传说了。

然而，你毕竟是你，你还得回到你那充满了俗念与是非的人间去，或拥挤在人流中，或跋涉在大路上，或躺卧在草垛上，嘴衔一茎枯叶的仰望浮云飘过。这时节上的云，已改换成了完全另一副存在的姿态，它会以一种喃喃的口吻与

听浮生三螺辑

你对话，它在说：我来自海面，来自草原，来自幽谷，来自遥远的地平线的那一个半边，你们少点儿什么，我都可以为你们带来，大自然一切单纯的祝愿都包含在我绵绵脉脉的目光之中。

清晨，它说，我被朝阳染红染金染成了一匹华贵无比的锦缎；而傍晚，我又遭夕辉染血染火染红染成了世间最悲壮的一场落幕。但，它说，这些都不是我，那只是一对对观察的眼睛，将喜悲的色彩把我涂抹后的结果，真实的我不过是一小滴一小滴的水珠，那些无名分无实质无色彩无重量无地位的水珠，它们微不足道，它们因而只能飘浮在空中，它们互相吸引，它们彼此依靠，它们集合在一起，它们凝聚在一块，然后——然后便有了我。我重则化作泪，轻则腾为汽；我也有我的命运与人生，我的命运是永久的漂泊，而我的人生，便是在这泪与汽之间的，循环的无穷无尽啊……

之后，你便舒舒缓缓悠悠然然的又飘浮了过去，只留出了一截透蓝的时空来让你的听诉者断思：从此乡飘往他乡，自该国流亡他国，没有祖国也没有故乡，究竟，你悲怆的结果是自由呢，还是你自由的代价是悲怆——请告诉我，远去了的云呀，云……

一九九五年六月二十八日　于香港

17. 灯语　▲

每当暮色上涨，灯，便已在那幽暗之中急不可耐地等待着了……

窗外，海鸥啾叫着，海浪以一种单调的音节拍打冷崖，而今晚的你就恰好落脚在距离这一切不远的一座傍海的小屋里：一盏还没被点亮的孤灯陪伴着一个清寂幽思的你。

没点灯，并不因今晚停电，更不为了省电节能，而是你不舍得让暮霭，这一杯灰均匀地饱和了诗质的溶液，就在这一伸手一按指之间被搅乱了。你爱享受这一股带甘性的苦汁在你的心田流过，再枝枝丫丫渗开去的感觉；你爱让感情承受着一种任悲郁的浓酸腐蚀，却咬唇坚持住的坚毅。你理解，从星光到火把，从火把到油灯，再从油灯到灯泡的一切照明设备、不变的只有一样，那便是对光明的定义与执著。而你更明白，绝大部分面积都黑暗在了记忆夜色旷野中的生命，其实也就是那一幕幕灯下场景的缝接，而灯，才是人生那一脉透亮的贯通。你，于是便染上了那种爱在不着灯的现刻，回想一段灯下之过去的怪癖。

……可能那是在那座被你唤作为故乡的城市中的某个深秋的傍晚，落叶的现实恰好与你萧瑟的心境吻合，而灯光又正巧与月圆相逢。屋外，你想象着那些你能熟背如流的街巷如何沉浸在似水般的秋凉中，而屋内，你却被一盏灯的温暖柔柔包围。灯的涓涓的目光传神着一种暗示，体贴着一种慰藉，你觉得平静、安逸、充实，欲望的呐喊已压低成了一句与灯的喃语。你需要告诉灯许许多多你的不平，你的悲愤，你的那些莫名的感触，和无数早已沉淀在了你心底的隐私。你觉得灯的可靠，就因为了它的那枝坚定的灯杆和那伞稳稳的灯罩，而灯的可信就由于了它脉脉含忧的目光。是的，你当然也有过最贴心的人，并也曾在某个花月之夜向她敞开了心扉。但灯却不然，它纹丝不动地站着，炯炯地燃烧着一种坚定的能量，它更使你深信：你面对的要么是无穷，要么只是你自己——那个你最爱、最恨、最无可奈何，也是最可能让你惊异面对一刻的，人的影子！你取出笔和纸来，但想想又不妥，复再换成唐诗宋词，换成托尔斯泰，换成《约翰·克利斯朵夫》，你确信无疑地认定，那些古代或当代的伟大灵魂，正清清嗓音，准备在灯下与你对话。有时，当然，难免也会有某具丑恶形象溜滑进灯之光流中来的偶然事件，诸如一张告密的脸，一闪整人的笑，一幅猥琐的表情，一弯腰献媚的动作；但你大可不必在意，这些属于暗角中的寄生族类，是注定不敢在这光明中待久的。它们会迅速地溶解、淹没在灯的美丽的光晕里，从而让你认识：只有善良的宽容才能永恒的真理。当然，对于你，这么一位对音乐切齿咬牙痛爱者的最佳灯下生存方式，无外乎于找出一张沙沙的粗纹唱片来重温一回少年岁月的真切，让钢琴忧郁极了的旋律，让小提琴高把位上的揉入，让圆号低沉的呼唤，让长笛银光闪闪的飘逸，来点触你心端的那尖最柔弱最易受伤害的部位，来汲取你那几颗怎么吝惜也不得不给予的中年的泪滴——时光回流，是常常与灯，这么一件似乎总寄居着某种灵性的物体相关联着的。

　　只是在今夕，你的灯却仍未点亮，在一座傍海的小屋里。你希望在黑暗中听海，琢磨海的那种单调而隐晦的语言，还是，要在黑暗里感受，时间如何在你身边无声流过的那种种不可思议，连你自己也说不清。或者，你仅想藉着月光的丝丝寒缕来打量那把离你只有一咫之遥的灯：你要体念她的迫切，折磨她渴求开放的愿望，你要一字一句，一笔一画地在心里描绘那团耀眼的辉煌，此刻如何在她胸中蕴藏，而黑暗又如何在四周冷笑的所有细节——黑暗与光明就在这样地对峙着呢，你想……

一九九五年七月二十日　于香港

18. 秋 ▲

　　秋是一种气息，一种混合着枯叶以及阳光的高高远远的气息。在故乡的上海，你在九月初上便能嗅到；而在这南国的岛屿，阳历的十一月尾它才开始深浓起来。

　　所谓"一叶而知秋"，其意境实在高邈。设想你在一个雨灰的清晨或者某回夕辉似金的傍晚独自踱步在一条景深的林荫道上，缅怀而落寞。蓦地，你见到一瓣孤零，脱离了它那群热闹的绿色，飘然而下，一缕无故的悲凉会自你的心头升起：秋到了——秋，毕竟到了。你甚至会很动情地弯下腰去将那片枯叶拾起，恍若拾起了某种心情。你总觉得有某段类似于"黛玉葬花"式的典故在你心头萦绕，挥之不去。这是一种溶解些许伤感的骤然清醒：夏季过去了，骄阳似火将愈来愈成为一种背景式的记忆，秋是一曲旋律，踏着明快的节奏乘风而来，沙沙的林间，起皱的湖面，都市无数的巷堂间，晒台上迎风招展着的，内容大小不一的晾衫竿：秋临人间，从一片飘零开始到一地枯黄完成。

　　秋是静美的，不炫耀、不张扬，悲悲切切地走完了一程萧瑟的人生；秋又是贡献的，不吹嘘、不索酬，扎扎实实地负重着一片收获之田野。秋的双重人格完美在她含蓄、矜持的姿态、表情以及目光中。秋属于女性，而且是东方的，劳动女性——虽然无言，但看得出，秋，她鄙视春，鄙视这种归于名门豪女式的浓妆、眩晕以及华而不实。

　　然而，我之对于秋的情有独钟却是有关乎于她之灵性的。

　　我总爱在初秋，那个一年之中最辉煌的时节里去看望西子湖，去体会那种被醉美而透明的她充分拥入怀中的感觉。苏堤的残荷，白堤的衰蝉，这是秋曲演奏中颤音揪心的弥留；而无论是影影绰绰在湖水深处的三潭岛，还是青峦绿水紫烟白雾尽处的，美丽着传说的背景之后覆背景，整座杭城此刻也都沐浴在了秋的安详中。一样的湖光山色，一样的悠悠岁月，这里一抹那里一笔地，造物主又到了往她那块调色板的墨绿之中若有若无地注入一种叫金色的季节了——秋意浓化在悄然间。

　　然而，品味秋韵的高潮似乎总要等到你去造访灵隐寺的那一个下午的黄昏才来到。朱墙璃瓦隐蔽在竹林的幽深处，宽大茂密的竹叶沙沙地歌唱，摇入一地金黄，而你就踏着这一路松软，攀下、中、上天竺而去。一路无人，枫红桂香，天高云淡，只有秋，这位迷人的女郎与你结伴同行：时而嬉笑，时而喃喃；

时而穿肋挽臂，时而贴身缠绵。翻岭之后的彼坡是龙井，古井古亭，流泉淙淙，这时的你才见到有几疏人影散坐于深山的茶室内，并向你证实说：你还存在于这尘俗的人世间。你唤来一杯清甜沁肺的碧茶，呷一口，看竹林稀疏之间，残阳如何闪辉着地沉下，你向自己说：为什么拖不住呢？又一个秋日在逝去，这似乎每一寸都用金子铸成的时光啊，白耗一日都是一种莫大的浪费呢！

于是，你便坚持要搭夜车赶回上海去，你忧思着地自旷漠的月台上最后一个离去，再穿过秋凉如水的灰暗街道，回到你那间温馨无比的斗室中。窗前一弯秋月，窗下一盏暖灯，寒暖、悲欢以及苦乐——秋的启示有时又很深刻……

这样的日子一年之中也不过二、三十天，当朔风夹带着寒流的先头部队在吴淞口岸首次登陆时，我便在策定着回港的种种计划了——并不为了什么，而是为了去追秋。

因为那段日子中的香港，秋意正值兴浓时。满山满坡满露台的腊杜鹃怒放，恍若一团团燃烧的火焰。而天空醉蓝海水醉蓝，将香港，这座神奇着世界最巍峨建筑群，丰富着全球最瑰丽色彩的国际都会也溶化进了被这双重蓝色浸染了的背景之中。我站在半山家居临海的露台上，重温这秋在人间的金色梦幻：这是秋之奏鸣曲回旋式的再现部，而我，就是依靠了这现代航空技术的不可思议，才得以一路追踪，抓住了这秋之裙边的。尽管如此，但我知道，就当沪城西池正准备进入臃肿的寒冬时，我的心却仍留在了蟹肥菊灿时节的江南。

一九九五年九月二十二日　回沪前夕

19. 秋在巴黎 ▲

　　应该说我们是与秋天同时来到巴黎的。据接机的友人说，巴黎前多少天气温还属炎夏，然后便下了几场雨，接着就开始了最迷人的巴黎之秋了。

　　巴黎之秋金色，这不仅是指她那些敏感于季节变换的法国梧桐树，更因了那一座座每一回都不忘反射夕阳辉煌的巴洛克建筑群的屋顶。群鸽起飞，再灰白相杂地降落在喷水池和雕塑的广场上，踏着落叶，从容觅食。而广场四周，不论大小，通常都是围满了露天咖啡座的，浆红色的蓬檐下，即使在淅淅沥沥的秋雨中，咖啡茶客们也一样能悠然地观赏喷泉鸽群和落叶，那水彩画一般的景色，而不受被淋湿之干扰的——这便是巴黎市容（其实又何止巴黎，这几乎是整个法国大小市镇）的著名景观的一种。每当见到那些长发领结络腮胡式的，艺术型人们，能在一张小方桌前，一枝清啤，一杯 cappuccino（卡布奇诺），凝视着街景呆坐上数个小时的情景时，妻子都不禁要问我："到底，他们何以为生？"

　　的确，对于已经习惯了匆忙生活节奏的东方都市人来说，巴黎人的闲散有时显得不可思议。但艺术的传统与想象，或者就是从这种闲散之中萌芽抽枝的。在那个金色的下午，我们沿着香榭丽舍大道，自 CONCORD（协和广场）朝凯旋门方向走去。这是一条极富层次感的国际大道：中间是一条在一个多世纪前，已颇具远见地；规划和修筑了的宽敞的六车道来回线，而两边栽种有高大耸天的栗子树；其次是铺着彩砖的人行径，人行径旁高低错落着各式名品商铺与咖啡店，商店的后门开放在茵绿坡伏的草坪上，之上，又点缀着喷泉，长椅与无所不在的石雕以及古堡式的豪华餐厅、私宅以及公馆，此一座彼一间地躲藏在影影绰绰的林荫间。人行道上熙熙攘攘着来自世界各地的，不同肤色的种族、宗教，以及信仰各式的人群，彼此友好融合，汇流成一幅彩色斑斓的巴黎秋色图。路旁，一个垢面长发的艺术家沉浸在他自己拉奏出来的大提琴低沉的旋律里。而一尊全身都涂成了灰白色，连眼珠都不转一转的人像，站立在一方石座上，边上搁有一份英法文并书的字牌：难道，我也不像是一座雕像吗？于是，在他摊开的帽肚里便有了"叮铛"扔下硬币的声响。在一个有思想却没有出路的时代，在一个科技被高速追求着的时代，在一个物质过剩的时代，在一个人的隐私与社会严重绝缘了的时代，心理障碍的浮现已成了世界各发达国家与地区的常见病，包括法国在内的西欧尚还能自我调节的原因或者就因为了那些露天咖啡吧——这便是我对妻子提问的解释理据之一。这与北京人的"侃大山"，四川人的"摆龙门阵"，有着异曲同工之妙，巴黎人的沟通溶解在他们苦涩的咖啡杯里。为此，我们便也毅然决定在这些巴黎人族间，在奶酪与咖啡气息的重围里坐下来，享受一杯 45 法郎的 cappuccino（卡布奇诺）。其实，咖啡与在意大利公路沿旁的 Mall（商场）中用 3500 意币（约合 4.5 法郎）就能站讨上一杯来喝的也没啥两样，但下意识告诉我们，这是在巴黎，在香榭丽舍大道上，在一个迷人的秋午。近处，衣着姿彩而光鲜的美女俊男在你身边时装表演般地穿梭而过；远处，透过 CONCORD 油绿绿的草原，罗浮宫的金顶闪耀着路易十四时代的诱惑。

在法国，浓腻得叫人呈现消化不良状态的，除了她含有大块 cheese（奶酪）的洋葱汤和法式蜗牛餐外，更有她大小博物馆与皇宫内收藏的无数件艺术珍品、墙雕、壁挂与硕大惊人的穹顶画。米开朗琪罗的肌肉，达芬奇的微笑，米勒的沙龙，梵高的田园，让你视觉复叠，嗅觉失灵，听觉迷幻，触觉敏感到了虚幻的肤质以及体温。你只能任己沉浮在一片艺术的汪洋中，不知灭顶会在何时。从原始到文明，从野蛮到开化，从创世纪到最后审判，金戈铁马，柔肌曲姿，眼神呼吸拥吻做爱，站坐曲立跪——这些属于另一度时空的伟大艺术栩栩如生地雄辩着：它们也曾不是一场梦哪！那天绵绵着阴雨，我们搭乘捷运快线前往位于巴黎郊外的"枫丹白露"（多美的中文音译名！而我对其英文译音的理解是：FOUNTAIN—BLUE，蓝色的喷泉），这儿有一处拿破仑的行宫，他就是在那里向他的卫队告别，踏上了永不回归的流放之途的。宫内游客寥寥，我俩肃穆地走过拱穹高隆的拿破仑与约瑟芬的卧房、小息室、过廊以及会议厅。一切如旧，恍如只隔了个昨夜。金碧辉煌的雕刻无言，巧夺天工的吊灯无言，家具无言，石像无言，拿破仑称帝的宣言还摊开在原桌上。法兰西帝国的灿烂，随着拿破仑的逝去而滑入下坡的轨迹。这是因为，只有回归生生不息的人民才能永恒，拿破仑称帝的逆动，为他英雄式的霸业画上的是一圈可耻的句号。

回到巴黎市区时，阳光再度露面。我们自 OPERA（歌剧院）的出口钻出地铁，沿着繁华的奥斯门大街东行，地上还湿漉漉的，阵风吹来，梧桐树的枯叶飘落纷纷，而我们，却又重新温暖在了金色的秋阳中。再去哪儿喝杯什么吧，刚来巴黎两星期的我们似乎也都染上了那种不治之症。我们在"老佛爷"百货公司斜对面的一家咖啡店里坐下来，呷一口波多红酒，欣赏着窗玻璃外糅合着古典与现代的街景。街上来来往往的人群中，也有不少亚裔人

浮生三辑

种，提着大袋小包，自名品店离去。这都是些日本人，同行的法国朋友告诉我，他们是欧洲文化最热烈的追崇者。在经济高速繁荣后的今天，他们最大的兴趣便是来巴黎购物。然而，他们能用钱买回法国的艺术品，但买不回法国的艺术感——这是我的评断。这倒是，法国朋友笑眯眯地转过脸来望着我，对于你们中国以及中国人，其实，法国当代的谚语中也有一句相关的表达法。是么？——只是它与经济繁荣和购物都无关；对于一位深不可测着思量、盘算以及心机的人物，法国人的表达是：你怎么如此 Chinese 啊？愕然，我只能，也只有，愕然——对于此项前所未闻以及闻所未闻，我不知道自己该感到悲哀呢，还是自豪？

其实，说到法人的单纯，直露与轻信，仿佛是与他们深厚的艺术素养构不成任何比例关系的。但他们也就如此地生活着，且互相融会沟通，还时不时地搞些浅薄的示威辩论提案什么的，以期再增加些民主浓度。然后，又会在政客们朝三暮四手法的障眼术下，被轻而易举地蒙骗过关。这便是法国人：创作了罗浮宫古典、地奥赛近代、以及蓬皮杜前卫艺术的法国人。虽然，对于铁罐一堆、尿布一块、麻袋片若干的前卫艺术，我真还痴蠢地缺乏鉴赏的天赋，但对于蓬皮杜文化中心外广场上的那片自发的艺术绿洲，我兴趣之外更澎湃着感动。又是个夕阳西沉的黄昏，我们自博物馆中精神疲怠地走出来。广场上一派热闹：弹吉他的吹萨克斯风的作画的跳太空舞的各行其道。而夕辉如洒，镀金了一切：人面笑容画架以及萨克管。三五个衣衫褴褛，须发环面的艺术家跪在碎石地面上，边喝可乐边作画，他们利用废罐、弃樽、喷涂液和刮刀之类的一阵摆弄，就成型了一幅太空意境作品，路边那么一搁，随后再标上一个价格。而一位身段窈窕的金发美女始终陪伴着他们，并与他们之中每一个完成了作品的人轮流拥吻。自由溶解在法国人的血液中，这是一种从三百年前就已经开始了的人的生理变异，它不需要东方人的认同与理解，它自有它文化背景的上文与续篇。

天色暗下来了，寒风骤起。秋意已不觉在我们来到巴黎后的两个星期中变得更加深浓。不知怎么地，我们忽然想找一家中国饭店，而且最好还是家沪式饭店，去晚餐——不因为什么，只因为思乡。"巴黎不好吗？"妻子问我。叫我怎么说呢？无论你到过世界多少地方，仍走不出故乡对你的强大引力圈，那儿有你的童年与过去，有你可以真正溶入的背景与人群，我们别无选择，除了祈盼上海能真正从内到外地完美起来。至于餐馆，最后还是在位于巴黎十三区的中国城里找到了。菜肴的味道如何倒在其次，反正带给了我们一种心理满足。夜已很深的时候，我们自餐室里走出来，巴黎的寒夜仍具有居里夫人时代的那股颤抖力。我紧了紧身上的呢绒外套，挽实了妻子。我们从凄惶的贵族时代的青铜路灯下走过，再一次地想起了巴尔扎克，想起了雨果，想起了莫泊桑，想起了肖邦与乔治桑那段夜曲一般柔美的爱情故事。

一九九六年十月十三日刚自法国回港

20. 夕辉中的茵斯布鲁克　▲

　　傍晚时分我们到达茵斯布鲁克，这座除了诗乐之都的维也纳之外，对东方人来说，可能就算是最熟悉的奥地利城市了。茵城位于奥国的西北部，距花园之国瑞士的边境只差两小时的车程，那天，送载我们的双层旅游巴士便是在一下午的蒙蒙细雨中穿越了整版翠绿欲滴的瑞士山林，当金色落日再度露面的时候，才远远望见了茵城的屋脊城郭的。

　　茵城与落日的同步出现岂止是合拍这么简单？简直可以说是一场壮丽交响乐的轰然高潮。落日金色，茵城金色，金色覆盖金色，金色反射金色，茵斯布鲁克最辉煌的夕辉里——更何况还在金秋里的一场湿漉漉的雨后？

　　这便是我们漫步于黄昏茵城大街上的印象了。大街上行人稀落，据说，这是这座人口不满百万的西欧城市的常见傍晚景象。街道两旁最高也不超出四、五层的巴洛克建筑鳞次栉比，风格各异，且红黄橙绿灰白玫瑰绛红玉桂色地开放着各式想象，宛若一座争艳斗妍在夕辉中的楼宇的大花园。朱漆红的有轨电车从大街的中央悠悠驶过，挺着一枝坚定的斜辫。宽阔的车厢内乘客寥寥，胖乎乎的，包着一方丝质头巾的欧洲妇人坐在临窗的座位上，神态怡然，笑意微含，而深凹进鼻梁间的幽蓝眸子教人记起日内瓦湖醉人的湖水来。时光仿佛仍滞留在上世纪末本世纪初的某个秋日，地球上的一切翻天覆地与他们隔绝，二十世纪的工业革命二十一世纪的电子战役只是一种遥远在美洲在日本在另一个星球上的传说。一洞虚掩着的百叶长窗后传出来拉赫马尼诺夫钢琴变奏曲的旋律，让人怀疑简·西摩尔饰演的那位《时光倒流七十年》(Somewhere In Time) 中美丽得似乎不食人间烟火的女主角是否真会在某个金辉如镀的街角处突然一身白衣裙一头飘逸秀发地出现？

　　其实，在十五六世纪的一段时期，茵城曾是若干王朝的定都地，于是，在这座本已古朴如隔世的城池中心更完好如昔地保存有一块梦幻般的思古绿洲。文化、艺术、宗教以及时光都定格在某个历史瞬间，它像一件活的标本，展览在二十世纪九十年代生活形态庞大的博物馆中。

　　它精华的集中地是一处被称为"金屋顶"的广场，在那里，中世纪的帝王们能从一座铸铜与白玉石构筑成的露台上，每逢庆典，欣赏艺人的表演以及接受民众的欢呼。以今天的标准来看，其实，那片所谓"广场"只是一方用褐色花岗岩铺砌出来的面积约莫数英亩的空旷地，以一柱玉雕喷泉为中心地深陷在周围低至二层高也超不过五层的，繁曲复杂着贵族时代壁雕与色彩的建筑群落之中。对于一个街道狭窄得一位身材伟岸者叉腿展臂便能触及到两壁的时代，"广场"的含意当然与现代有异，而五层高的垒石建筑也就成了当时的"摩天大厦"了。倒是所谓"金顶"可算为名至实归：凭栏廊柱露台墙雕教堂拱顶以及商铺奢华的铸铜吊挂，一切都双重镀金在夕阳以及奥匈帝国昔日的辉煌里，令人眩目、神迷，甚至连形容都会感到语穷。奥地利政府保护这片珍贵历史遗址的方法并不是太多的法令以及官方投资，而是将它置于市场经济规律的保鲜库里：任何产业购置者都能将它占为己有（当然除了广场、街道以及其他公用设施外），只要你愿意遵守政府有关原筑风格的保持与维修等一切条例的话。

于是，金顶广场便又回炉到了人民生活的沸腾海洋中，这些旧日贵族府邸的每只窗口现刻都温馨着现代生活者们的灯光以及白纱窗帘，而那一座座曾美丽着月光情人飞吻以及私奔等等传说的拱肚型露台上如今都挂满了盛开着红白玫瑰的花槽，一派勃勃生机。你惊讶地发现，原来这座城市之所以清寂的全部奥秘是她的人口的几乎一半都可能集中来了这里。人们说着笑着，从窄街两旁或广场四周的商铺里出出入入，几百年前，骑士和剑客为博美人一吻而溅血的决斗之地如今摆满了彩色的遮阳伞和塑带藤编椅，丝领结的绅士和金耳坠的淑女在咖啡果汁可乐的陪衬下在这里盛开。中世纪走远了，惟喷泉不老，惟雕像不老，惟夕辉不老，如今人们对以决斗来示爱的理解已修正为：没有了生命，爱情还有何处可供寄居？

夕阳渐渐西沉去了教堂的背后，在这几乎还能幻听到马蹄之哒哒声的十六世纪的窄街深巷间，夜色迅速地潮漫开来。咖啡和牛奶的香味从尖拱顶的地堡里飘出来，街道两边的古董店里，单头烛光吊灯闪耀着一种幽灵般的神秘。忽然，妻子指着前上方的某处说要让我瞧。这是一扇已被若干木条封钉死了的窗口，黑咕隆咚的背景上闪过了一张白须蓬乱的面孔，眼神迷茫且带点儿惶恐。对于这么一位可能是 DICKENS（狄更斯）笔下遗漏了的人物的上文与续篇我与妻子的推断不一：她坚信这是位因为盼等他青年时代的情人而终于年久精神失常了的固执者；而我却认定这是一位大诗人兼哲贤，正在这夜色渐浓的怀古氛围之中捕捉灵感的踪影——事实上，谁又能说得清？好在能为这夕辉之中茵城的记忆埋留下一条谜的线索，这一点，说什么，总都是一种值得。于是，我俩便平息争论，相视而笑了。

一九九六年十二月三日　于香港

21. 领带　　　　　▲

　　领带的好处在于小小面料，少少裁剪，稍稍缝工便能成其为一种商品，明窗亮橱里地那么一搁，卖个不错的价钱。

　　一旦戴上领带，它便占尽了你形象的中面中央中心和中线，突出在似乎是一切外套衬衣和面孔的背景上，完了还不忘在你最要害的喉结处打个死结——看你往哪里逃？！

　　第一个发明以领带来充作某种标志的人，看来，不是别有用心，就是自有一番难言的人生苦衷于其中。好端端地摆着舒坦、闲散与轻松不拣，人，偏要去追求一种自我束缚，钻进一环预设的圈套，且还强调说：所谓"克己复礼"的孔训，您瞧，古为今用之后还轮到中为洋用。早戴晚除，别说领带除了气管保暖外就一无实用——据领带推销商介绍，领带功用多元化，既展览了前程也留备了后路：春风得意时，让它飘飘然地张扬人生，哪天破了产，不用堕楼跳海地吆喝众人前来围观，一次悄悄的悬梁，便能了断一切——包括债务。

　　当然，领带的表现并不总是悲观，极端以及静态的。

　　那天，你站立在岭巅崖端，带咸腥味的海风迎面吹来，扬起的除了长发，就剩下领带。山盟在你脚下，海誓在你眼前，美人在你紧紧的臂腕间。面对旭日或者落日，哪一只人生故事不会动人似童话？而那一段爱的情节不会潇洒如飘然的领带？所谓红色代表热情，金碎象征豪迈，斜纹涵意稳重，圆点喻示关怀——那天，在总经理室的大班桌前，高大俊挺的你风度翩翩，一个起立的动作便故意让那截色彩与图案的绝佳搭配悠荡悠荡在了女秘书桃面柳眉的流波盼顾里，如此招数，再傲的芳心还不怕一下给征服了？再说，在斯文的生意谈判桌上，有时也难免会有爆发粗野争执战的时候，面对对手显明而卑劣的敲诈，领带笔挺的你或许会出其不意地将它临时充当为某件演戏的道具，你扯着脖子上的那条绅士们的标签将自己朝前拉去，青筋暴凸，怒目彪圆：想将我狗似地牵着走？哼，没门！！

　　鉴于上述种种用途，领带，便在世界上疫症一般地，无药可救地流行开来。在那些堂皇的 Office、华丽的歌剧院、庄严的审判庭，竟然还有门牌告示说，非领带（结）的佩戴者严禁入内。而这些，自然是领带制销商们所十分乐闻的，他们在电视杂志街口路边大做广告，繁荣了社会也繁荣了自己的腰包。当然，回馈非但有，有时还很慷慨，比如在那个举国上下一起戴领带也是在近

听　浮生三辑　螺

若干年才风行起来的国度里，某个在海外靠做领带生意发了达的商人就一掷亿金地捐了个带"委"字头的官衔来当当。有人说，这会不会也太那个了？我说，怕啥？如此交易自古皆有，看要看他的那笔捐款究竟能撑起几座"希望工程"？

因为希望是必须永远要保持的，即使失败，也要坚信成功一定会在明天。悬梁——领带的那种末道功用——毕竟要三思，不，应该是六思九思乃至十二思，而行。依我说，绝望这个字眼压根儿就应该从辞典中清除出去；待要长夜一过，朝霞依旧时，再度系上领带，披上西装，提起考克箱，对着镜子校对一下笑姿，然后就出门：相信自己也相信领带——在朝阳的照耀里，美丽的领带毕竟还是很有说服力的。

一九九七年元月二十一日　于香港

22. 听螺 ▲

　　一只海螺静躺在我书柜的阁架上，在一个夏日的悠远悠远的午后，与我相隔着在日光中闪耀着的柜玻璃互相久久凝视——她在思念海么？我想……

　　你知道为什么海螺能吹响吗？

　　这是潮汐——海的喜怒哀乐——在她胸中的蕴藏；

　　你知道为什么海螺会有波纹和斑点的肤色吗？

　　这是水草和鱼儿——那些水底的居民们——以及大海本身在她身上留下的终生记印；

　　你知道为什么海螺会有雪白无瑕的内壁的吗？

　　这是她纯洁心境的另一幅写照，另一层切面，另一种剖白；

　　而你知道为什么海螺的形状会是由一尖端点突然地旋涡向一片豁然开朗的吗？

　　这是海螺的境界，当她成长成型成熟于宽广无限的海的胸怀之中时，是海，潜移默化了她如此的一种信仰与思维模式——所谓退一步海阔天空，可见，钻牛角尖就绝非是海的气质与本性。

　　你更是否知道：海螺的哨音为什么会如此深沉，如此凝重，如此粗犷，如此含有一种隐隐约约的迫切，且冲破乌云沉压的海面犹若切割一片绝望之重围的？

　　这是她底气的迸发，对于远方哪怕只留剩下一片孤帆，她都不肯放弃希望，她都执著地相信：只有母亲唤子式的真切才是令其能鼓起不顾一切而回归之勇气的保证。

　　海螺的孩子与母亲的双重人格包孕在她一动也不动的躺姿中，在那个悠远悠远的夏日的午后，在我书柜的搁架上，与我相隔着在日光之中闪耀着的柜玻璃互相久久而无言地凝视，安静、沉静而平静——她在思念海么？我想……

　　无论大海曾给过她多少狂暴、惊险与恐怖的记忆，但她仍不变地，也不肯有改变地属于海，这份固执就如我们一见到她就会情不自禁地联想起大海来一样——海之于她，就如故乡之于你我一样。

　　海螺，以她特异的造型，色泽与触感来让你体念到另一度空间真切的存在：冰凉、流动，且贴切如丝帛。就是这种空间造就了她，舔呀舔地，将她周身的棱角都打磨成了一种精致与光滑。试想一件终生与水草、鱼儿以及晶莹透蓝的背景为伴的生命，即使在她脱离了那种她以及她的祖祖辈辈们曾赖以生存的氛围后，又怎可能不在她的身上仍残留有一份童话式的意境与灵性？

海螺，曾经是这样的一件生命。然而此刻，她却在我书柜的搁架上躺着，在一个悠远悠远的夏日的午后，与我相隔着柜门玻璃无言而久久地互相对视，安静，平静又沉静——她在思念大海么？我想……

我打开柜门，尝试着用耳朵去贴近她，去倾听她的那种单调的"嗡"的心音。而这，又是一种什么样意义的讯息传达呢？

是的，这是一道悟空的哲题。

她从水中来到陆地，来到这片我们靠肺叶呼吸的生物群中间，来到这片被我们称作为绚烂多彩的世界上。当然，这儿不再会有鱼儿与水草，在这豪华的干巴巴陈设的书房中，在这一排排中外名著们的包围间，她在想些什么？她想说些什么？我细辨着她的心声，但她仍以永恒的"嗡"声来回答我。

人们掏空了她的心肺，再将她斑点的躯壳来装点这一个与她完全无关的世界。对此，她又有何感触？——没有答复，甚至没有丁点儿异声的暗示，除了那"嗡"。

她不再，事实上也不需要再，发出任何声响，在这书房的书柜的书架上，在这么个悠远悠远的夏日的午后。大海离她很远，乌云离她很远，船头离她很远，古铜色的肌臂与鼓起的腮帮都离她很远很远。而孤帆，即使再渴望能听到她母亲式的召唤，此刻的她亦都爱莫能助。她能甘心吗？她会情愿吗？——但她的回答仍是恒一的"嗡"。

于是，渐渐地，下午便向它的深处走去，再走去了。夕阳西沉，暮霭已不知在何时爬上了窗台。但我不会去开灯，不会。只是为了她，为了那枚在书柜搁架上静躺着的她，为她能淹没在一片不是水的，而只是黄昏时分光线的烟波浩渺之中，而她，会不会因此而有了些许归乡的感觉呢？

我转身离去，突然，我听到了一声若有若无的叹息自背后升起……

一九九八年七月九日　于香港

23. 美、钱、权及其他 ▲

女人贪美，男人贪钱。

男人用钱财去追求女人，女人用美色来吸引男人。

女人认为美是一切，没有了美，她们一无所有。

男人理解钱才是一切，没有了钱，他们一无所有。

当然，最佳最童话式的搭配是，貌帅有钱的男人，又是少年得志；飘逸如云月的贵族少女，又是亿万家产的继承人——这是白马王子与凤凰公主的故事原型，曾协助言情小说家们哄骗了不知多少傻男痴女，让他们生活在了永不会，也不愿醒来的灰姑娘式的雾水镜缘的梦境里。

当然，最令人羡慕的是二十多年前的那场世纪婚礼。钻马金车，队列一排好几里地。万人空巷，而全世界十几亿观众同时在电视机前观看查里斯王子，那位英廷王位的合法继承人，如何迎娶他的那位如出水芙蓉一般美貌的娇妻——戴安娜王妃的。

虽然结局又是另一回事：他俩的婚姻终以先分居后离异的传统方式暗淡收场。并在戴氏决定再嫁他郎的当晚，座驾失事丧命，固中原因至今扑朔迷离。至于王子的现况也好不了多少，年近花甲的他已满头灰发，先是与他的那位老情人卡米拉偷偷摸摸地幽会，后来虽然明媒正娶了，但仍因英国公众对卡米拉绝无好感，而令王子的新婚姻蒙上了一层始终都抹不去的灰暗。

可见，美、钱、权的绳索是并不能捆绑住幸福这种东西的。就像竹篮打不起水，鸟笼囚不住空气一样。幸福的匿藏地往往是在广阔人海的某一个平凡的生活角落里。与它有直接感应的联系物只有真诚，这一种品质。而在钱、权与表里不一的"美色"所代表的那个领域里，缺乏的恰恰就是真诚。

当然，对美与财的追求之于人类所以不可少，这是因为它们是生活本身的梦。梦虽虚幻，但它是一种投影，一种宣泄，一种生活的实体能在镜面中照到一个虚幻自己的对称。是一架平衡生活的天平，而天平翘起的那一端的盘中，所需要的正是这么一块无形的砝码。一项科学实验证明：每个人一旦进入睡眠状态，无论他知不知觉，或者记不记得住，他便同时也进入了梦境。而假如剥夺了一个人做梦权利的话（即在睡者眼球开始有震颤现象产生之时就将他唤醒，如此反复），被试验者的精神不日即可崩溃。可见再穷再丑再潦倒，一旦中止了梦想的生命是没有明天的生命。然而，明天之后还有明天，明天其实永远也不会真正到来，明天只能存在于梦幻中。就这层意义而言，对于美与钱的向往与追求便显得有些积极意义了：这是上帝的安排呢，还是人类天生欲望的惯性使然？反正，让你始终对晃荡于前方的一只明日的梦彩之果馋涎不已，追求不懈，这是引诱激励你心甘情愿走完那条哪怕是再坎坷的人生之途的恒久动力——当然，要等到两根灯芯之中的一根熄灭了之后才肯瞑目的，那也只能算是一个极例了。

然而，梦毕竟是梦。用美与钱编织成的梦境是一帖精神麻醉剂，服少或许能有镇静和镇痛的作用，服多了却会上瘾，会变痴变呆会最终丧失自我，从而沦落为权贵名人们一世的忠实拥趸，可怜可悲又可笑。再次说回令我们凡人们惊美不已的戴妃：在世人眼中，她那燃烧了三十六载的辉煌人生其实也就是一来一回地走过了那么同一段路程。那一天，八匹骏马将一个身披白婚纱的，十八岁的她从西敏寺（Westminster）拉向英国皇宫敞开着的大门，让她从此登上了财富与权贵的巅峰。十八年后，又是这同一架马车，将躺在一具豪华棺木中的她再从皇宫拉回西敏寺的丧礼厅去，从此便沉入了一个孤岛的永久的寂静中——这样的显赫，这样的浮华，这样的财富，这样的曾经是美艳如仙，难道你也会羡慕？事实上，她的悲剧恰恰始端于她一旦嫁入了豪门之后。且"门"愈"豪"，则剧情可能愈悲惨。否则，论其身段与气质，成为一位收入不菲的时装模特儿也不是没有可能的事。到时，再陪伴一段美好的姻缘，一个忠实体贴的丈夫早送晚接什么的，平凡以及相对穷着点的话，对她，未必就不是件好事。

生存这样东西很奇特，要有虚实对称，要有梦醒平衡，要有影体相随，太偏重于任何一边都可能会令你的心理天平失调。但无论如何，美与钱总比丑与穷好，追求，因而也就无可厚非了。但若能将美的概念扩张成"美好"，宁信美好，不信丑恶；而又将钱的概念溯源为对于勤劳以及知足的理解和肯定，于你我的心理平衡以及整个社会道德地基的强固，会不会更有些积极意义呢？

二零零七年十月七日

44

浮生三辑听蝶

24. 肖邦的夜曲　　　▲

　　说起肖邦，最令我神往而又心醉的还是他的夜曲。有人说他的波兰舞曲华丽，即兴曲灵动，练习曲深刻；也有人说，他的叙事曲圣哲，幽默曲盎趣，更有人说，他的协奏曲才是他所有钢琴曲中最完整最全面的作品，无论是结构、技巧、风格上都统一，最有研究和演奏的价值。这些说法都对，但于我，我还是最喜欢他的夜曲。

　　因为这才是真正的肖邦，忧郁的肖邦，诗人的肖邦，失望然而总没曾绝望了的肖邦。就像我在一首诗中所形容他的那样：一旦遭第一滴泪酸蚀后／便一发不可收拾了的肖邦。

　　他毕生写了二十来首夜曲。"夜曲"是一种调名，说它与"夜"以及"夜色"无关也无关，有关也就有关。因为凡可称作"夜曲"的音乐作品一定会蕴含了夜的那种静谧与惆怅；那种神秘，那种冥想，那种愁肠百结，诸如此类。夜曲是条既定的河床，而肖邦则不断地将他那病态的忧郁注入其中。奏肖邦，因而，最好是选一个雨灰的早晨或金辉的黄昏，你独自待在书房里，自弹自赏。那音乐是一种诉说，既是肖邦诉说给你听的，也是你诉说给你自己听的。还有，在用词方面也有点儿讲究。这不叫弹琴或奏琴，而叫"弄琴"。这样地弄琴，这样地向着一排黑白相间的贝齿去倾诉你的心绪，这，才是肖邦。就本质而言，肖邦的音乐更适合用来改良人的气质，而不是当众演奏。

　　今日有很多演奏家都在演绎肖邦，但能真正进入其灵魂者不多。肖邦不是让那种被掌声、鲜花和红地毯所宠坏了的演奏家们来演奏的，他们离肖邦的灵魂都远了点。技巧不代表什么，技巧只是一种手段，千万不要将手段代替了本质——这是件很容易混淆的事。无法进入忧郁肖邦之精神内核的缘故是因为你不忧郁，不痛苦，不无奈。掌声是样坏东西，它将你从音乐的身边拖离。

　　肖邦的爱情故事，据说，也很美，很富传奇色彩。因为爱的对方也是一位才华出众的女作家乔治桑。而乔的强势个性与肖邦的阴柔气质又恰好阴阳颠倒，盈缺互补。但，事实是这样吗？肖邦不善于辞令，但却工于旋律与和声。究竟有些什么隐藏在了肖邦的那颗苦涩而又忧愁的灵魂的背后呢？

　　肖邦在留下了这么些作品后，便匆匆离去。他死时只有三十七岁。或者造物主差遣他到这人世间来走一遭的真正目的，就是让他来释放，来宣泄那种非语言所能形容的情绪的。肖邦的灵魂是用一种叫做忧郁的元素铸成。他临死前嘱咐要将他的心脏运回他的祖国波兰去埋葬，而他的遗愿得以实现。如今，肖邦已成了代复一代波兰人的骄傲。在华沙的一座气势宏伟的大教堂的一根中心柱子下埋葬着肖邦的心脏，柱子上刻有一行字：肖邦的心脏在此安葬。而肖邦，就以此绝笔来完成了他最后，也是最美的一首安魂曲。那次去华沙，我找到了那座教堂和那根大理石的圆柱。我扶柱而立，用滚烫的脸颊贴在了它那冰凉的石面上。我觉得自己双腿变得酥酥软软的，再也站不直了。因为我记起了，也轻轻地哼起了，他的夜曲。我跪了下去，我说："肖邦啊，肖邦，请告诉我，你的那颗埋在地下的心脏此刻是否仍在跳荡？"

二零零七年五月二十七日　于香港

浮生三辑 听螺

25. 月光德彪西 ▲

　　生活在一个世纪前的法国作曲家德彪西之所以独特，之所以不可替代，这是因为他的钢琴意象曲与同样是生活在那个时代的印象派画家、意识流派作家们的作品一起构筑了世界艺术发展史上的一个重要转折点：他们都不约而同地从弗洛伊德心理解析理论中获取启迪，将传统艺术的外化表现形式收敛成了一种内省式的感悟与形象升华。

　　德彪西一生的作品量并不庞大，却以其意象的新奇与精致，画面感的细腻与逼真，屹立于历代音乐作品的汪洋大海中，显示出了它们与众不同的鲜明个性。他爱用碎音，爱让一长串不规则的小调音阶流动而过——如此风格叫人想起了肖邦——然后再由强渐弱地消失在了钢琴键盘的高音区间。似风似雨似雾，似瞬息万变中的波光粼粼的水面。他用旋律与和声来描绘洒满了月光的露台，或捕捉一片落叶飞过庭院时的翔姿。他甚至还能用音符来素描出存在于一个孩子的玩具角落里的，各种静态了的想象和童话故事。德氏讷言，但他好沉思，拥有了一对深邃的瞳眸。他老喜欢将椅子倒过来坐，手握椅背的圆柄，处身于巴黎郊外别墅的廊荫里，怔怔地望着远处的河流、田野和在风中摇曳着的白杨树的树梢，一坐就是一个长长的午后。他说，他不习惯从别人的音乐作品中去寻找自己的创作灵感。与他艺术女神的直接对话者只有大自然本身。

　　有关德氏的生平，笔者所知不多。唯一件细节不得不一提：在与柴可夫斯基的亲密关系破裂之后，那位叫做梅克夫人的俄籍富孀，曾聘请德彪西担任她和她孩子们的私人钢琴教师长达三年之久。这位自己并非是音乐家，但却一生充满了传奇音乐色彩的，生活在了十九世纪末的俄国女人，究竟对德彪西创作的灵感提供过什么贡献没有？这不失为是一项有趣的，具有联想深度的悬念。在德彪西众多的作品中，他早期创作的《月光曲》（CLAIRE DE LUNE）仍是一首流传最广，最令音乐欣赏者们迷恋的钢琴小品。诗人余光中如此来形容：走出树影，走入太阴／走入一阵湍湍的琴音／谁的指隙泻出寒濑？／谁用十根触须在虐待／精致而早熟的，钢琴的灵魂？／弄琴人在想些什么？

　　是啊，谱写这些旋律时的德彪西究竟在想些什么呀？披一身月光，采一地阴柔，透过婆娑摇曳的树枝，乐仙投下的是一片朦胧的睡意。此曲的创作灵感，据说，源自于法国的印象派诗人保罗的一首诗。然而，一旦音乐问世，再怎么样的语言形容的框架都会显得苍白、笨拙和无能为力了。因为，音乐原是语言尽处的一种表达艺术：稀薄，却能让欣赏者的想象力无限地伸展开去。

历代描绘月光的音乐作品很多，其中最著名的当然是贝多芬的月光奏鸣曲；而肖邦的多首夜曲中也都蕴含了丰富的月光意象。月光千古，所谓"秦时明月汉时关"，如此思古幽情常常给乐曲镀上了一层美妙的忧郁色彩，让人听起来心生向往和陶醉。其实，中国也有中国的月光曲。那便是瞎子阿炳的《二泉映月》。阿炳见不到月光，却能用心灵去感受它。阿炳的月光曲因而悲凉沁魂；而德氏的月光曲却处处透出了法式的贵族气息，典雅而飘逸。同样的月光，洒落在同一片人间，却会在有着不同文化背景的作曲家的心中投下迥然有异的印记。这便是月光，这种自然景色在艺术感官领域内的不同的化身。

听德彪西月光曲的另一个联想是莫奈和雷诺阿的画意。其实，这两位画家描绘更多的不是月光，而是阳光——阳光投射处的阴影层次效果。说其似，主要指神似。法国艺术的浓郁气息就是他们作品的共通点。透过画布和乐谱，那个时代的巴黎生活场景的种种神韵又复活了。同是在那首诗中，余光中对德氏的曲调还作过"月光仰泳在塞纳河上"、"装饰维也纳露台"一类的描写。但我以为，这就有点儿画蛇添足之嫌了。倒是到了诗的结尾处，诗人将听赏这首不朽名曲时的感受表达得真切、淋漓而隽永：**我站在古代，还是现代？／我是谁？谁在想这些？**

二零零七年十一月四日　于香港

水仙
情结

我不会忘记，你第一次试图用脚跟支撑着自己，努力凭着床栏向外张望的成功，和家中那头白色的小狗给你带来的惊讶与狂喜！

1. 可爱的记忆 ▲

　　我永不会忘记，我亲爱的孩子，当你还是个刚来到这世界不久的婴儿，摇篮在你小小的吊床中，哼哼呀呀的时日。我和你妈妈俯视着你，心中荡漾着无限的爱怜；我不会忘记，即使你已长大成人，自己也成了孩子的母亲——你的那些摇荡在小小吊床中的哼哼呀呀的时日。

　　你曾是那么弱小的一截生命：一张镶着两瓣鲜唇的小脸，那常常舞动着的莲藕般娇嫩的四肢和那有着细软的、微卷的、浅黄色乳发的小小的生命啊！……我不会忘记——我怎会忘记呢？你温恬如阳光的笑容——那刚从另一个世界带来的最纯洁的表情；你那小小的、却足以使父母之心瘫软的哀求的哭声，以及在糖粒逗引下挂着泪珠的重返了的笑脸……

　　我怎么会忘记——我怎么能忘记？

　　我们习惯地把你唤作"心肝宝贝"——虽然你也有你的全名，但我们从来不用它。我不会忘记，我亲爱的孩子，当你第一次将你小小的脸蛋贴磨在我鬃立着须根的脸上，你迷惑地退缩了，而当转向母亲，贴向她光滑的颊上时，你满足的笑容才展开……

　　我不会忘记，你第一次试图用脚跟支撑着自己，努力凭借着床栏向外张望的成功，和家中那头白色的小狗给你带来的惊讶与狂喜！

　　我也不会忘记，一个向你佯装的俯冲动作所带引出来的一连串银铃般的笑声。

　　我又怎么会忘记在夏夜里，酣睡中的你：舒展着四肢，尽情地享受着睡眠的安逸，脸上泛着甜丝丝的笑意。我也因此可以尽情地，尽情地亲吻你——吻着你的发，吻你的颈，吻你粉红色的颊，吻你睡闭着的双眼以及你散溢着乳香的唇，因为你全然不会知觉须根的刺痛，依然舒展着四肢，脸上泛着甜丝丝的笑意……

　　这是上帝赋予全世界父母的同一颗不可动摇的，无从抗拒的，固执的爱的心啊，我的孩子，这是一颗贡献的心，一颗被爱之网俘获了的心，一颗为着你而情甘意愿的心，我的孩子！是父母遗传给我们，我们正遗传给你，而你将遗传给你的孩子们的永恒不变的爱的心啊！

　　……我还多么清楚地记忆着你小鸭般的，扶着那小小吊床的床沿学行走的动作，我的孩子，常令我百思不得其解的，当你那柔柔的、小小的足掌第一次

接触到坚实大地时的感受会是什么？我的孩子，但你对这个你还不了解的世界的向往会有多深，我却是知道的，我的孩子，因为我曾感到过你心房的激烈跳动。当你第一次在飞驶的车内见到花花绿绿的世界在窗边掠过的时候；而当睡意正开始朦胧你的双眼，然而为着对这继续醒着的世界的留恋与酷爱，你与睡眠所作的不懈的搏斗，但仍终被征服了的那有趣的一幕，我曾如此细心地观察过啊，我又怎会忘记呢？

　　如今，你已长成一株亭亭玉立的小小的人儿：能在清晨离家时依在我怀中说一声"爸爸，我想念您"；而在晚归时，向我展开双臂，鸟雀般飞奔而来的小小的人儿。但我们仍习惯地唤你作"心肝宝贝"——即使你已长大，甚至自己也成了母亲，我们仍坚持要这样来唤的，你知道吗，我的孩子？因为我们怎会忘记，我们怎能忘记，忘记这所有的一切啊——从你摇篮在那小小的吊床中哼哼呀呀的时候已开始了的一切呢？

　　……

一九八四年六月　女儿三岁零四个月

2. 自私的礼物 ▲

　　小时候，总幻想说最好命的事儿无外乎是拥有一位在学业上任之，而在生活上又纵之的父亲。等自己也做了父亲，这种想法便恰好来了个颠倒，好反思的我常问自己：究竟，这算不算是一种自私？

　　虽然，也不是不经常地作点儿克制，但女儿的前途以及盼望能将她雕琢成一件人类精品的种种渴望不断地压迫着我。一天工作再忙，烦虑再多，一回到家，还来不及换拖鞋，就向她嚷开了："快，天眉，快把琴谱拿出来，练琴……。"还不满十岁的女儿，说来也够惨：一书包沉重的功课外加电脑和两门外语，以及我，这么个偏又认为假如没有音乐，人就必然会缺少了某种气质元素的父亲。

　　每次，她几乎都是从电视房里探出头来，求怜地望着我："能让我看完这一集电视连续剧吗，爸爸？学校的功课刚做完……"而每次，她又都是失望地含着泪，坐上高高的琴凳，无声地搁起琴谱，打开了琴盖。"我这世人最憎的便是练琴！"——暗地里，她向溺爱她的祖母狠狠投诉。

　　当琴声自客厅里升起时，我便匆匆地解去领带，一边将手臂往晨褛的宽袖筒里伸，一边就站在了钢琴的一旁："和声要弹得平均……不要弹错，听见了吗？不要弹错！……还有节奏，是切分的，你弹成什么了？你看你，都弹成什么了?！……"有时心急起来，竟不自觉地将在琴盖上敲着拍子的手指攒在了一起，一拳捶在了低音区键上，一声轰然巨响，僵住了女儿正弹动着的手指，而那些含眶之泪也便化作了两行晶晶的委屈，嘀嗒在了黑与白的键盘上。

　　一股怜悯混合着内疚袭上我的心头，那是在很多很多年以前的某一次了，我在她长琴凳的一角坐下来，搂着她，吻着她的乌发："是爸爸不对，爸爸太粗暴，但这都为了你好，木不雕不成品哪！……不谈这些了，总之，只要你好好练琴，到你十八岁，假如你又能弹得一手好琴的话，爸爸送你一件大礼。"她转过脸来，立即破涕为笑："裙子？皮鞋？还是 HELLO KITTY 的手袋？"

　　"嗨！——"我复将脸色转为严肃，"先不讲这些，你现在的任务是：练琴"。

　　"嗯……"期票再远，她至少知道我从来是个言出必行的父亲。而从此之后，这座遥远的精神宫殿便激励着她次复一次，日复一日、年复一年的长征，直到她已是个亭亭玉立的十四五岁的少女了，每次练琴前都还没忘向我惯性地提示上一句："记着您的礼物啊，爸爸。"

水仙情结　浮生三辑

而在于我，也并不是不曾作过认认真真考虑的，一套最新科技的镭射音响；一辆白色的日产跑车；或是像电视广告那般地将一片薄薄的银行附属金卡搁在她十八岁生日那晚的枕边——但我选择的都不是它们之中的任何一样。

　　十七岁的最后一夜，快近十二点了，她从自己的房中出来，隆隆重重地选穿了一套演奏会用的纱裙，自客厅中走过，自我们面前走过，坐上了她的琴凳，然后回眸望着我。她没，我也没，说什么，但互相的心中都明白。

　　手指落下去了，这是肖邦的降 E 大调夜曲。无论是气氛、时间、地点以及我的偏爱，这都是一首最合适的选择——这是她给我的；而我的呢？我打开录音机，塞进了一盘空白盒带。

　　她成熟、饱满的弹奏已最忠实地记录在了磁带上。望着她又俯身又仰首的投入姿态，我忆及的是自己的童年和父亲：这是遗传呢还是报应？他曾如何雕琢我的，我更是以双倍的苦心去雕琢我的孩子。

　　夜曲在最尾的一缕袅袅中消散，但她还迟迟不肯从琴凳上站起来。最后，当她起身，走过来，并在我与她母亲的中间择位而坐时，她的目光已变得十分柔顺并亮亮地闪着些泪花：她也被自己所演绎出来的那个肖邦所感动了。

　　我将磁带放到她手中："爸爸想了好久，但这才是你自己创造的，也是爸爸所能给你的最好礼物。"没有意外和惊奇，只有理解的目光，"爸爸自私么？——"

　　"不，您是世界上最好，最无私的爸爸。"

　　已很久不曾了，但这一回我又搂住了她，吻着她的秀发，而让时光倒流回去了十年之前的那一晚。人生，就是对于那些动人细节的重复啊！我想。

一九八九年十二月二十日

3. 故乡回旋曲 ▲

一

1976 年底，他仍生活在上海，那座楼群灰色，人海蓝色，然而在半世纪前，却曾是五光十色的国际大都会的城市：这里是他的故乡，他在这里出生、受教育、品味苦甜，辨别真伪，认识人生，沉淀记忆……

一辆"黄鱼车"高速地从四川路桥上直冲下来，他高度警戒地坐在硬邦邦的车坐板上，一手挡车龙头，一手按刹车柄，时刻防着万一的发生。车，顺利地急转上了北京路，当车速慢慢儿地缓下来时，他又开始了左一蹬、右一蹬的惯性动作，尾随着一辆西行的 21 路电车踩踏起来。这是在他记忆中老不肯褪色的一幕：他正从虹口区的一幢日式小洋楼搬家前往静安区一座英式花园洋房的底层。"黄鱼车"上高低参差塞着一套老式的柚木家具，一位扎着马尾散辫的，水蜜桃一般晶莹剔透的姑娘正坐在车舷的铁架上，这便是他龙颠凤倒地狂爱了七年的女友，美美。

这是他俩人生征途上的一个不小的转折点。从那幢坐落在虹口区的一条偏静街道上的日式洋楼中，他还能收集到人生最初的记忆斑影：盛夏满街浓荫间不歇的蝉鸣以及午睡时分的安谧与昏沉；隆冬时节后弄堂里的雪人、雪仗以及小伙伴们冻红的手指、耳根与鼻尖。童年，根本不知道忧郁为何物。六十年代初的一个夏日，他才被告知说，父亲将去一个很远很远的地方谋生，那个地方叫作：香港。满月夜，他仍记得，他与父亲同站在满地月色的小庭院中，那里一株粗壮的石榴树，一缸摆尾的金鱼，据说都是在他出生前已存在于那儿的了。

"好好照料它们，记得喂食、换水。每年五月前别忘了除虫，否则石榴花开不盛……"月下，他见到父亲的眼睛有一种水盈盈的反光，"要孝敬妈妈，你是她唯一的孩子，要代我照顾好她，我走后，你便是留在家中唯一的男人了……"一下子，他觉得自己长大长高了很多，那时，他才十二岁。

从此，他便不自觉起端了一种发掘自我的生活：他总是远离当时学校中那类一浪接一浪的火红的活动，而老爱一个人悄悄地躲在那幢老宅三楼的斜阁上近乎于病态地冥想、阅读、写作、拉琴；沉醉于巴赫，沉醉于肖邦；咀嚼往事，咀嚼童年。而最令他醉心的是上海梅雨的季节，自那扇落地百叶窗望出去，街上行人稀少，片遮斜依，汪汪的地面将一切坚硬的色彩都柔和了——对故乡的记忆便如此这般地刀刻在了他年轻的脑海里，成了他今后文学创作浩瀚海洋中的一条重要的注入源。

1966年中期，"文革"爆发，别说人遭殃，就连小庭院中那株石榴树和一缸金鱼都没能免于一难。然而，他却正步入人生最热烈的花季年华。十八九岁的他将自己青春的能量燃耗在的不是打、砸、抢与派性的你死我活的争夺里，而是对音乐、外语、诗歌的无限美好的追求中。他只觉得时间太少太少，而要学的又太多太多了。一本本的英语原著被他啃完，一首首的练习曲高峰被他征服，他觉得自己的精神肌肉正愈来愈丰实地勃然发育成一个真正的人。

这一切都在那幢日式小洋楼的斜阁上悄悄地进行着，一盏古朴的黄铜台灯，一顶湖绿色灯罩下的那方光明的世界便是他的天地了：知识从那里汲取，人生观在那里显影，而他那深浓的像血浆一般的感情也从那里泼溅在了稿笺上。1969年冬日的一个黄昏，正如他常在作品中形容的那样，"当落日正悲壮地告别大地"，他与美美，那个与他同从一位导师习琴，邂逅相恋两年的女友，正面对面地坐在那扇落地长窗前。上海的没有火炉的冬天往往冻麻人的指、趾，但此一刻的他俩的心中，都各自沸腾着一股火山般喷岩的炙热。他已记不起他俩那四瓣滚烫的唇片是如何最终胶合在一起的上文与下段了，他只知道，自从那个瞬间之后，他便无可救药地堕入了爱河。而这一段剧情的演出所借助的也是那同一幕日式斜阁的人生舞台背景。

从此，除了众多的其他之外，在他生命中更注入了"爱情"这支疯狂的合剂，美美，成了他可以倾诉衷肠的唯一知音者。这是因为自从1968年，当他被他就读的那所学校作为"反动学生"嫌疑犯而遭审查后，他便开始向社会套上了另外一副完全不同的脸谱：间歇性精神分裂症患者。这是一场演了十年才落幕的活剧，句号圈断在他提着一只旅行袋跨过罗湖桥的那一刻。唯有在他们两人的世界里，他才又恢复了自我：他仍然是那么一个热烈的他，聪敏、锐利、警觉且灵气袭人。他疯狂地创作着，恋爱着；恋爱着，创作着；恋爱肥沃着创作，创作雨露着恋爱。他将那些在当年危险性绝不低于一枚定时炸弹的大叠真情文字的记录藏压在一只手提式电唱机的小木箱里，一遇风吹草动，便与美美两人提着到处藏躲。

时光便在这甜蜜、恐惧、真情与伪装的极端矛盾的重织之中流去，直到那一晚，当他踩踏的那辆"黄鱼车"自四川路桥上冲下来，转上了北京路，再从北京路拐入了一条悄静的横街上，他的新居就在那条街的彼端。突然，一瞥曳着长尾的流星自他面前的深蓝的天空上清晰地划过，他那脆弱、敏锐，时刻被预感所充满了的心一下子便收缩了起来："你见到了吗，美？——"

浮生三辑
水仙情结

"嗯。"

"我说，"他猛地转过来一张汗涔涔的脸，苍白的嘴唇有些微颤，"这一定是预兆，没错，是预兆！美，你说，是祸，还是福呢？"他停止了踩踏，腾出一只手来，一把抓住了车舷旁的女友，往往在这种时候，他需要她的安慰。

"当然是福啦，四人帮都倒台了，往后的日子只可能是光明……"星光下，他凝视着她的眼神，像以往千百回一样，他从其中汲取的是信心和镇定。

从来预言不出差错的她，这一回也一样：十四个月后的某一个早晨，他做梦般从一位丁姓户籍警的手里接过了那份浅绿色的"来往港澳通行证"。那是1978年初春的事了，地点就在他静安区的新宅。"冬天还没流尽，春天却已来临……"这是他留在了上海的最后一首诗之中的首两行。当赴港之梦的实现就明白地摆在他面前时，他突然觉得那种对故乡的割舍可能更不可忍受。

二

1983年底，他正拼杀在香港，那个一世纪前还是个渔村，半世纪前刚雏形为一座大城市，如今却是珠光通宵耀眼的世界经济奇迹的香港，这是他的第二故乡。他是带着一揽子大陆观念和浓烈的"上海色彩"登上这片战场，而后，再在那里被资本主义的钢铁机械所无情地矫形的；他挣扎，以血肉之躯；他呼叫，以人性之声，但渐渐地，他开始平静，开始理解，开始适应……

又是一个夜晚。宽广的遍植绿树的太古城平台上，他从远景中缓缓走来。在上海，即使这不是一个朔风割面的日子，至少也不会离此太远，况且在这十二月末的黄昏六点，深冬的夜幕早已将整座城市笼罩。然而在香港，这正是一个金灿灿的傍晚，气候温润，刚刚西沉下夕阳的海平线上仍残留着一片金红的余晖，几十幢白褐相嵌的三十层的巨厦艺术化地排列在海岸线上，结构出了这片举世著名的香港中产阶级的住宅区。车头的射灯，车尾的红灯，以及宽大落地窗间的大屏幕的彩像开始闪烁，揭开新的夜幕，但在他思维空间中剧烈旋转着的绝不是眼前这些景物，而是远在千里外的故乡。那幢日式小楼、那方庭院、那株早被刨根的石榴和已是在十八年之前那次抄家运动中砸烂的金鱼缸。他脑海中收搜着那些弄堂伙伴们的小名以及他们种种被夸大了的表情镜头——他正努力寻回童年，而童年则永久地留在了那个时代的故乡，他明白。

一种明显的电磁场在他周环形成，他清楚地感到空气中那类负离子的浓度正高速地集聚，集聚到终会令他爆炸的某条极限。他面色苍白，他手脚冰冷，以至连如今已是他太太的美美打对面走来也没察觉。她手推着一辆婴儿车，鹤立于矮小的广东人之中，她是一位有着典型沪浙特色的美妇人：修长、白皙、丰满，水蜜桃的昔日正在被一种成熟的风韵所替代。

"又想写诗啦？"不用多问，她只是太熟悉他的这种表情了。

这才意识到与她面面相对的他如梦初醒："美，你说我能重开始写作吗？就在这里，在香港！"他一把握住了她的手，"我实在太渴望啦！"在每个生命转折的关节眼上，他，都少不了她的预言。

"你正开始走出这片沙漠，你已见到盈水的绿洲了——"

是的，生活的镜头立即倒叙回了他跨过罗湖桥的那瞬间，在明显可将"政治"，这副镣铐彻弃的同时，他已隐约地感到自己正钻进另一方叫作"经济"的枷锁：就连撑着彩条伞的小贩摊上的任何物品，包括一罐汽水，一只柑橘，都标着令他这位穿着"天平"白衬衫、人造纤维长裤的大陆来客所咋舌的价格。但当地人似乎毫无感觉，他们嬉笑着，选购着，并当着彷徨的他面前"噗！"地扯开罐盖，大喝了起来。而他呢？寒酸地照管着一个旧旅行袋，吃力地背着两只火腿，活像个单帮客似的，迷惘地登上了港段客车，向着香港更繁华的腹地进军。在若干年后，所有这些感觉才化作了文字，记录在了他的作品之中：*从一个权之轮子飞旋的陆地，我们／来到了一个钱之杀声震天的岛上——／始终是弱者，我们？……*

那是他在抵家后才得知的：在香港，他属于一个相当富裕的家庭，从一幢雄踞港岛半山豪宅的某一层单元望出去，港九神话般的景致日夜铺展在他的脚下，然而，这项可能令第二个人引以为荣为傲为幸的现实带给他的除了失落便是空虚。一下子失去了上海这块土壤的他，失去了美美的他，绝缘了诗与音乐的他只觉得原先的那颗时刻鲜红悸动的心突然之间被掏空了，代而塞之的是一团又一团的有关钱，有关名欲、财欲、利欲、性欲以及一切非爱非真挚概念的填充物！尤其使他不能忍受的是他不断在敏感察觉到，存在于他那些众多亲友间怀疑的目光，感慨的摇头，讪笑的口吻，他清楚地意识到：在这世界上站立起来不靠父母，不靠家庭，要靠自己。这便是为什么他拒绝了一切所谓"机会"，而出乎意料地终选了一家只是靠自己应征而被录取的公司，由低级职位开始训练自己。

一年之后，当他在九龙红磡火车总站张开双臂迎抱他那一半仍留在上海的魂魄来港与他会合时，他说："我们可以开始了，美。"

"那就让我们开始吧——而且要发扬上海的'黄鱼车'精神。"她答道，并笑了。

于是，半年后，一家融艺术与商业成一体的崭新商业模式便在当时还只是

浮生三辑 水仙情结

矗建中的太古城平台商场上标竖起来了。他将它取名为"乐度音乐中心"，这是一家集售琴、租琴、供谱和音乐训教于一身的商业机构。至于十年后的今时今日，它已发展到分行三间，教师三十人，学生近千人，并每年输出不少音乐新秀的规模。然而在当时他动用的全部资金仅是父亲给他赴美留学的三十万港币，并还是在一片怀疑的目光中起步的。或者是幸运，或者也不能排斥说他有一点儿机警过人的商业头脑与眼光，反正他是成功了，在那疾风骤雨的香港商界上，他径直开辟出了让艺术与经济，这两个殊死的冤家能共栖共存的一块领地。而且，以此为基地，它俩便可能有机地溶化进香港，这个国际金融中心的几条基脉中去，包括股票、外汇、地产投资，甚至连他父亲在台、美的生意也由他顺理成章地接上了手。一种完全属于它俩独树一帜的经济基础正愈发粗壮起来。他每天马不停蹄地，从容不迫地处理着各种中英文文件：律师的、会计师的、银行的、政府的；电传文本从他眼下一目十行地流过，复电稿件自他的笔尖飞快地结构出来，然后是打印，是签字，是"嘀嘀嘀"的发往美、加、新、台的电波——他干得欢极了，他绰绰有余地应付着一个在欧美受正规教育的人才所能应付的一切商务。有时，他不是不会想到那幢日式洋楼斜阁间的种种，那盏古朴铜灯下的一潭光明的天地，他正是在那里被自我造就出来的一株怪才，而且，他更相信在他的故乡上海，在他的那一代人之中，这类怪才也绝不会少，所不同的是：他来了香港。更有时，他会冲动地想将手中的商务搁一搁，而将那一樽一直封存在心底的珍藏回忆打开瓶塞来嗅一嗅：那里装的是文学，是诗，但他都紧咬牙关地克制住了，他向自己重复着那则典故：大禹治水，三过家门而不入。终于，时光流呀流地流到了1983年底的那个金灿灿的傍晚，他缓步在遍植绿株的太古城平台上，并与他的美美面面相对。飞跃，终在此一刻被"临绝壁而冲天"地激发了！他告诫自己说：放弃吧，一切，都顺从吧，逆顶，也不会有用。于是，他便毅然下水，任凭疯狂的诗的旋涡一下子将他吞没，将他席卷而去，并一途颠扑，一途沉浮地直奔那无际无涯的文学的太平洋……

自从那个无名的黄昏之后，又过了七个漫长或者说是短暂的年头，他，却创作出了包括一部长篇小说、三部长篇译著、六部诗集在内的近二百万字的，丰硕的艺术成果，人人都说他脱胎换骨了，他说他只是恢复了自我；今天"狂热性精神分裂症"也好，"香港商杰"也罢，他只是扯去了一切面具，在那方本就应该属于他的领地上站起来。笑眯眯地面对人生。只有一件令他遗憾的既成事实：那一叠曾压挤在一方电唱机手提箱中的，令他与美美经历了多少不眠之夜的，他最初的真情的记录。他一直在怀念，在追忆着这些文字，他好奇，在那个时代，那个年龄的他究竟会写出些什么来呢？他渴望能重阅一次，虽然他为它们准备了足够的泪水，但这一切已再无可能：当美美也准备出国，而故乡，在那个年代，谁也说不准将来如何的当口上，它们已被狠心地付之一炬。

三

　　1986年底，他重回上海，他那条人生长河曾经潺潺的源头。人海不再纯蓝，他印象中众多的色彩开始在其中搅动；楼群也不再纯灰，他注意到尘垢满面的花岗岩大厦正被逐幢冲刷干净恢复其百年前的本色。原路名、原店名、原来的股票市场，据说，就打算开设在原来的地址。人说，历史有时会开开玩笑，而他那段人生最鲜烈，最亲切的记忆偏偏就缝隙在那一截玩笑期间。他恍惚地走在昔日熟悉的街巷上，他不知道自己应该算是主人呢，还是客人？他不清楚自己是来寻梦的呢，还是打算再多做一场新梦？他徘徊，他犹豫，他缅怀，他若喜若悲在失落与复得之间……

　　一架半新的波音707机歇泊在虹桥机场的停机坪上。机门已经密封上，在这距离起飞可能已不足半个小时的此时此刻，舱内却仍激荡着一种分离与归家的双重余波的浅浅回旋。曾在一星期前把他送来上海的这架飞机，现在将接载他回去香港。人生便是如此，来了，再回；因为回了，才会有再来。贴坐在窗边的他偶尔将头掉扭过来，一股不小的惊讶之情突然自他的脊梁底升起，再像电波似地向全身扩散：邻座的一位水蜜桃般的上海姑娘，同样的年龄，同样的马尾散辫——一切恍若时光倒流，刹那间，他不是没有过那种伸出手去抢握住她的那双手，然后再次寻求预言的冲动，但毕竟，他克制住了，不论她是谁，反正不可能是他的"美"，为了照料生意与家庭，她，留在了香港。一星期，在人生长河的滔滔岁月中，可能只是跃起浪花四周逸出的某颗水珠，然而在他的记忆里必将定格成一幅永不回落河床的永恒。机舱椭圆形的窗外，"上海"两字的机场标志，在早晨的逆光中，其边缘有一种强烈刺眼的反光效果。可能是偶然，也可能是某种象征，他首次回乡的来去，选择的竟都是不常有的晨机。傍晚，在他生命中的沉淀分量虽然够重，但早晨，也未必说就永远只会是飘浮的泡沫，况且时代在变，祖国在变，上海在变，故乡人在变，他，也在变。

　　……当剪一头平顶，套一件太空楼，架一副塑镜框，不系领带，更不戴戒指的他再次踏足故土时，他的感觉奇特得近乎于麻木。他记起了自己写过的一首诗：当心房中充溢了千种感触时，从眼里流出来的只有感慨这一种。他不知道此一刻，别人捕捉到他的会是一种什么样的眼神？与周围的西服亮履、珠光宝气相衬，他成了一种极不协调的对比，海关人员向他投来莫测高深的一瞥，好在行李够简单：一只手提皮箱，两张信用金卡，一叠现金，若干赠友的烟酒，因此检查，便也免了。其实对于他，什么都不再重要，重要的是他已回到了故乡，回到了劈爆着纯粹沪语的人群之中，他只想一步跨出机场，去呼吸——去深呼吸那种刺冷钻肺的，上海冬晨的空气！

现在，他正站在上海的街心，任喷黑烟的"的士"，高鸣喇叭的货车自身旁掠过，他屹立，像一座交通孤岛。八年的香江岁月如烟似雾在千里之外，一刻之间，他突然动摇了：究竟，他有无过那截人生经历？半山的巨宅，父亲丰厚的遗产，以及自那笔三十万上建筑起来的，如今是逾千万的高层——假如没有了那几部厚厚的可被触摸的、千真万确地印着他名字的著作的话，他真怀疑自己一无所有，也一事无成。他什么也没做，在这八年后的上海街心，他这样向自己说。或者，他只是向拜金国的子民们说明了，拜艺者、崇诗者也并不蠢，他们不拜金，但在必要时，他们也会创金——除此之外，他什么也没有做。

他开始向街的对岸踱过去，在这车梭车往的生存缝隙间，现实的方向感和机智感又在他的心中被惊醒：你付出了多少，你必将会获得多少，以长远来平均，这个世界又很公平——成就是那样，爱，也一样。当他踏及彼街时，他作出这样的结论。

在往后的日子里，他也造访过那座日式小庭院的洋楼，他不敢贸然拍门自荐，他怕搅乱了他人生活的宁静。他只听说，这幢楼目前已分给了几户居住，而其中至少有一户是年轻的新婚夫妇，因为他见到在石榴树被刨根的位置上，如今迎西北风招展着的是一排新晾出来的尿布，像是生命崭新的宣示，于是他便感到一种充实，一种满足，一种收获，一种终于不虚此行之感。

至于黄鱼车，虽然在这轿车比起他们那个时代已高出几十倍的今时今日，却仍被频繁地使用着。他站在四川路桥峰，望着一辆接一辆，那种上海人最熟悉的运输工具，朝南岸冲滑下去，然后再信步踱下桥来。寒风临高处，吹得他耳根发痛，而苏州河水的臭蛋味直钻他的鼻孔，但他觉得这才像话，因为这才像上海。在北京路与四川路交接口上的一盏亮起的红灯前，所有的车辆都衔令止进，包括一辆最贴近人行道的黄鱼车。踩车者是一位二十来岁，留着长发的青年，并正以一手把握龙头，一手按住刹车柄的姿态等待着灯变，而车后参差不齐地运载着一套新家具。被一念灵感所激励的他趋向前去。

"喂，"他向着陌生者招呼，"搬家吗？"

"嗯？……不，是结婚。"

"那好哇！——能不能载我一程？我给十块钱。"

"给钱？"青年眼中闪出一瞥惊异，"路远吗？"

"很近，就在前段北京路的一条横街上。"

"但……我车上已装满家具了呀。"

"那没关系，我可以坐在车舷的铁架上——我喜欢那样。"

交通灯转换了颜色，黄鱼车后响起了一串催行的自行车铃声。"上吧！上吧！只要你愿意，"青年急促地挥挥手，"就上吧！"

当黄鱼车尾随着西行的 21 路车重新左一蹬、右一蹬地向前踩踏时，车夫忍不住地问乘客："我说，师傅，你愿出十块钱，为什么不去坐的士呢？"

"怎么说呢？对于黄鱼车，我有一种偏爱。"

从侧面望过去，一缕可有可无的笑意在踩车者的脸部褶痕出来，在这喧嚣非常的闹街上，他只能见到对方的嘴唇分分明明地叽咕出了一个轻轻的字眼，他想，这是：神经病！

神经病？而他，只能向自己扮出一个笑脸来：它的医学全名应该称作：间歇性精神分裂症。

……机座下一个微小的振动令他从沉思中醒来，他意识到飞机终于开始滑行了。他收回目光来，邻座的那位散马尾的姑娘聚精会神在一本航空杂志的广告版上，再过去是一位欧籍人士，正挎着耳机，闭目悠然地靠在机座靠垫上。没人注意他，只有他，在注意别人：萍水之逢，至少也有两小时的侣伴关系要保持。从这种意义上来说，人在孤独时永远不孤独。

波音机愈奔愈剧了，一种腾空感于刹那之间产生：上海，与他脱离了。望着窗下那一片躺在晨光下的城市与郊镇，他想到的是台北、新加坡、洛杉矶、纽约以及这些年中他曾踏足过的许多大城市——当然更有香港。一颗热泪自他眶中滚出，一句短诗在他心中成孕：

怎么能叫我们不爱她呢？——

异乡有千百处，故乡

只有一个。

一九九一年二月六日

4. 母亲 ▲

当电话铃骤然响起，已是上海近午晚时分了，我"腾"地从被窝里翻跃起来，扭亮了台灯。望着那盒暗红色的电话座，不知怎地，一种莫名的预感袭上心来。

"喂！喂喂！……"电话的彼端传来"咝咝"的太空音，表示着这是一个长途。

"——阿正吗？"是妻子的声音，"妈她……她中风了！"

我耳内一阵鸣响，握听筒的手也不由自主地颤抖了起来，"那我立即赶回来！"

"不用了，情况不严重，且目前已稳定了，你安心处理好上海那头的事情，如有需要我会通知你的。"

"噢……"我犹犹豫豫地放下话筒，眨一眨眼，两颗温热的泪珠便"滴溚"在了颤抖不已的手背上。

母亲，这个亲切得像生命本身一般的字眼，自彩斑在瞳仁中凝聚成一个世界的婴儿时起，便伴陪着每一个人。而我的童年是五十年代初的上海安静的街巷，蝉声热烈的仲夏，冰柱挂檐的隆冬；或是后巷中一声晚归的呼唤，或是小床前一片金灿灿的晨光，母亲，那祥和的脸庞就始终反复而又反复地旋转在我那梦境一般遥远的日子中了。它曾是那个年岁上的我的依靠、象征物以及一切希望与目标的焦聚中心。

很小很小的时候，有一次农历新年前夕，我的小手牵着母亲的手在"永安公司"拥挤不堪的人流中游动。花花绿绿的糖果和高悬着的纸扎玩具强烈地吸引着我，不知何时，我发觉自己的手空了。猛转头，周围都是陌生的面孔，嬉笑着，涌过来，又涌过去。"妈！——"我第一次体会了所谓恐怖是何物，空空地像悬在青光笼罩下的外层空间一样的没有了生存的希望。一个好心的顾客向我走来，问我这问我那，然后是一个营业员，再一个营业员。一刻间，我应该是成了一团围观者的核心了，但我绝不知道自己说了些什么，别人又讲了些什么，我只记得有人拉着我的手穿过湍急的人流，再通过一条走廊，进入了一扇门内。一房间的人都从椅子上站了起来，但突然，我的视线抓到了一张背都能背诵得滚瓜烂熟的面孔，一张突然使自己从外层空间的梦中醒来发现仍躺在温暖床上的面孔，我哭喊着蹦过去，她也流着泪蹦过来，一刹那间的拥抱便结束了我这一世人生中最初那次险程的全部记忆。

1968年。那个疯狂的夏季。我才二十岁，便被一队来自于同级同班的红卫兵们拉去隔离了，罪名是"反动学生"。笔记、日记、信件全部抄走，我只身被押在教学楼的顶层，一间当时已无课可上的大教室里。课桌椅像筑碉堡似地堆叠在门口，而另几张则拼成一长方，给我夜间当床睡。室内空无一人一物，只有墙中央的一幅毛主席像，目光慈祥地注视着我这个据说是反对他的青年人。

除了那堆日、笔记簿中已记不清可能写过了些什么内容之外，我最担心的便是母亲了。一共三口的家，父亲去港谋生多年，她在文革初期备受冲击，那是意料中事。想不到的是：事到如今，竟还将我，这个与她相依为命的儿子，从她身边拉走，我真不知道，现在的她该着急成什么模样了？

天渐渐暗了下来，我躺在硬邦邦的课桌"床"上，不知何时已晕晕乎乎地睡去。突然，一阵"叽咔"之声将我从梦中唤醒，借着从窗口反射进来的路灯的微光，我见在门口堆叠的课桌椅在被挪开，一个人影正从缝间挤进来。

"谁？——"我翻身自桌面上跳下来，全身的肌肉都抽紧了。

"正？——是吴正吗？"怎么是母亲的声音呢？我使劲地揉了揉眼睛，怀疑自己是否仍在梦中。

但下一个意识便清楚地告诉我：那是事实。因为人影已挤进房来，背着光线，我能明明白白地辨出她短胖的身材。

"妈，您怎么……？"

"来陪你，"她说得平静极了，"他们不把你放回家来，我就搬到这里来过日子——灯呢？"当她走到我面前时，她的手在黑暗中比划着，"开关在哪儿？开了灯再说。"

"开灯？全校课室的灯泡几乎全没了，哪还有什么灯开……您是怎么进来的？他们没人见着您吗——妈？"

"见着了，但我不管，直冲四楼而来。"

"那怎么行……？"

正说着，几道雪亮的电筒光便伴着两三个人的大声说话声在走廊里回荡起来了：

"这老太婆也不是好人，也是个老牛鬼！"

"对！对！去拉她出来！……"

"去拉！——"

一道电光从桌椅的缝隙中射入来，绕了个圈，停留在我们的脸上，几只手搬动着门口的阻拦物，不一会儿，就将我俩团团围在了几尊黑乎乎的人影中央。

"你——进来干什么？！"

"干什么？你们也都有母亲，假如你们被人无故地抓关起来，你们去问问你们的母亲，她又会干些什么？"

"你的儿子犯了罪，你的儿子是阶级敌人——你知道吗？"

"不知道。我只知道犯罪的应该是那些非法关押人的人！"

虽然，我知道母亲是一位无畏的女性，但于那时那地，我仍怕她会吃眼前亏。

然而，小将们却对对手的反击火力大感意外，一下子竟全蒙了。几秒钟的静默后，突然有谁大喊了一声："拉她出去——跟她啰唆些什么？"几条胳膊便伸过来拉住了母亲，并将她向门边扯。

"妈！……"不顾一切了的我正待动手去抢，才发觉：原来自己的手腕也是同时被人按住了的。

"别怕，孩子，别怕！我会去告他们的，去告那些不讲理的人！"

"告？告谁呀？毛主席他老人家都支持我们，你告谁？"

叫闹声渐渐地远去了，当它们在扶梯的尽头消失时，我又一个人留在了那大间课桌椅当拦门坝的，空荡荡的教室里。

几天后的一个中午，从一位同情我的同学口中我才知道，那晚他们拉扯母亲到校门口时，母亲跌倒了——跌倒在刷地大字标语未干的浆糊上。

"现在她怎么了？"我一下子惊跳了起来。

"你放心好啦——没什么！"对方一个平静的口吻，继而向门口探了探，放低了声音道，"你母亲真够厉害，左臂右腿都上了纱布仍不肯回去。她已在工宣队办公室睡了两夜，现在还留那儿，而从你家抄去的日、笔记偏又啥名堂也查不出来，我看搞你的那批人哪——怎么下台？"

果然在当天傍晚，我就被释放了。走起路来还一瘸一拐的母亲前来接我，当我提着小包袱同她一起走出校门时，天已开始暗下来。背景着西边青白色的天际，有好几缕银丝已在母亲的鬓间出现。

"妈，您的腿要紧么？"

"腿？——噢！"她突然爽朗地笑了起来，并立即纠正了走路的姿势，"有时装装腔也少不了，否则，他们能就这么放了你？——你的这批宝贝同学哪，没书读，全国都如此，那已经是没法的事了，但自己还不学习，整天不是搞这就是搞那，落得一个不学无术的坏子，今后还有那大半截人生，该怎么过哟！"

母亲的话真没说错，当班机在香港机场降落，而我提着手提行李箱走出机场大厦风闸口的时候，我这样想。近二十年过去了，历史已对很多事物下了或正下着结论：从同一扇校门里走出来，不同的人生轨迹正显示出迥异巨大的走势。其实从长远看，以平均值来计衡，这世间的一切都很公正：播种什么收获什么，播种了多少收获多少。

但此一刻，占满我思想空间的除了对母亲的挂念外再没有别的了，我唤了一辆的士，直奔医院而去。

这是个晴朗的春午，天气润暖，阳光充沛，医院疗养区绿油油的草坪上三三两两地散布着一些穿条子病号衣的病者。就当我站定，刚想放下手提袋时，我就远远地见到一个人影从一张墨绿色的长凳上颤颤巍巍地站了起来。于是，我便朝她急速地，她便朝我蹒跚地，互相跑起来，就如那年在"永安公司"的母子相会，我们相遇并拥抱在半途中。

"妈，您好吗？……"

并没有立即的回答，她的头伏在我的肩上，哭了。

"我害怕，我只是害怕，孩子，害怕就这么一下子，再见不到你了……"

"不会的，妈，怎么会呢？"我用手掌安抚着她抽搐不停的背脊，"这不是我又回来见您了吗？"

半晌，她才止住了哭泣，从我肩上抬起头来，"妈老了，妈非但不能再帮到你什么，妈最怕的是反而还会为你带来烦恼，带来负担，带来拖累……"

这才是一句将泪水泵入我眼眶的表达，但我努力使自己保持镇定，尽量不让表情外露："什么话呢？妈，对于做儿子的来说，母亲老了，才更是母亲啊！"

她用已经开始反应木然的眼神凝视着我，这是一种追寻加思索式的凝视，足足一分钟，她才默默地点了点头，动作之幅度小到似乎这不是向我，而是向她自身的一种确认。然而，她的表情却开始明显地缓解："你是从机场直接来医院的吗？"

"嗯。"

"那就赶快回家去吧，大家都在家里等你呢。而且公司还有很多事要做，你的时间宝贵，不用天天来医院看我，记得打多几个电话就行了——啊？"

我还想多坐一会儿，但她已弯身提起我小小的行李袋来塞到我手里："先去忙你的事吧，不像我老了，你这年龄正是赶事业的时候。"说着，便迈开了脚步。

我与她肩并肩慢慢儿地走完草坪，她停下了，"我不送你出去了，"她说。

我无言地侧过头来望了望她，随即踏上了那条水泥的主径，向着医院的大门方向走去。五步，我回过头来，她站在那儿向我挥手；十步，我又掉过头来，她还站着，还是那挥手的动作；二十步，我仍忍不住回首，而她仍站在原地挥手。逆光中，她蓬松的苍发全白了，暮年已彻底地统治了这一截我最亲爱的矮矮胖胖的身影，而我强忍了许久的泪水终于"唰"地，全流了下来。

一九九二年八月　于香港

5. 我的书斋

　　经常，在读完一篇美文后，你会留意到在文底处的一行似乎是作者并不经意的带过：某月某日收笔于静虚斋，或者，次年清明，再稿于听雨斋。而至于在文笔间流露出来的所谓"高斋临海"、"诗斋接虹"之类供人想入非非的意境更是在高手们的篇章间频频亮纸，渲染氛围，可见"书斋"，在文人们心目中的地位之重要是决不下于一位待你体贴入微之柔妻的。

　　然而我，却没有一间像样的书斋。

　　我的"书斋"其实只是在公司的营业大厅里间隔出来的那么一小方没有窗户的领地，拉上落地帘，配上几架文件柜，再搁上一张带靠椅的大班台，便是了。读书时开灯，冥想时熄灯，写作时则拉开一角帘布，让店堂里的明亮流几缕进来，正好投射在稿笺上，然后握笔疾书。有好几次，就因为了这种怪习，当我自乌洞洞的办公室中拉门探身出来时，着实将在亮丽店堂里坐立着的顾客们吓了一跳。"他一个人躲在黑暗里干啥？"这是他们悄悄的发问；"睡觉，然后便——做梦。"而这是我的那些早已十分清楚我创作习惯的同事们，相视一笑后的回答。

　　其实，依我说，书斋并不在于飘逸的名称，华丽的景观还是慑人的陈设，诸如壁炉、雕塑、古董、地毯或者成排叠行的烫金原著之类，对其有否灵性的判断仅方位于：究竟它具不具备那种能与使用者心灵共振的频率和气场。不止一次地，我也曾有过被安顿在宾馆或者豪华公寓的专辟间里，以便能"静心"创作的经历，但置身于一片空荡的陌生环境中，我只觉得思路的闭塞以及情绪运作得极不协调：我知道，我的诗心遗失了，遗失在了我的那方根本不像书斋的"书斋"中了。

　　说起我的这种读写癖好之缘源，除了香港心脏区域的地积寸金尺土外，还得追溯到十五年之前。当时的我来港才二年，便能靠自己的判断与双手建立起了如此一盘生意，珍惜之情由想可知。每天除了一宿外，余下的时间就全留在了店里——店里的那么一方小小的办公室兼"书斋"中了。虽然，这是一方挤憋非常，摆设简朴，书件堆杂的场所，但每日一早，只要当我在其间放下手提箱，除去外套，泡上了一杯热茶之时，心中便自然而然地荡漾起一片抵家面妻的归属感，而更当落地玻璃外的营业厅中人声开始喧哗、笑语以及琴声此起彼伏后，这类仅仅是归属感的液体便自然地沉淀为了一种心情踏实的固体，一种自己告知自己的宁静感：一切的一切都很好，很正常，在这据说是商文决不可能共栖的香港，你，终于可以搁下一张平静的书桌啦！这是一帖很奇特的精神暗示剂，于是，我便会情不自禁地拉上一半窗帘，播出了肖邦，找出了泰戈尔，思潮便也随之澎湃了起来。这便是我与"书斋"的那段"恋爱史"；当香港，一切人都在无境止地追求"钱"这位贵夫人时，我却神差鬼使般地、悄悄儿地恋上了这位"书斋"凡家女子，我爱她的朴实无华，爱她的任劳任怨，尤其刻骨铭心地不能忘怀她与我一起度过的那段同甘共苦的岁月。时至今日，虽然，我早已能轻而易举地在香港的中环或尖沙咀装修一间宽敞、明亮、现代化的临海书斋，去享受一下所谓"大商人"或者"名作家"的作业奢侈，但我抗拒如此做，我只想留在自己那位"糠糟之妻"的身旁，亲亲热热，温温柔柔，呢呢喃喃，直至永远……

一九九四年一月卅一日　于香港

69
水仙情结
浮生三辑

6. 水仙情结 ▲

　　水仙，最令我心醉的是她那股幽香，不露声色却沁入肺腑；而最令我印象深刻的是她对于时机的选择：当窗外纷纷扬扬着寂静的白色，突然，在这片银白的天地间"乒——乓！"地掀起一截大红的喧闹，于是"噼噼啪啪"地欢腾了一夜之后，白毡上又覆盖了另一层爆竹屑的红毡——就在这静喧转换最戏剧性的当口，在这红白对比最鲜明的时节，水仙，便盛开啦。

　　用"水"以及"仙"的搭配来组合成对她的称呼，也实在是再贴切不过的了：嫩嫩白白的几球根部安放在铺满了七彩乳石的清澈的水盘间，叶是阔而挺拔的，而神情忧郁的小黄花惹得人心也柔软了，至于香味，则渺渺茫茫地幽远着一种心事，像在说，在这隆冬的中心，春，不正孕育着？此情此景，不"仙"才怪呢！

　　然而，我最初的水仙记忆却是与父亲那张清癯、性格化的脸联系在一起的。

　　绝少顾问家事的他，每近年关，却总是会第一个提醒说，别忘了啊，该准备水仙啦。于是，当水仙头从花市场上买回来后，幼小的我的任务便是在其白净的根部逐卷地围上红纸，而母亲则忙于备盆、洗石、盛水、栽种；不一会儿，水仙便亭亭玉立摆在了老家那张紫檀木的供品桌上了，那股水灵灵的神气，就甭提了——再说一旁还陪衬着天竹与腊梅，背景是几幅山水长轴，长轴之后是窗户，窗户之外是飞舞的雪花。此刻的父亲便会拣一张太师椅坐下来，在迷漫着清香的室内，手握一册线装书的消磨它一个下午直至黄昏——每年，似乎不到如此光景，童年的我是不会感受到新年的气氛终于给盼到深浓了的。

　　后来，父亲去了香港，无水仙不新年的习惯也就中断了。待再次想到水仙，那是 1966 年春节的事了，那年我刚满十八岁。照理，家中屡经抄斗，住房又遭紧缩，是绝不会有心情去玩味水仙这种雅趣的，但怪，可能愈是在这种景况中的人，便愈会留恋已远逝了的昔日的温馨，我与母亲便硬是在那无水仙可寻的，满街红彤彤的语录之间，觅到了几疙瘩水仙块茎，并将它们在大口的汤碗中栽上了。而为了令养水仙的行为"合法化"，我竟翻遍了四卷《毛选》，就横竖也找不到一句有关水仙的"最高指示"。最后，还是以在墙上恭恭敬敬地贴上了一首"咏梅"，才算牵强附会地解释了某种"革命含义"。只是水仙她可不管你年代红不红，开的花朵儿依旧黄色，且幽香如杜诗。

　　又过了十年，唐山地震后，"四人帮"也垮了台，我们也终能合家团聚去了香港。那时的父亲已垂老，体弱多病的他，有一年的春节是在医院的病床上度过的。什么都不重要，作为儿子的我就不能，事实上也没有忘记，在大年初一的他的床头柜上摆上一盘鲜嫩诱人的水仙，望着那一星星向他正昭示着些什么的小黄花，病中的他，宽欣地笑了。

又流去了多少年，屈指算来，今天的我也快赶上五十年代之初，手握一册线装书的父亲的年纪了，然而他，却离我们而去已整整九个年头了，他把年尾必须栽上水仙，新年自能享其清香的习惯遗传给了我。我不知道我的孩子们将会如何来收集他们的童年记忆，但每逢新年，我都不会忘了给她们忆述一遍自己的那段水仙情结。有时，在水仙那股幽幽然的气息中，当大女儿正练习着肖邦，小女儿则在客厅地毯上安静地摆弄着电子游戏机时，我会深情地朝着水仙望一眼，再望多一眼，心想：一切都现代化了，一切也都分裂，境迁，再组合过了，惟水仙还是昔日的水仙，单纯、清香，且始终坚守着美丽的传统于不变的水仙……

那关乎童年、父亲、水仙的梦啊，正因为有了春节，每年因此总也有了那么去做它一回的机会！

一九九四年　春节前夕

水仙情结　浮生三辑

7. 春冬间的日子 ▲

　　在我生活的那座岛域，春不春其实也无所谓——但毕竟，还是有春。

　　这是因为这里的冬天很短，短得几乎没有。每年十一月底的深秋之后，阳光依然充沛，空气中迟迟不肯消散的是一阵阵浓郁的花香。满街满坡的洋紫荆怒放，之后便是腊杜鹃，从哪家园第的高高围墙后探头出来，迎着湿润润的海风摆弄姿色，活像一枝枝出墙的红杏。十二月了，当"白色的圣诞"在葱绿的背景上洋味儿十足地过去后，大红大绿的春节又在同样暖洋洋的气候中敲打而逝。天文台这才开始报出了降温的消息：这多半是由于北方强冷空气的阴魂侵入这低纬度的地域仍不肯散去的缘故。于是，天开始阴了，细雨霏霏，半山区的盘肠窄道上，片遮斜依，令人联想起江南深秋的景象来——然而对于香港，这便已是十足的冬天了。

　　香港的冬天很有趣。跌进十度之内的日子不多，但已足够给港人带来一股莫名状的兴奋与喜悦。女士们迫不及待地披上了皮草——这一年也许都盼不到有几回亮亮相的服饰；男人们则煞有其事地搓着手，涌进餐厅："这样的天气，能来些什么呢？当然是一席热腾腾的火锅啦，外加两扎生啤，一醉方休！"——这是他们的情趣。有时，这种情趣会更夸张。哪一夜，只要据说是大帽山顶——那尖港九的制高点上——会有冰霜出现的话，整座城池便也随之沸腾起来，一世没见过雪花的人们会在深夜的两三点便出发，背着相机或摄像器材，驾车去山脚下，然后登山。更有剪下一枝串满了冰骨朵儿的桠叉，小心包裹好，待回到家中却发现已溶为一摊水而懊恼不迭之类的笑话。寒冷，对于这群仍然脐带相连着生活在北方的庞大的龙族的游子们来说，非但不可怕，而且还有着一种言不清的血缘上的亲切。

　　只是这种凌冽的感受不可能让他们体味很久，一入阳历三月，酥酥的春雨便一场更温暖过一场。滋养在润透了的空气中的秃枝，当然便忍不住地迸发出了翠嫩的芽苞，而大多数褐绿色的，历经了一个冬季的植物族，如今也开始簌簌地换起新装来。花，似乎是开不败的：梅，樱，梨，杜鹃乃至木棉都有，我不是植物学家，故而不能尽数花蕊们的名目，反正在这花果繁多的岛域，我的感慨只是：雨，是万万下不得的，一场雨后便总是散落了一地的花瓣，而枝头上，叶丛间的另一批艳嫩花朵却在此当儿又被催得吐蕾了——绚丽多彩的春，有时唤起的并不是一种生命的豪华，而是满腔类似黛玉葬花式的悲切。

浮生三辑　水仙情结

然而春，毕竟还有她新鲜着生机的另一面。

　　清晨起身，站在位于半山区家居的面海露台上舒展一下筋骨，浮想联翩：春雾凄濛，缕缕丝丝浮入屋来，飘飘然然地似乎要将那个站在露台上的我都载走成仙去。而眼前一片乳白，惟海对岸的几座褐峰，水墨画似地忽隐忽现，提示着空灵与现实间的距离。这几乎是每一个春晨的特点。阳光约莫都要在八点之后才变得亢奋起来，于是，雾开始退去，瓦蓝的天穹，湛蓝的海水，地平线是一延绿迷灰稠的连绵青山。至于离露台几十米以下的郊外公园里鹧鸪声啼阵阵，而盘山公路上，巴士、的士、私家车蛇蜿而行。放眼海港之内，百舸争流，群山叠岭的半坡上鳞次栉比的白色摩天大厦群落闪闪发亮在朝阳中。然而，就当观摩完毕这春日序幕后的我拉开落地房门，自露台回到客厅中去的时候，遇上的却是有关春的另一起争题。

　　事出于我的那个仍在念幼稚园高班的小女儿，哭闹着，说什么也要除下冬季而换上夏季校服去上学。"来，乖乖，听婆婆的话，天气仍冻，穿薄了会着凉……"这是老人家们的观点。见我回屋来的她立即飞也似地扑进我怀中来："爹地！老师都说春天到了，天气暖了，如果我再着厚衫，小朋友们要笑话我……"这一次，我是站在小女儿一边的："好，换吧。去告诉婆婆说，是爹地允许的。"当她破涕为笑时，手中握着冬服的婆婆却呆住了："也像个大孩子，又不是不知道，春天原是最易感冒的季节……"

　　然而，我却为自己的选择作着内心最无悔的辩解：哪一个新芽般的生命不向往一日更比一日热烈的明天呢？再说，这种对春回大地的感受也并不会是一种太长的持久，理应好好珍惜。因为一过三月中，当北国还可能在飘雪，江南也最多是柳梢吐青的时节，这里已开始了骄阳如烤的悠长的夏日了，而春，也就这么地算是过去啦。

一九九四年三月七日　于香港

水仙情结　浮生三辑

8. 支票

接触支票那玩意儿，是在十六年前我到香港之后的事了。这之前，支票在我的理解中只是些在小说阅读间的形象拼凑，诸如一位叱咤风云的金融界巨子，在其豪华的大班台前龙飞凤舞地签出一串天文数字，以此去完成一笔价值连城的交易之类。然而，在现实香港的商业生活中，支票，却是一种每日都可能上演几十遍的接触，小到十几元大到几十、上百、上千万，也都是那么一纸薄薄的代用品，而神色中性的银行职员遵循的都是同一套严格的核对程式——一字不合立遭退票，反之，再大的金额也将从你的账户中扣除，绝不容事后的商榷与反悔。

在父亲的生意早已由我全盘接手后，严谨、慎重了一生的他，仍别出心裁地保留了一份支票的签字及修改权。虽然，这明显构成了对我自尊心的某种程度的伤害，但他似乎全然觉察不到这一点，没有解释，更不用说歉意之类的了。有的倒是背地里向我母亲评论了那么一句："这是生意，不是写诗，形象思维可要不得！"

1981年的某日，当在文件堆间眼花缭乱地埋头了一天的我抵家时，才记起已有三日没有核对过已开出支票的存根了。但令我全身血液冻结的正是这一次的核对：一张五万的支票由于会计将数码填多了一个零，英文大码便也跟随写错，而最致命的是：我竟在匆忙间签上了我的那行意味着放行的大名！我奔进客厅，向银行拨去一个电话，居然忘了当天的办公时间早已过了。当我轻轻地搁上彼端无人接听的话筒时，我瞥见父亲正在客厅的另一角坐着，喝着茶，看着报，显然，他对此事还一无所知——他当然不会知道，至少在月底，银行结单还没寄达前。

第二天一早，在银行开门的很久，很久前，我已经在那儿守候了。"经理先生，"当目标在我视野中一出现，我便迎了上去，"我开错了一张五万元的支票。""几时的事？""三……三天前。""哪——"对方的眼中露出一丝惊奇，"您是了解的，吴先生，我们可能已经无能为力了。""是的，"我颓然地低下头去。"不过，我还是可以给您一份付款的影本，我让总行这就电传过来，您先请坐。"但就当他边读着电传，边重回经理室时，我听见的是他迟迟疑疑地自语："好像并没错，好像……"我"腾"地跳起身来，一把抢过电传纸：这是一份与我签署的那份完全不同的支票影本，金额栏中明明白白地写着五万，这是数字。但当我瞥见票底处的那行挺拔、刚毅的签字时，一切便都水落石出了。

我抓着那份电传稿，一路带跑地回家去。然而在逼近家门时，脚步反而放慢了，我装成若无其事地扭开大门锁把，父亲仍坐在客厅的远端，读着他的报，喝着他的茶。"爸爸，"我说，"早上好！……""早上好。"他连头也没抬一抬，但就在这连眼神都不曾交锋的瞬间，彼此间已互解了。

之后，真也没人再提起过它。十三年过去了，就连父亲永别我们也都快有九个年头了，但对于我，每次忆及此事，心中便会升起一股带韧性的感情，它构成了我对父亲立体回忆的一斑鲜明夺目的亮点。

一九九四年十二月十日　于香港

水仙情结　浮生三辑

9. 作家路 ▲

　　艰难走上作家路，这是我回首自己前半段人生而发的一句感慨。

　　作家，对于我的家世来说，虽无缘，但也不至于相距太远：生活在清末民初的祖父是当地一位相当著名的书法家，以行医卖字为生。至今仍珍藏在我书柜底层的他的练字帖，粗黄的毛边纸，劲挺圆润的笔锋，依稀地传递着一种上一个世纪江南水乡、密竹红枫间宁静怡然的田园生活的讯息。这是一种还未被现代文明污染了的中国五千年传统的尾章，而读他吟录的诗词，常令人联想到春风得意、秋雨凄苦，或是月满当空、悠悠扬扬的"春江花月夜"的竹笛，伴随着粼粼的河水流淌而去的意境。至于形象，除了一幅在除夕之夜总会被搁出来拜祭一下的"吴公增毓太师"的遗像外，祖父几乎没有给予童年的我留下任何可供回忆的内容。然而，这只是一幅墨描在瓷盘上的似是而非的人画像，瘦削脸庞，八字胡，结顶瓜皮帽外加臃肿的棉长袍，两眼直勾勾地逼视着你，令偶尔环顾四下无人，踮脚从供品桌上去拈一颗桂圆枣丸什么的来塞入口中的我，产生一阵止不住的心跳。

　　然而，与辛亥革命同龄的父亲就完全不同了，这是一尊曾实实在在存在于我生命中，并强大地影响过我生命航向的人物：慈祥、随和、亲情满溢，是他性格的一面；严厉、冷峻，有时甚至拘泥得一丝都不许有苟，则是其另一面。以优异成绩毕业于三十年代之初上海复旦大学的他，应该说是他那个时代中国知识分子群的典型了：中西合璧，华洋并重，强大的学术底蕴轻易地托举着各类人生与职业层面上的负荷。五十年代初，正是我朦胧的童年意识开始沉淀与辨别人生的年岁，当时的父亲在沪上一所大学任教。记忆之中的他，每日总是一杯"乐口福"、一片"三明治"、一截粗雪茄地打发完早餐，然后便西服领带、一尘不沾地登上了一辆人力车上班去，而牛皮铜扣的公文袋里鼓鼓囊囊着他的讲稿。傍晚回家的情形则完全不同了，他近乎于迫不及待地除去所有的束缚，换上宽松的唐装，圆口鞋，然后便手握一卷线装书，读读停停想想，不是在室内的一盏幽暗的台灯下，便是在户外一屿月海之中的露台上。但是，最令我好奇的是他那一壁橱的藏书与字画：对于幼年的我，嗬，那可算真是壮观啦，几千册中外篇章聚会在老家的那座低着楼板高及梁脊的巨型壁柜中，蕴含着一种静悄悄的强大与神秘。而我的最大癖好便是藏身其中，严实地拉起柜门，嗅闻着书册们散发出来的幽幽的干霉味，在半明半昧之中编织着自己的童年梦。这，

浮生三辑　水仙情结

便是书给我的最早的熏陶了，至今，我仍能清晰地忆视出那些书册的形状与厚度，甚至勾弯出英文烫金字母的种种形象——虽然，它们的最终命运是被付于一炬，在十多年后的那场史无前例的浩劫中，那时的父亲已早去了香港谋生，留下了母亲与我，目睹并经历了这惊魂动魄的一幕，而那，则是后话了。

说到我创作的最初冲动，应该是在与父亲长年累月的书信往来间萌芽的。

每星期至少有两次，我总会在老家院落前的那盒木质信箱间收获一封右上角粘贴着一小方金黄英女皇邮票的来信，这是那个时代我生活中的一项惯性了的喜悦。父亲的来信通常不太长，但内容却丰富极啦，从日常琐事到香港风土人情，几行速写式的随意描绘，便能奇妙地勾画出一种气氛来，令人身历其境，闻香视色。有时，他也会在信中夹议一小段人生哲理，自然得体，娓娓道来却又恰到好处。他很少使用感叹号或者省略号，然而，一旦使用，那种震颤与联想的效果便更凸显。但最令我心醉的还是他那峰谷分明的字迹，秀丽挺拔，那是祖父的遗风；然而其中总是蕴含着另一类刚毅，亲切与贴近的韵味，这才是属于我与他的那种父子间的神通了。我总爱在深夜的台灯下读他的信，一遍又一遍，想象着他落笔时的神态与心境；想象着窗外上海的夜雾和香港的璀璨，想象着就在这同一盏台灯之下，多少年前的他如何夜读的种种细节，于是一股清泉般的感情便会自然而然地从我心井的深处涌起，这是一种决然区别于流行在那些年头的，口号式的文风与空洞激昂的感情，这是那个属于我自己的缪斯的初次露面，我也想写些什么，模仿或者创作，想象或者现实，反正落笔才能宣泄，宣泄才能满足！

于是，在一回回上海梅雨季的近晚时分，从我家的那幢日式小洋楼的落地百叶长窗望出去，早起的暮霭湮没了一切，故乡忧郁在一派诗的灰色中，温柔而沉静。而我，就在那圈杏黄色台灯光晕的呵护下，向着雪白的稿笺倾吐着自己将成熟未成熟的心声，时而喷火，时而盈泪；时而锵锵，时而幽幽。虽然时至今日，我已完全忘了当时的自己曾写过些什么，那些我最初成形为文字的喜怒笑泪，不是在"文革"高峰期被抄走，作为定罪我"反动学生"的证据；就是已被我自己匆匆焚毁，从而令重阅成了一种永不再可能。但我仍记得其中的几篇，当时是鼓足了勇气寄给父亲看的。只有在这种情形下，他才会回一封多页码的长信，细细密密地写满了对我习作一丝不苟的修改与评注。他反复强调的是简练与含蓄。"长篇累牍的外露式抒情，"他说，"无疑是一种失败的文风。"他的记忆力好极啦，他能在信上准确地定位出他那座书柜中的哪一排哪一行哪一本书内的哪一篇文章，他要我去把它们找出来细细品读。然而，那通常都是些《古文观止》或《史记》或《论语》之中的篇什，对于青少年时代的我，读来非但艰涩，而且无趣枯燥。但我却因此发现了他的另一批藏书，那都是些英美俄名著的译本，一旦上手，竟一发不可收拾，常常通宵达旦地浸淫在十八、十九世纪欧洲文化的氛围里，忘却了时空。待晨曦初露，走上露台去一舒筋骨的我才猛然惊回到眼下那片红彤彤的二十世纪六十年代初的中国——说心中不担忧不害怕，那是假的，担忧我与我同学们的意识裂痕日深一日；害怕学校每天高音喇叭中狂轰滥炸的不正是我所钟爱的？但，我制止不住自己，我爱上了一个可怕的"她"，而"她"最可怕之点正是"她"最可爱之处啊。

1966年初夏，"文革"终于在一种酝酿已久的气氛中爆发了，街上乱哄哄的，商店的旧招牌被砸烂，皮鞋裤子当街焚烧，几位被小将们"触及了灵魂"的时髦女性赤足散发地自街上鼠窜而过，背后继而轰然响起一片笑骂与嘘声；夜幕下，几条黑影沿着墙角鬼鬼祟祟地游动，怀中抱着一包沉甸甸的东西，他们的方向是弄堂深处的垃圾箱。而我，竟也加入了他们的行列，将家中的黄金、美钞、字画、古董——那些所谓"四旧"的罪证——都一个劲儿地往垃圾箱里塞。最令我心痛的是那些凝聚了我多少个不眠之夜思绪的文稿，也不得不向它们投上了深情的一眼之后扔入了燃烧的火堆中。然而就在这一刻，我突然觉得正熊熊着的不只是什么文稿，而是我的思想我的感情我的心魂我生命的本身哪！文稿烧完了，火势小下去，小下去，终于熄灭了。我望着那堆被一口叹息都可能扬飞起来的惨白色的余烬竟木然了。母亲火急火燎地走进房来，说："还不赶快？！抄家的都快来了——"但我呆坐着，我不是想烧想逃想躲避，而是想喊想吼想"忽"地抽身而起，横眉冷对；然后坐下，继续写——没日没夜地写，废寝忘食地写，倾吐式地写，喷瀑式地写！我只觉得这世间再没有一件值得你信托的对象了，除了纸和笔——这种强烈的感觉竟然一刻不褪色地陪伴我度过了十年，从1966年到1976年，3650天，我的生命也从少年步入了壮年。

我创作另一起高潮的来到是当我于突然的一刻坠入了爱河后。

我这一生——至少是直到现今为止的一生——中，就只爱过一个女人，却爱得专一，爱得痴迷，爱得深切，爱得至死不渝。在这之前，爱情对于我，只是一片淡蓝色的虚幻，一弹就破，一吹就散；它来自于我读过的那些欧俄文学作品中片段的印象瑰集，少年期的那种常见的心理与生理的冲动，以及不可避免地混合着二十世纪六十年代中国学校的那种奇特教育所投下的某种带压抑性的阴影。但这些都在其次，都是脆弱得不堪一击的，当那具形象在我生命中天使般地现身时，我着魔了，我不顾一切，也不会再顾一切地去想象她，去心描她，去魂摄她，企图将所有美的词汇美的语法美的修辞美的篇构去与她挂钩。她，美得像一尊玉雕，甜得如一首旋律，透心沁肺地又好似在夏日里啜一口冰

浮生三辑 水仙情结

镇果汁般地过瘾。柔情如水的她，热情如火的她，有时灿烂如夏花，有时矜持如秋叶，我想，怪不得你的名字叫"美美"呢，因为完美，使用于你的身上，绝对恰如其分！我记得，在我的某一节回忆录中曾有过这样的着笔：**在我干柴般的年岁上偏又遇到了烈火样的爱**——我觉得这仍然是一句最适当不过的描绘。而当我俩那互表心白的一刻终于来到时，我简直疯狂了，我们生活在一个灾难连绵的年代，但我却固执地认定上帝只是对我太偏爱了，让我如此如愿以偿，如此肆无忌惮地沉浸在奢爱中。我只觉得世界的色彩一下子全变啦——天明丽，云明丽，山明丽，水明丽，城市明丽，街道明丽，就连你平素里最憎厌的标语牌、语录壁，红卫兵以及造反队的嘴脸，都变得柔和可爱起来——创作思路的洪峰便在这一刻涌到。

就这样，在两股动力的双倍推进下，我生活创作、学习生活，是在爱的昏颠中连头脚都倒着走过来的；创作，则是涌泉般地奔腾而出，江河般地一泻千里。在我年轻的心里，绝无障碍可言，更无清规戒律可循，我只知道一旦写出来的便是我的，而我的，便是最好的。至于学习，我则是让自己一日十二小时近乎于虚幻般地浸没在古典旋律与中英美文的蜜罐里，"醉生梦死"——不论实效怎样，反正我自学完成了外语以及提琴专业的全部教程，我求知的欲壑就如一只永远也填不饱的黑洞，贪婪地吞吸着一切游离而过的美与艺术的流隙。它们纷纷撞入我敏感着灵性的年青的大气层，爆炸、燃烧、高压之后复高温，而饱和着旋律与色彩电离子的感情便一下子漩涡成了一种只具有我个人独特文格与诗风的语言表达。

然而，这只是我那一截生命的阳面，在其阴面刻下的却是我们这一代人所可能体会到的全部惊恐与绝望的斧痕。

所以说，这构成了一段奇特无比的生活：我们与社会是互相将黑白颠倒过来理解的——包括是非与光阴。清晨以及深夜，我是她的，她是我的；我是诗的，诗也是我的，我生活在玫瑰一般的梦幻里。雪花也似飘下的诗稿，从一行到一页、从一页到一叠、从一叠到一地，眼泪以及欢笑，爱情以及仇恨，录像下了那个时代的斑斑彩块。然而当现实的白天来到时，当大街上又风驰电掣过高呼着口号的造反队的卡车，而满城刺目的标语又在烈日下疯狂呐喊，我又不得不收藏起自我——我伪装成的是一个间歇性精神分裂症的病人；而她，则是一位先天性的心脏病患者：虚弱苍白，弱不禁风。我们只希望社会能忘却我们，忘却我们就像随手向墙角撒弃两件报废了的产品一样。因此，我们就必须杜绝任何让他人瞧见我俩在一起的可能，我们当然更不能让他人有丝毫察觉我们的那个正隐蔽着的真实的自我，一次疏忽便足以致命：在那个一切门窗橱柜厕所

水仙情结
浮生三辑

被窝都被勒令打开的岁月里，我们却保持着走钢丝一样最危险的平衡，警戒着随时都有可能堕入深渊的粉身碎骨！就这样，我与她你挽我、我扶你地走过了几千个日日夜夜，甜蜜与恐怖混合，人生与演戏交替。最具情节色彩的是那些诗稿，收压在一方被掏空了内脏的手提唱机的木箱中，提拎着（提拎着的不仅是诗稿，还有我俩的心）到处躲藏。这是因为经历了第一次焚稿的我已近乎于顽固地认定：诗，即是诗人一次又一次临盆诞生下了的，仍与诗人脐带相连着的生命，焚稿无异于谋杀亲子，我宁可与其玉石俱毁，也得冒险将之保全。于是这些日渐厚叠的诗稿便与我俩一起自地下，通过了这段长漆黑阴冷的十年隧道。之后，它们中的一部分被逐字逐句逐段地抄寄来到了香港，并被广泛地收录进了我的各种版本的诗集中，而原稿则珍藏在我私人的保险箱里。至于它们中的大部分，终因邮寄无可能，携带又不便而再次被狠心地毁于上海——那是又过了多少年后的事了，在我 1978 年初获准赴港与父母团聚后的又一年，美美来港的申请也批复了下来，在当时，既然回归是件不可思议的事，于是再一次焚稿便成了我俩唯一的选择。

但历史捉弄人的方式往往是喜欢在绕了一个大圈之后再笑眯眯地回到一个惊呆了的你的跟前，尤其是在我们这代人剧情化了的一生中，这种反差倍觉强烈。回上海，不仅在另一个十年之后变得可能，而且还一发不可收拾成了我生命之中最强烈的周期性的企盼——事实上，上海不但是我作家梦的摇篮，而且更是我实践作家生涯的舞台。上海，只有上海，才是维系我一生的两个最强大的精神端点——尽管在当时，宣布说已被批准赴港定居对于我曾是一种类似于圣母显灵般的兴奋以及无与伦比的感恩。这是一颗沉沦在地狱中，已经忘却了时空的活灵魂，有朝一日能回归光明人间时的疯狂，我理所当然地发誓：爬出了黑窖的我，再也不会回来啦！

然而，这种决心的被修正就在它被下定的几天之后。那是 1978 年 5 月 19日的傍晚，当我手提一只小包袱只身通过罗湖桥时。落日正自我身后的某个方向沉下去，沉向上海所可能位于的那一处：想到美美——我那血肉相联的另一半——以及苦难未脱的故乡正从千里之外望着我一步一印记地进入一方新的天地，我的心酸裂了，在它刀绞一般的疼痛中，我体念到的是一种深深的眷恋：我，这么个揣怀着一颗诗魂的生物，又怎么可能割舍得了他生命之中最有机的那个部分呢？而这种感情便成了我今后一切创作的重要动源之一。

也是在那同一天，我终于见到了被我的想象力琢磨了近二十年的老父：消瘦，清癯，轮廓分明的脸庞严峻、淡漠，喜怒绝不形于色以及带着——带着什么呢？对了，带着的是一种神圣不可侵犯的排斥感。这与我童年的记忆少年的联想既贴近又遥远，既熟悉又陌生。尽管如此，我仍是下了决心，决心要在某一天告诉他我真正的精神追求是什么？以及为着这种追求我曾付出了些什么，并准备再付出些什么？这次谈话是在我到港十个月后的一回朗月之夜完成的。那时的我并没选择在父亲主持的公司工作，而是自愿去找了一份在一家图书发行公司由普通职员做起的工种，至于满月夜的选定，那纯粹是为了让此次谈话更能柔和上一层诗的色彩，为了让现实之中的父亲能与记忆里的他尽量叠合的缘故。然而，现实毕竟还是现实，在静静听完我江奔河滔一般的自述后，他冷若冰霜的结论是：行不通，尤其在香港。诗，他说，是一种生命的境界，自冶的价值远高于他娱。因此，当个诗人充其量也只是一段雅兴飘飘的虚幻，而绝不可能成了一项脚踏实地的职业。或许，他是对的，在这钱之地引力太沉重了的香港，一切起步或者腾飞都先得计算出一项与钱相关的宽容系数，之后，再有其他。且把这看作是一种世故的提醒吧，我向自己说，反正在政治镣铐中能做到的在经济的枷锁间也不见得绝对办不到，因为我，自始至终还是这么个我——于是一下子，我的文学创作又再度地转入了"地下"。

作家，其实，往往不太像是一种既定的人生目标，是在经百折不挠努力后的如愿以偿，是某类被偶然激发出来的天分在一步更深一步探索后的一条不得不走完的生命不归途——这是一种痴恋；一种信仰；一种被蒙上了眼的诱惑；一种完全不清楚目的地究竟在何方的崇拜与追求；一种根本没将其当作为职业的最长久意义上的职业；一种于是便在不知不觉中被人冠以了"作家"这么一声称呼的日长与月久。因此，一位真正的作家或诗人的定义应该是由他之后的一代或几代，与他素无谋面，而单凭对他留存于世间的那些篇构的读研后的人们所下，而不应是他的同代吹打手们所抬捧而起的名噪一时，其后则是雁过铃静，最终仍逃脱不了被扔进文化废物箱命运的峰谷效应。作家，应该是一位着眼于能让那些他永远也见不着的人们尝果实的栽树者，也因此是一项只有最无私无畏者才有魄力来承担的职业——而我，正是抱着这种最长久的心理准备登上当今文坛的。

从1978年到1984年，美美早已来港与我团聚，我们的第一个孩子也都出世了，而我也最终自那家图书公司完成了"学徒生涯"，顺利地接手了父亲留下的全盘生意。在这泾渭分明，秩序规范，人情霜冷、自我蒸发，连概念都钢铁化了的现代资本社会，我竟又偷偷儿地写了上百万字数的作品，且都完成在快速节奏的商业活动的高压之下。奇迹再一次产生，但对我来说，奇迹无所谓奇迹，这只是对我执著之爱的一种回报。直到父亲1985年1月去世为止，他都不知道这一切，知情且支持我的仍只有美美，她一个人。于是我便再度地套上

81
浮生三辑
水仙情结

了面具做人，对于文学以及诗，对于我，这么一个诗国的"最后牛仔"，上世纪六七十年代的中国大陆与上世纪八九十年代的香港并无两样，自由是相对而言的；政治能令你失去的，经济也一样能，而政治锁不住你的，经济也一样不能。我记起了佛祖的一句话：佛在你心中。其实，人作为一件个体的存在，就某种意义而言，是与"我"，这个概念所相对的整个世界完全等值的，这是天平两端的两盘砝码，当你全神贯注于自我境界的开拓时，整个外部世界也会为你那颗自我砝码的不断加重而倾斜。

1984年4月，在我完成了第一期作品的汇集后，便启动了每个作家都必会经历的最心颤的一刻——首次投稿。这完全是一种盲目的投寄，我选备了三份同样内容的稿件，再配上一封措辞谦恭的求教函分别寄往了港、台、大陆三地的报刊。虽然，台湾与北京的诗刊最终都以专页的形式发表了我的全部诗作，但那都是在半年之后的事了。在稿件投入邮箱后的第三天，其实，我便已得到了某类回音，那是一篇刊登在香港某报专栏上的文章，正巧被我读到。文章说投稿者是一位由大陆来港寻找"发达梦"的红卫兵（天晓得！）在遍求不遇的境况下，便打算窥探文坛来一试，而文章作者的直截了当的忠告是：此路不通！至于那位目前也在把玩把玩现代诗的投稿者假如有朝一日真能成功的话，此文作者如此认为，至少也要等到全世界的诗人都死得差不多的时候。看得出，作者写得很痛快，文笔流畅且老辣，但作者有没有想到，这篇文章对于一位初涉文坛的年轻人来说是不是太冷酷了些？而几十年前的作者自己是否也曾有过那么个文坛初登的某一天？然而在当时，面对这么一篇"流光溢彩"的文章，我的第一感受并不是被辱，而是猛然的悟觉——我依稀地测定到必有某种目前的我所根本不了解不理解，也无法了解和理解的暗礁存在于那处我期望航达的领域，文学殿堂的那种在局外者想象之中云雾萦绕的神圣场景幕地在我眼前灰暗了下去，我向自己说：调正视角，擦亮镜片，这才是你现在必须要做的。

而另一件无足轻重，却又是使我终生难忘的文坛佚事的发生是在好多年之后的事了。那时的我已出版了好几本集子，极少参加香港文人聚会的我，有一次也被拉了去。但就当我手握一杯橙汁在宴厅的一角孤单地徘徊时，我观摩到了一段绝佳的对白与演出——"我想打听一位叫吴正的香港诗人"，说话者是一位我并不相识的，内地访港的某刊物的负责人，而被他以目光来作征询的则是在日前刚与我通过一个长长的谈笑风生的电话的香港诗人A君。"本刊打算向他约稿，不知你们哪位知道他的电话或者地址？""吴正？……吴……？"诗人A煞有其事地搔头皱眉，苦思良久，并开始用眼光试探着B、C、D、E，那些几乎都能列入我熟识者名单中去的周围人，"名字好像还耳熟，但认识就……"

浮生三辑 水仙情结

"没关系——那没关系！我可以再找他人打听。"其实何须"他人"，当时的我只需一个箭步就能自暗角跨入明处，而使那些并不知道我就站在他们不远身后的"文友"们承受一次不太容易承受的难堪。但我选择的并不是这样，而是轻轻地搁下了橙汁杯，悄悄地离场而去。我终于没相识到这位曾打听过我的编辑——直到今天。我羞于再见到他，羞，连我自己也闹不清，究竟是为了什么？为了谁？

但无论如何，这就是现实，你不想正视也得正视，你企盼美化也无从美化的现实。到底文坛与商界是不是源于同一种概念的两方表现领域——或者至少在市场意识太强化了的香港？我答不上，但自我记忆底层翻浮而起的却是二十年前的那箱被我拎着四处躲藏的诗稿：棍子，这种器具道具兼工具，在一个以政治为支柱的社会中的那一根，当来到以金钱为中心的社会可能转化成了另一种以其他命名来称呼的新模样，这并不足为奇。而丑恶，也是无职界之分的，存在于奸商暴吏间的种种也同样存在于文人学士中，这与从商从文还是从政并无关系，更何况在这职能界限日渐模糊了的当今社会？不变的唯有执著，这一种意志；正直，这一种品格；高尚，这一种情操。

而另一则引发我思辨兴趣的主题是钱——那样我拥有了，却从未因此而自豪自傲自喜，也从没觉得可豪可傲可喜的东西——与当个作家之间的关系问题。这是在与一位诗人同行的某次酒后半酣的坦谈之中偶然涉及的。有时，他说，一件好事的终极效应未必都是正面的。比如说写出了一部好的作品，在引起社会反响的同时，招惹来的也包括某些暗角暗处暗枪对你的瞄准，这与政坛上才华早显的危险相类似——文圈，有时候并不见得不似政坛：肮脏，这起词汇之所以发明，是因为其发明人的体会比他人更深切的缘故。而吴正兄——恕我直言——你的状态可能比他人更糟，这是因为你，或者说你的家庭，有钱。它让你突出在一种极易被人攻击的位置上，这是因为在传统的观念中，溢才的作品往往是与贫困潦倒联系在一起的。

不能说一语惊醒梦中人，但我至少为他的坦率而感动，为他一针见血的深刻而颤栗：我的一些朦胧而断续的至今还未必形成的理论竟然被他手起刀落间剖开了。然而这种提醒作用于我身上的效应却是双向的：更热爱文学而更厌恶文圈了。这是一种美与丑的并存，衬与反衬，背景与主题间的辩证关系，它取决我个人意愿的背向：挺立还是下跪都是一种生存的姿态，差别只在脊梁骨的承压度不同；赞美或者责备因而便成了多余的，多余是因为下跪者自有下跪者们理直气壮的理由（你又敢说他不对？）：正是为了有一天能对他人傲立而站，暂且而适度的下跪有时是必需的。

坏就坏在我无法说服我那个冥顽不化的自我，去认同这条极可能是行之有效的人生理论，而且还总依仗着说是连"四人帮"的十八般武艺都见识过的我难道会惊惶失态于一二尊拦途收买路钱的绿林好汉前？于是，我扬长而去，行吟依旧，且还嬉笑调侃于那些规劝我"怎么样也要顾及些影响"的好心人士真诚的眼神前。我了解自己的弱点：易于被真挚所感动，但更易因强暴而坚定。我的一首自嘲的短诗是这样写的：我们，不都也是群先天性的／残废者，残废是因为／我们长少了一根／媚骨，而又长多了一根／傲骨。

　　说认真的，我也不是没考虑过让作品永远黑暗幽闭在自己抽屉的底层，随我来到这世上，将来再随我的离去而永远消失。但我很快说服了自己：既然是一种诞生，便没人再可以扼杀它的仅属于读者的生存权——包括它的生母。至于其他，均属枝节。更况且很多困题当想深一度层面时也不是不会露出一线理解之曙光的。比方说对钱的心态，拥有的，缺乏的，暗恋着却始终与之绝缘或半绝缘的——这是一位姿色欲滴的美丽女人，反正追求到手总是无望啦，于是"破鞋"的谣言便不知道从什么时候什么地方开始流传了开来。

　　只是我，好像并不太在乎这一切，并仍在策划着这一起比上一起更庞大的赚钱计划，除了赚钱是我职业的要求外，我并不能建立起有钱为羞，赚钱为耻的观念，正如我不相信贫穷是高格与高调的代名词一样。至于写作，我还是在狂热地继续，继续是因为我抵御不住思索以及表达对我的诱惑，再说这也是我对本身决心和他人封杀的一种最脆亮的回答。说到孤独，孤独惯了的我偏又是不太怎么惧怕，一位蜀中诗人说得妙：只有软体动物才成群结队地觅食，狮虎从来都是独来独往的——麻烦的是：我竟阿Q式地将此作为了对自己行为与状态的某种注释。

　　就这样，又过了十年，1994年的我已是完成了两百来万字数的各种文体，出版了十多本册集的人称"香港作家，诗人"的"吴正先生"了，但，我深不以这起称呼为然，我曾在各种场合一再声称：香港只是我的居住地，上海，才是我作家这棵树的扎根之土。

　　我说的是实话。回首我四十六年的人生历程便可以证明这一点：上海的苦难上海的甜蜜，上海的迷失上海的清醒，上海的离开上海的回归，上海数不尽的横街窄弄，上海流不断的黄浦江苏州河水，上海时刻敞开着胸怀，说：如果你倦了，你就回来；如果你受欺侮，这里有母亲永不失耐性的等待；如果你迷路，指南针指着的永远是家的那个方向。于是，我写下了《故乡》，这首只有两行的短诗：不知道你好在哪里／只知道我痛在何处。以及：怎么能叫我们不爱她呢？／异乡有千百处，故乡／只有／一个。再以及：异乡有繁华／故乡有清贫/异乡有骄阳/故乡有明月——所有这些，都是献给上海的。

在我对于上海的带点儿病态的情结中，埋藏着的是那颗有着最强大创作生命力的种子，因为这是一种深刻的爱，而有爱便有作品。那一年，我第一次携带着大叠稿件回去，在整座大陆文坛前，我，再度地还原成了一位怯生生的新来者。而她，打量着我，这是一种好奇、困疑，信中有不信，不信中又有信的目光。而我则胸有成竹地将一位作家的通行证——作品——递交了上去。她缓缓地翻阅着，渐渐地快了，更快了起来，她的脸上开始泛起兴奋的红晕，她的目光开始放射出惊喜的认同，终于，她张开双臂说：你不属于任何，你，只属于我们！而我含泪的理解是：这，才是文学的大海，我终于唱着歌自溪流里融进这一片无垠之中来啦！这是一种伟大的循环：就像水滴的被蒸发，你是我文学的起源地，又是我滔滔奔流的终极归宿。

自此之后，回上海便演变成了一种一发不可收拾的惯性，而我的作品，便是在这两座城市的奔波间完成的。这是一种断幕式的人生背景的叠更，在它带给我许多创作激情的同时，也为我开拓了更大片的思索空间：反差和对比会令许多先前并不显眼的隐藏突现在一个极为醒目的位置上，诸如意识的断层，价值观的地震，本能的火山以及欲望的岩浆，在这么多年的被压制和积聚之后终于爆发了，这是一场地动山摇式的万物重新定位的运动，在这个既伟大又可怕的时代，逆涛掌舟还是火中取栗，对于一位真正意义上的作家，如何把握自己，便一举成了他生命之中最具比重的选择了。

但就我而言，作为作家的人格也不是不受到愈来愈多文坛现状之冲击的。比方说，当你筋疲力尽地自沙滩爬上岸来时，遇到的偏是一大群提着泳具的兴致勃勃的下海者，他们向你打招呼说：哈啰老兄，我们都下来了，你还回去？不用说，赤条条地畅游于水中的感受一定是自由自在的巅峰啦——叫我这个"上岸者"，又怎么来形容？又比方，当你冥思加苦干地好不容易完成了一部书稿时，就听说，有某"才女"（我们似乎生活在一个"才女"辈出的辉煌时代——题外话）居然每隔十天八天就能生产一部长篇小说，或电视屏幕上的泡沫电视剧；而更令人瞠目结舌的是，如今的"作家"一旦沾了点名气后的下一步，便该考虑如何来组阁一个"写作班"（是否与文革中的市委写作班相类似？——再一句题外话）之类来扩大其"作品"的产量，无论这叫"企划"还是"制作"还是"流水线生产"，反正基于同一种调料配方上的文学快餐口味便如同"康师傅"熟泡面似地流行了起来——这又怎么不让我这位雕琢于象牙塔尖中的迂腐者大开了眼界呢？

然而，我始终仍是，而且永远只是：我，认真于每一举，执著于每一步。

即使真到了所有的人脑都由电脑替代，所有的艺术都可以由机器来制造的那一天，我都会死抱着那个自我十多二十岁就已形成了的观念，顽固且不化的。因为对于我，这才是美妙的化身，灵魂赖以起飞的翅膀。我深深预感到自己创作的第一个阶段已经过去，正如我写的那样：是那些从充沛着热情的岁月里流来的，奔腾着的诗的炽流啊，流到了我们理性的今天；它们开始凝固，凝固成了沉默，黝黑，强大得不可动摇的山岳般的信念……思路的凝练，感觉的沉淀，语言的再不轻易落笔就像一种特定的生理曲线一般地驾驭着我创作的方向，我无能为力，也不想有能为力。我知道，这是中年的我的创作特征，它还会改变，待到世事之一切在我好反思的瞳仁间终都分色为清澈通透的什么也不是时（不知道自己是否最终能抵达此种境界？），我的文风便会又是另一种。作家有时扮演的是一位无尽远征的跋涉者，半途偶息于一个霏雨灰灰的黄昏，回首来道，放眼前程，心中的苦乐愁欢只有他自己才能品辨。

只有一条信念是恒定的，那便是他最终还得直起腰来继续赶路。苦行僧还是苦役奴——谁叫我们选择了作家这个职业？世界是缤纷的，时代是神奇的，它们一片接一片地横断，展开在我们的面前，而我们的生命恰似一条坚定的直线，洞穿而过。

我理解：所谓文学就是爱，所谓爱就是执著，所谓执著就是一生三万多个日日夜夜的绝无三心二意；我也理解：前程仍会坎坷，仍会有大大小小文霸鬼魅的干扰，但这并不可怕，经验告诉我：驱鬼最有效的方法无外乎于正气凛然地面对以及逼视，直到它终于无计可施地隐去；我更理解：无论将来的我会漂泊到地球的哪一方角落或从事哪一项社会分工意义上的职业，我始终是，永远是，也只能是一个作家，一个中国籍的上海作家——这是在我还没降临到这个世界之前就已被预定好了的人生坐标。

坚定走完作家路，这是我展望未来时的一拳决心的紧紧在握。

一九九五年四月三十日　于香港——上海的奔波中

10. 自虹镇老街出发　▲

　　重见虹镇老街那是在三十多年后的事了。小时候，我家也住虹口，虽地处带铁门和庭院的小康区，然而因了同学也有不少个住那里的老街区，虹镇老街倒也是我常去的地方。

　　在遥远的记忆里，虹镇老街道窄屋伛，坑洼不平。丑陋的老虎天窗自屋顶上探出头来，俯瞰着那一片七高八低着灰瓦黑砖的贫穷的海洋。假如放学之后，一个兴高采烈的你，高呼着某位同学的名字，自低矮的门框间鲁莽闯入，说不定何时就会在半明半暗之中踢翻了一尊晾搁在门口，已经洗刷干净了的马桶，从而惹来一连串浓浓苏北口音的斥骂。但你可不管这些，伸一伸舌头，便从陡陡的窄梯摸了上去。那是若干平方刚能站得直人的阁楼，方桌、板凳、木床、米缸、水桶，以及同学父母的那幅劣质着色的结婚照，端放在被石灰水刷白了的墙中央。于是，那方缺少了大人坐镇的阁楼便成了我们这批顽童无法无天的乐土啦！钻进爬出，攀上跳下，总之一切不需要耗费钱的游戏，我们都玩到了家，直搞到满室狼藉。后来，那个在窗前放哨的小子终于报告说：来了！（来者当然是指同学的那位从纱厂放工的胖母亲，或是蹬三轮归来的瘦父亲啦）大家这才抢起各自的书包，连滚带滑地飞下扶梯，一溜烟地消失在了那片迷宫般的横巷与竖弄之间。至于遭骂还是挨打，那才不管我们事，自有那位事主同学去担当。

　　那真是段快乐的时光呢，只是快乐总是要在它逝去之后，才会在对比的背景上凸显出来。当年，对于我们那群一聚而拢一哄而散的毛孩子，最梦求能得多点的是什么？当然是钱——那张最万能的花票票啦！一两毛的零用钱就足以让人想象半天了：是买一堆零食在小伙伴间分享呢，还是独自一人去享受一场《鸡毛信》、《上甘岭》之类的早早场？无法作出选择的原因是，哪一件不都一样地诱人？几十年过去了，我们以岁月换来了事业以及存款，却再也买不回童趣——这是一条无奈的人生单行道。

　　这，便是眼下的我，再次踯躅在这片熟悉土地上时的感触了。虹镇老街没变，据说这是沪东区唯一一块仍未被批租出去的棚户段。然而，虹镇老街毕竟还是变了：坑洼的窄街平宽多了，而门口斜晾着马桶的只数似乎也大幅度地减低了。不批租就自批吧：一幢二层带三层阁的新楼，乡里乡气地已在原地头上矗立了起来，几个汗油淋漓的家伙正挥手划臂地将一扇硕大的铝合金窗吊上楼去。有时，你会见到一部簇新的三菱空调的尾端自低低的瓦檐顶下伸出来；而××餐室，××发廊，××洗脚屋的招牌随处可见，脏兮兮的透明纱帘半隐半遮着乌黑黑的窗框，有一种泥腿子第一次着上了西装时的不协调。一幅用歪歪扭扭毛笔字描出来的，且还包含着若干可笑错别字的服装铺的广告更可人：欧美最新时尚荟萃！但着实让我吃了一大惊的是：昔日的某扇老虎天窗，如今已被改造成了一方盒铝质玻璃的全透明的豪华浴室，筑巢在瓦灰色的房顶上，俨然一座超现代化标志。再几步之遥，停着一辆红色的"夏利"车，莫非都有私家车了？我正摸着车壳纳闷呢，一汉子恰好抹着口角的油水从一方黑幽幽的矮门之中跨了出来："怎么，想乘车？""噢——不！不！……""顺道回来吃顿饭"，他自言自语地打开车门，从中摸出了一座灯箱往车顶上那么一搁。噢，原来是辆的士啊，我这才搞明白。

沿着差不多把里路的曲弯，低矮以及羊肠狭道穿梭，我终于走上了一条宽大了些的马路。岳州路？不错，岳州路。回首虹镇老街已退留在了身后，我逼令着自己以一种梦境之中的坚定脚步向前走去。一辆的士驶过来，在我身边圆滑地停下，一张留着长发的菜黄色的脸蛋探出来："哪能，走伐？——"但我的注意力却早已被不远处的一家轰隆着轧钢机声的某金属制品厂吸引住了。这不是那一年我们那班同学来"学工"的地方吗？是的，应该就是！我驻足向横着吊车的厂门口张望，两个着工装裤的黑脸汉有说有笑地走出来，瞥我一眼，过去了。会不会又在哪里见过？不，这一次我定神想了想的结论是：不可能。因为他们至多也就是二十多三十岁的年纪。但附近的那座"给水站"就不同了，肯定是几十年前的遗物。一位挂着一件泛黄了的汗衫的老人半躺半坐在一张旧竹榻中，竹榻置于"给水站"的阴影里，老人木讷地注视着街心的阳光，一切无言。好一幅黑白片时代的景物素描！

怀着一种稠稠的怅惘，我再从岳州路走上了周家嘴路：模模糊糊的回忆追随着我，影影绰绰的"过去"放映着，断断续续的故事首尾不衔接地倒叙着，熟悉而又陌生的人名以及面孔交错对号。13、17路无轨电车自我身边驶过，售票员拍打着车门停下，又启动。公平路站、高阳路站、新建路、商丘路——到梧州路了。二十，大概要近二十五年之前了吧，这里是21路电车的终点站，弯形的双联车厢，通常都是绕着中心岛那么一个大兜圈，便又将其车头掉转过来，朝着另一个方向——中山公园行驶。如今，车站早已搬迁，中心岛上摆满了个体摊档。但至少，有一件存在物仍是熟悉的，这便是那片叫作"前卫"的中药店。无论如何，这还是个坚定不移的名字呢：在那个所有的店名都一窝蜂地改为"红卫"、"兴无"、"风雷"的时代，它不曾动容；现在，当一切的铺姓又转向"金×"、"富×"、"豪×"的年头，它也一样地不动心。当我决定就从这里转弯向外滩方向进发时，我站定了，并用眼光向它投去了一瞥注目礼。

外滩，那是在我沿着九龙路河旁，经东大名路，再穿入黄浦路，又一轮三十多分钟的步行后才到达的。繁华的上海心脏区已在望。我从古朴的铁桥上渡过河去，不远处，吴淞路高架却以一种现代化的姿态与我并驾齐驱，腾空虹跨水面而过，傲视着在这十九世纪钢铁桥架下蠕动着的芸芸众生。

在外白渡桥堍的黄浦公园的边门处，我再度收住了脚步。我回望，回望整片人口稠密的大虹口已留在了桥的那一边，在它的最前沿矗立着的是那座东正教风格的建筑，此刻正在夕阳的灿烂中反射着金辉。在这座曾是苏联领事馆的绿色拱顶上，如今飘动着的是俄罗斯共和国的三色旗。又一个少年时代的记忆细节在脑屏幕上清晰起来，这是有关那部曾使我，以及无数个我的同代人，激动得夜不能寐的电影《地下少先队》之中的某段情节的：在那年代，少先队员们的入队仪式都是在一位温柔美丽的女教师的带领下，散立在白渡桥的彼端（可能就是我此刻所站立的位置吧？），向着对岸高扬着镰刀锤把的红旗，心中默念着宣誓辞的。

历史，就是这样地流了过去，无情而真实，冲刷出了几重世界，几度人生，几许感慨。不变的只有黄浦江、苏州河水，还是那同一种姿态，同一种颜色。我回转头去，再一次地朝前迈开了脚步：就某种意义而言，前进的坚定，应该属于那个经常不忘回首的人——我如此想着，让自己淹没在了外滩的滚滚人潮之中。

一九九五年十一月十日　于香港

11. 自编自演人生戏

编、导、演这行当，说难难，说易也易。人的每一天每一刻不都在自编自导自演着一出人生话剧？成败在其次，好坏在其次，轰轰烈烈还是平凡更在其次，坚持几十年地拍他一部生命连续剧，总归是一项壮举，尤其在这个黑白衬托如此鲜明，善恶对比这般强烈的当今世道。

曾有机会观摩一部电视剧的拍摄过程，并亲眼目睹了一段"人造"生活，如何一个镜头衔接另一个地连绵成了一种以假乱真的情节展开，从而使那位旁观者的我，充满了各种奇异的感受。通常都是这样的：导演以及录音将监视器材移至一处与拍摄现场完全隔离的地域，戴上耳机，凝视屏幕，然后便5——4——3——2——1地"开始！——"一切屏息，只有打开了的电器用品们发出的极其低微的"滋滋"声。在这方摆设着道具，搭配好人物，规定了动作以及台词的舞台上，现实世界暂时与它绝缘。一切都遵循剧本的安排进行着，一分钟，二分钟，三分钟……紧接着导演的一声"好！"，真实生活的喧闹声便又再起，闪进窜出的，灭灯收筒的，移位拖柜的，而刚进入了角色的演员们，便立即抹去泪水或收敛起笑容，开始了他们紧张工作间隙中的片刻放松。反而令我，一位太易被剧情感染的旁观者，被弃留在一种不知所措的境况中，悲喜乱秩、爱憎无依、思路断层。

于是，我便想到了人生——这条自我身后延绵而至，又从我眼前展开而去的，无穷尽剧情的，一刻不断也一刻不允许有断的连续。

一位如今身居领导职位的作家朋友，一次深有感触地对我说：说到底，还是家最重要，它是你这条疲惫航船最可靠的泊锚地——讲了一天假话扮演了一天角色的你，如果回到家还得继续演继续讲，人生还有什么意义？而一位叫向明的台湾诗人表达得更彻底：家，真好！容许我随时放屁。"放屁"，这种中老年男人所常有的丑陋而又难堪的生理现象，在此被一语双意地妙用了。

当然，在这里，家与社会只是一种台上与台下的关系，化妆与卸妆的差别，这只是生命第一层次上的演戏意义。

然而，整部生命终究都是场戏，有真诚也有虚伪，有高尚也有卑污，有醉后狂言一泻千里，也有正襟危坐面笑心泣的各种时刻，这才是立体的你，血肉的你，连呼吸都带上了气息的你——所谓伟大的作家，天才的演员，惊世的作品，写出演活的也只不过是十分之一甚至百分之一的那个你，那个普通人的你，那个凡夫俗子的你。（不信？不信，你可以随便找一部伟作出来，逐条逐行地与你自个儿或你的周围人，对照着地慢慢儿琢磨。）可见社会无垠，历史无垠，人生无垠——恰如摄像机，再昂贵、再高科技，哪有能超越肉眼之原始观察力的？

每天清晨，醒来。在暖烘烘的被窝里，你开始思索：今天我将干些什么以及如何干？这便是一种剧本的构思。你会排除好些，也会肯定不少；你会让某种理想化了的情操一闪而过，让些许少年时代天真的憧憬，在朝阳的灿烂里情不自禁地怒放一刻，但随即掐灭。你起身、刷牙、洗梳、早餐完毕后对着镜子整一整领带，披一件外套（当然，假如你是个女人，而且还是个讲究些外表的女人的话，那段过程必更繁复：粉底、口红、胭脂、丝袜以及高跟鞋——至少镜子也要多照它个几回），然后便出门。（登台？）某某老兄，某某先生，某主、某任，某科、某长，某工、某师，早晨好！早晨好。早晨好。（好个屁，谁还不知道你一肚皮的坏水。）你脸上笑，口中说，心里骂。进办公室了，好碰不碰，迎面偏就碰上那尊肥头胖耳的家伙，满脸烟容，眼泡虚肿，昨夜不是通宵麻将，就准去了哪个女部下的家中鬼混——某总、某裁；某董、某长，这回先开口问候的成了你，（不是你行么？难道还得由他来问候你不成？）昨天报纸的整版大特写再显老兄的光辉形象啰，（还不是用公款买通了记者什么的？哼！）——几时电视出镜啊？好让我们当同事的也沾沾光？嘻嘻嘻，哈哈哈，呵呵呵，咯咯咯……（电视出镜，还不知道出啥镜咧，见不见那场亿万贪污案审结的实况转播？枪毙！听见了吗？当场拉出去——枪毙！！）你差点儿就如此这般地喊出了声来，混乱了你担任的那个生活角色的明暗台词的分配关系。幸亏那意识的掣动阀及时踩下，才避免了一起严重的人际交通事故。

这个世界呀，钱权欲势名一起呐喊，又哪是我零点零几分贝的微弱心声所能镇压得住的？——这是夜间平静下来后的你，头靠在床板上，向着已在你身旁躺下的妻子，回忆起上午那惊险一幕时所说的话。你笑了，那是一种无奈的笑，一种歉意的笑，一种幕前幕后台上台下的演出空隙间，向着导演承认说，自己差点儿就背错了台词时的，混杂着一种幽默感的笑。

但戏，还是要再演下去，谁叫你活到今天还年处精壮，没那么快地死去？今天的这一场熄灯收档了，明天那一场的帷幕，又将在八个小时的睡眠后重新拉开。我们都处身一方大舞台上，有那么多的五光十色、昂贵、精致与显赫在我们周围道具一般地矗立起来，而我们又都那么忘我地全情投入，投入剧情，投入演出，投入角色。且还你比试我的，我比试你的演技，看谁扮演得更精准，更出彩，从而让生活以及世界，横竖交叉，动静互衬，主宾相对的，日复一日的，浩荡展开……

　　但就在此时，短暂的休息结束，戏又要开拍啦。导演响亮地拍着手掌，说："大家安静，保持原位！"然后便又5——4——3——2——1地"开始！——"在一种所有在场者都噤若寒蝉的神秘气氛中，我注视着那条画像和声音就靠它输入监听室的灰色电缆。你，是否又能触摸到你自己生命的那一条呢？我想，荒唐透顶地想。

一九九五年十二月　于上海

浮水
生仙
三情
辑结

12. 烟云岁月　▲

——从一九六六到一九九六

假如将三十年从任何一处人生阶段抽走的话，一种魔术般的效应将即时产生：突然童稚，突然青年，突然精力蓬勃得不知所为，甚至突然眼前一黑地退回母亲的子宫里去。而假如将三十年从我们这代人的生命历程中略去的话，我们又会面对一派茫茫的什么？遥远如隔世，或者很近，近得仿佛只相间了一个昨夜？

一样的屠格涅夫一样的普希金一样的《约翰·克利斯朵夫》，素有通宵达旦啃完一本好书习惯的我，在第二天的朝阳里蓦然发现世界全变了。街上红旗红标语红袖章，校园里大字报高音喇叭，以及节日狂欢般的同学们亢奋在浆糊与墨汁浓浓的气息中。然而那一夜，我却不曾睡，不曾做梦，甚至连眼皮都不曾瞌过一瞌，我真真实实地清醒着，清醒在欧洲，清醒在十九世纪，清醒在那个高礼帽贵族裙与花边太阳伞的缠缠绵绵的时代，清醒地旁观了于连与伯爵夫人之间眉目传情的每一个细节——这让我感到：大白天的一切似乎更像是一种梦境。

"文革"开始于我十八岁，准备参加高考的前一年……

躲在教学大楼的阴影里，我望着激昂的批判大会在火灼灼的烈日之下进行。黄军服黄军帽黄军球鞋的猴瘦精灵的男同学们，短发散辫，右手握着一册语录本，再来一起胸前横臂动作的女同学们，一切的装束以及个性都统一在无性别的革命大旗之下，而口号声此起彼伏，从"打倒"、"横扫"到"粉碎"——愤怒与仇恨将他们年轻的脸蛋都扭曲了。他们是真愤怒，他们是真仇恨，他们着了魔似地充满了破坏力，他们渴望去"砸烂一个旧世界"，再建立一个"红彤彤的新世界"。在他们血气方刚的年岁上，"砸烂"，还不轻而易举？只是"建立"（无论是物质还是精神），却成了他们之后，儿孙数代还未必能收拾干净的孽债——这却是当年的他们决不会思及到的事……

一列队昨天还被赞歌为"园丁"的教师们，低首弯腰地自批判台上鱼贯而下，一头阴阳发，一脸臭唾沫，在两旁森林般举起的手臂与大海般澎湃的口号的夹道间，他们通过，忍辱吞气含冤：恐怖的心灵折磨，这是那十年中最家常便饭式的例行公事，就如在二次大战的战壕中，坦克过后的插刺冲锋一样，不知道自己在哪一次会被哪一颗子弹击中？

批斗、游街乃至被全副武装的公安人员揪发按首绑赴刑场的"壮观"场面随时可见，其频率高到如同在二十年代的京都古城随处都能围观一场玩猴耍杂的街头表演一样。围观者们兴致勃勃又提心吊胆，同类的痛苦令他们既亢奋莫名又感染了些许兔死狐悲式的哀伤。突然，一个女青年尖叫了起来，说是有人在她的屁股上捏了一把！人群立即沸腾了起来，人们舍弃了那个仍戴着高帽罚跪于台上的批斗对象，转而去捉拿至今还"隐藏"在"革命群众"队伍中的"阶级敌人"——"把坏分子揪出来！"、"把破坏批斗大会的现行反革命分子揪出来！"，"砸烂他的狗头！"，所谓"坏分子"，其实是一位文文弱弱的，戴着一框白塑镜架的书生型的人物。此刻的他，早已吓到嘴唇煞白，周身糠筛不已。他断断续续的辩白是："我没……没……捏她的屁……股……屁股！我只是……只是不小心……小心……"然而，人潮强大的吼声瞬刻间便将他苍白的颤音吞没了，没人能听到他在说些啥，也没人愿听他在说些啥，无数争着要证明自己就是那只"无产阶级专政的铁拳"雨点般地打落在猎物的头上胸上背上，在人之旋涡的深处，他沉溺下去，而我所能瞥见的最后一眼，便是那只绝望了的白皙裸臂还在人海的顶端之上挥动……

　　这便是"文革"癫狂期的一段小小的情节插曲：又一头猎物误入陷阱，清白或者无辜，有谁还能在那个年头拥有一份分辨的空闲与雅兴？在那个每个人的命运都落在他人掌握的时代，或者明天已经峰回路转，或者就注定了这便是通往永久地狱之路的一道转折口。就如当年热血满腔的红卫兵们，曾经如何以他人的悲剧来结构自己喜剧的那一群，多少年后竟以自己的终生悲剧垫铺了一个时代的翻过。

　　1969 年底。上海北站。刺骨的西北风中，裹着棉军大衣高竖起毛衣领的"农垦战士"们，正将头、手自火车窄小的窗口间拼命地钻伸出来。这都是些小到只有十二三岁，年长的也不超过十六七岁的大孩子。月台上，红旗横幅"啪啪"击空，三步一岗五步一哨的高音喇叭中，"我们走在大路上"的歌声激昂嘹亮。要说气氛，也真给营造到了家，然而，面对生养自己的故乡和父母的斑斑泪脸，在这心魂即将被撕开的刹那间，一切信仰的海市蜃楼突然沙崩，长长把里地的月台上爆发出了一阵震天的号啕，像一颗原子弹爆炸后的蘑菇云状，缓缓地向天空升去。但，一切都已太迟，火车巨力的蒸汽连杆启动了，且一转快似一转地朝前滚去，任何拥抱，任何牵手，任何随车的狂奔都注定要被粉碎！一朵不知是从哪个佩戴者胸前挤落的红花，循着路轨，随着悬挂着一盏板道红灯的车尾厢的背影，吹腾起又落下，落下后又腾起地飘流到很远很远的远方……

十五年之后，当小皮毡帽一顶，满脸刻痕，目光滞顿的当年的你，拎着那同一只灰褐色的旅行袋，牵着一个穿花棉裤的娃娃自上海站月台下车时，你四处张望地想发现些什么。然而，除了那排矮平房北墙的阴面上还依稀残留有当年"横扫"一类标语的笔迹外，你找不到任何痕迹。你随着人流流出车站，流入这座本该属于你的城市，夜，降临了。霓虹灯高低上下前后左右地闪动，刺激着你早已适应了黄土以及禾苗的视觉；而邓丽君柔断寸肠的调调儿缠绵着，污染着你属于风声以及牛鸣羊咩的听觉——十八年前，在那火药味浓浓的大批判台上，虽然你曾慷慨激昂地对所有这些都下过一连串可怕的定语，但，它们却是你眼前的现实。你忽然觉得自己的手被牵住不动了，回转头来，你见到女儿小小的身影在街边食品摊档的明亮的灯光前站定了。她手指吮含在口中，眼光勾勾地发直。你一阵心酸，急忙去掏棉袄内插袋中的那叠以工分和血汗换来的"财富"。两个时髦性感得几乎都令你窒息的女郎迎面走来，卷旋起一阵香风："难民一样"，一个说。"快！过对马路去——当心缠牢侬讨钞票。"另一个立即作出一项果断的应变措施。但奇怪的是，你竟然没有任何被误解的愤怒和解释的冲动，你只想拖着女儿远远避开。你第一次强烈地感到，莫非你真该属于外省，属于山区，属于那土屋油灯和火坑？

当然，你早已经知道，"四人帮"已被打倒，然而，不知道是年龄的添柴呢，还是经历的不断煎熬，那些过往性格中的冲动与激昂早已被蒸发，留下的只有麻木与理智这二种沉淀。它顽固地告诫你说：上海必然已变成了这样那样，而且也应该变为了那样这样，尽管你固执而艰难地扭转不了自己的想象。"爸爸，上海的棒糖真好吃！——"女儿的满足就是你的，你自那幅昔日"领袖挥手，革命人民奔向前方"，而如今已换成了"让上海了解世界让世界了解上海"的广告牌的巨幅白铁皮支架下通过，嚼着苦涩，回想当初。现在，你已在某个公交车站上站定，胡思乱想着究竟这是你生命的起点呢，还是终点？但无论如何，你将从那里，连同你的娃娃以及旅行袋，挤上一辆语言目光手势以及体气都充斥着上海人特色的车辆，再由它一路颠簸着将你送往城市的某个角落，那里闪亮着一扇黄灯光的窗户，一扇即使在你山坳最深沉的梦里，黄灯都未曾灭熄过的窗户。"老乡，住旅店吗？"有人拿着一块招牌兜售上来，"是个体的，每晚十块，包吃，包住，还有假发票供报销……""滚侬咽蛋！"你忍耐了这么久的委屈，竟然于这么个意想不到的瞬间，怒不可遏地爆发了，"侬瞎了眼睛啦?！阿拉还是上海人，阿拉回上海自家屋里去！——"

又一个十五年。屠格涅夫和普希金已在我的书架上站立成了古董，日子却照旧白天黑夜晴朗雨灰春夏秋冬地流去：不朽的仍是不朽的，而腐败的却早已化作肥料，被吸收成为了新一代生命欣欣向荣的某个组成部分。未来向我们奔来，并于瞬间在我们的身后凝固成历史。历史是一种内涵上的不可改变也无从否认，尽管仍有人企图在对它的外形进行着观察角度的不同诠译。历史属于纯理性，以及命运的巧合，以及经验与经历的瞬间定格，所谓总结，只是事后的一种玩味式的无奈，对于心灵的安抚远大于驱动。然而即使是历史，这块意味着永恒的花岗岩中都不可免地隐含着一些带有可塑性的有机成分，那便是在某个有月之夜的反省、内责、掩面以及后悔莫及。而我，便是在那次老同学的聚会上再遇他时，听到他如此感慨的。

其实，同学们也都不能算太老，华丝初霜的一群中唯他显得最突出，一头灰发地坐在屋子的一角，孤单而寡言。"你是个作家，你应该明白……"他喃喃地说着，目光又散开了去。明白？明白什么？那个烈日如火的夏季，那个一身军服军帽军鞋的他的乌托邦式的信仰，还是眼前这么一位小老头的迟钝与木讷？但他坚持说，他还是算幸运的，最终还能回到上海，回到自己梦睡过去前曾生活过的那块地方来，在乍浦路桥堍摆上一副擦车档摊，风里雨里烈暑寒冬地擦亮了一圈又一圈脚踏车的钢环，然后再望着它们如何滚动着重新上路。算是一种心理补偿吧，城市繁华过，死寂过，疯狂过，如今又无可药救地再度灯红酒绿起来，让他这么一类沉淀在社会底层的淤泥般的人物也感到了一种钱的翻江倒海的搅动。但他还是要忍不住地常抽空回安徽去，回到山区的那角偏远的村落之中去，他老幻觉自己有些什么丢失在了那里。比方说山沟深处的一座无碑之墓吧，每次回去，他都不忘会去拜祭一下。这是一位与他同来安徽插队的兵团战友，在一次抗洪斗争中"献出了自己年轻宝贵的生命"。他会在他墓前久久默立，掩面，暗泣且自言自语着一大堆没人听得明白的、喋喋不休的废话。诸如他已代他向某某致歉，向某某乞求宽恕，等等之类。他向地下的他说，"我们这代人算是完了，你完得干脆，我完得窝囊；你完得疾风骤雨，我完得老牛拖破车而已——其实，我们也没啥两样。"

"两样的只是我有了个女儿，有了个很乖很懂事的女儿（还记不记得当年我们常唱的那段样板戏中的台词儿：'……穷人的孩子早当家……'——我们什么也没学到，除了那么几句不连贯语法的、没头没脑的生活哲理外）、她已考取大学，而且学习也很奋发，而你，你却连一个异性朋友都不曾有过啊。到底，我们算不算是犯了个大错，在我们的那个最易轻信的年岁上？或者人生错误太大时，人反而可能是感觉不到的。就如一个巨大的圆球，当你在其上直线行走时，并不能察觉它正每一刻都在以一个极微小的角度改变着转向。"

老同学们倒是常聚会，我也坚持参加。一个昔日的红卫兵头头今日的擦车夫受不受人欢迎，我倒并不在意；见到谈笑风生的同学与银发苍苍的老师们便是一种心理回归了——假如能让我再多活一次的话，我又会如何做？一位女同学的一次发言最令我怦然心跳："我们是历史的霹雳恰好在我们头顶上炸开的那一代，要营养的年龄没饭吃（自然灾害），长知识的年龄没书读（文化革命），闯事业的年龄没活儿干（下岗浪潮）——我们，算是全挨着啦。"然而，依我说，"这一切似乎倒更像是一场梦，一场睡去醒来，醒来又睡去，现实与梦境犬牙交错了的梦。有时候，好端端熟睡着的我会突然惊醒过来，就像一个自时光隧道闯入的局外者，望着这眼前的一切呆住了。我会气急败坏地推醒那个与我在插队苦难中挨熬过了这么多岁月的枕旁人，说：'我们是不是在做梦，我们是否仍年轻?！——'"

结论，当然是否定的，除了一叠串睡朦惺忪中含糊不清的咒怨外，我得不到什么，也证明不了任何。

"你是个作家"，他又回到了原题上，"你应该明白……"

我望着他那对真诚、惶恐而又迷了途的眼睛，竟觉得一切解释都是虚伪，一切安慰都是残酷，一切猜断都是徒劳，一切结论都是荒谬的——在这个主题上，你是个比作家更作家了的作家；而所谓明白其实也是相对的，你真正明白在不再明白时，而又重新陷入困惑于一切似乎都已真相大白后，我说。

一九九六年六月二十二日　于香港

浮生三辑
水仙情结

13. 在瑞士的天空下　▲

少年时代对瑞士的认识，只局限于父亲从香港寄回来的，钟表商行月挂历的风景照上。太童话意境了的画面与布局叫人怀疑：人世间是否真存有那么一方美土，还是仅为相机镜头取景别裁上的一种技巧？

这回身历其境才明悟到：原来经镜头处理之后的，并不是美化，而是远远的不足以描绘其地之美。真实的情形里：整个瑞士就是一幅画，人在画中，而画铺展开在那四万平方公里，透莹如蓝宝石一般的天空下。

瑞士天空之所以令人印象深刻，这是因为一个多小时前，我们还在雾色茫茫的伦敦希斯路机场的候机厅里，阴冷中消化着重重的心事。现在，我们已经在阳光轰然辉煌着的日内瓦上空了。波音机呼啸着地，自红瓦绿树碧池的住宅区之上掠过，远远的海岸线弯曲着柔和弧度；而著名的，激射出有数十层楼高的日内瓦湖喷泉，老远便已能见到它独特的雄姿，白茫茫的，耸立成了一座水的纪念碑。这是远眺，近观却又是另一番风情：四周都泊满了白色的游艇和风帆，日内瓦湖深陷在一片十八、十九世纪建筑群的重围中，树阴码头草坪落叶雕像，安详地伫立在历史与时光的凝固里。而湖水倒映着天空，天空辉掩着湖水，蓝是一种浓浓的醉意，自这城市的中枢，通过街巷的血管和神经，向着日内瓦全身缓缓扩散开去。一列被抹得不沾一尘的，金辉闪闪的，黄铜质的小型路轨车，沿着湖岸若滑若行地慢驶着，为乘客提供一种风景的流动享受。远远地传来一阵喧笑声，在这几乎是静止了的空气中波振开来。这是一对新人在举行婚礼，领结与乌丝礼服的贺宾们将花束抛向天空，满脸雀斑的新娘拖曳着白纱裙奔跑过草坪，惊飞起一片鸽群。

宁静，这是瑞士风情的一曲基调。于是，与世无争，便成了瑞士人代复一代的生命宗旨。瑞士人将精力自纷乱的世事之中抽回，再将之倾注于大自然，开垦她，保养她，茂盛她，占瑞士国民总收入 70% 的旅游业，便是大自然给予她的最佳回报。硝烟的大战中，她保持中立，险恶的冷战期，她宣布不结盟。她当然不是不为他国所承认，而是她不愿参与任何政治、权力与对抗的世界组织。然而，她却又被选中为最多全球性团盟设立总部的所在地。她是那个在一次大战期间，创立世界红十字会这个著名国际人道组织的国家，并将其会标心思巧妙地设计成了一面恰好与她本身国旗红白两色颠倒了的相同图案。当然，这是某种精神的诠释，如今那幢飘着白底红十字旗帜的红十字会总部，与飘着红底白十字以及众多联合国彩旗的国会大厦并立成趣在日内瓦同一处绿草如毯的山坡上。秋阳似金，我与妻子流汗加气喘地攀上坡顶。从那儿，能望见一座十七世纪的天主教堂，爬满了绿藤的颓壁锈窗旁，一位银发苍苍的老妇人逆光坐在一张长椅上，手中握着一册摊开了的书籍，晒日兼闲读。而不远处的尖顶上，受难的基督，正站立在阳光中，表情痛苦而恒一。在这个军人与警察都很少见到的国度里，平和，笼罩着一切。不知是起因呢，还是结果，反正数百年来，外忧以及内乱就仿佛没成为过她的国民的焦点话题。

瑞士的另一特点是她城乡界定的困难，以及职业划分的不明确。城市中树阴遮天，草原坡伏；而乡镇，又是一摊接连一摊的散布在山脉绿毯绒绒的坡背上。红瓦白墙，原松木的栏栅，低矮韵致，若有若无地间隔出各自的一方领地来。山坡上，绵白色的羊群云朵似的飘散开来，而吊在它们项脖间的挂铃此起彼伏，"丁丁零零"地交响成另一种有声风景。这就是瑞士所谓的乡村了，村镇与村镇之间不是靠青翠色的草原，就是凭褐绿色的落叶针松林，或一潭纹丝不动地倒映着雪峰的碧湖分隔开来，每个村庄之所以能独立成其领地的主要标志是一座白色尖顶的小教堂（Chapel），簇拥在村屋的中央，每当黄昏来临，都不忘荡漾出一段缓缓的，和谐的钟声。据说，这座全村最高的建筑，是在建村之初必须首先矗立起来的象征物，没有崇拜，对于瑞士人来说，生命便无法聚焦。他们都是些农民，有放牧的，有挤奶的，有耕种的，也有干冶铸活儿的，但他们都会在每个星期日的上午，穿戴整齐洁净的去小教堂，先向他们心中的神明奉献上崇拜，然后便各自打开带来的乐器盒和嗓门，在一枝银光闪闪的指挥棒下，演奏他们的莫扎特、巴赫和亨德尔。其水准，对于一位门外汉的听众来说，也并不下维也纳国立乐团多少。

那个下午，阳光是金黄色的，白色的云朵沉淀在天边，我们的双层旅游巴士被前方的挥旗与路障挡住了。这是我第一次在瑞士见到有执行公务的警察与辉闪着红黄灯光的警车。正当我好奇地伸出头去，想看个究竟时，导游宣布说：旅游车受阻是因为前方公路将有大队被赶往剪毛场去的羊群通过。这是一条通往山村的道口，我们下车来，站立在铺砌着细白均匀鹅卵石的山径口等待，顺便可以贪吸几口山中那青葱混合着湿润的气息。山径弯曲，洁净且景深，两旁是错落有致的北欧风格的，带庭园的陡顶洋房，道上没人，园中没人，每扇窗前，都静垂着白色带折边的窗帘。很难想象的是：在这比上海徐汇区某高尚住宅段更雅致不知有多少倍的区域，居住着的竟都是些从事耕牧业的农夫！快，抓紧时间照张相吧。我让妻子微笑地依偎在一根古色古香的路灯柱上，举起了相机。碧天白云翠木红屋以及含笑的美人，我自己的取景技术真也不比挂历的拍摄大师们相差太远呢。远远地，传来了"丁零零"的声响，不一会儿，云海一样白茫茫的羊群，伴随着颈铃以及"咩咩"的叫唤，从道面宽阔的高速公路上铺卷而至。几个穿戴着传统粗麻帽服的牧羊人，手执鞭绳，从容应场。警察则在一旁维持秩序，受阻的人们让道在公路的两旁，说着、笑着、大声地鼓起了掌来。而闪光灯"嚓嚓"地摄下了这幅趣致而壮观的场面。当旅游车重新开动时，望着在窗边流过的景色，我，沉默了。想什么呐？妻子问。当然，这已是关于"理想社会"口号很遥远的记忆啦，但不知何故会在现在又记起，我笑了笑。

　　那天晚上，我们寄宿在瑞士中部山区的一座湖边度假酒店中，洁净的白床单以及松木原色家具都赋予房间一种异国的温馨。这是个满月夜，星光钻闪，天空深邃幽蓝得充满了神秘。而山中极静，除了倾听幽暗中湖水低低的沉吟声外，一无别他乐趣。我们只能来到楼下的一家咖啡吧中，找了两个临窗的座位，来消磨这晚间的时光。一位金发碧眼的日耳曼裔女郎笑吟吟地走过来招呼我们。"Japanese？（日本人吗？）""No，from Hong Kong（不，从香港来）。""Oh！Hong Kong！That's a part of China，China is a country of mysteries！（哦，香港！香港是中国的一部分，中国可是个充满了神秘的国度啊）。""Isn't it？（是么？）"我反问她，也反问自己。窗外，湖水倒映着满月，宛若一轮失了血的太阳；室内，红白细格的台布上跳动着烛光。异乡有感官上的新鲜，故乡却有记忆里的沉淀；异乡有星空，故乡有大地。其实，故乡也一样有星空，异乡也不会没有大地，这种先入为主的感触是：人，总以为故土的大地要更宽厚些，而异邦的星空似乎又更灿烂。而瑞士，便是拥有了这么一方星空的异邦。

一九九六年十月三十一日　于上海

14. 地铁音乐家　　　　▲

巴黎地下铁始建于近一个世纪前。其实，所谓"地下"，只是个初期名称的沿用；今日的巴黎交通，地下地上，市区郊县，快程慢站，红黄蓝白青绿紫几十条线路，铁轨相衔，钻地越野，纵横交错，蛛网遍布地将巴黎心脏区的文化、商业与时尚几乎无一缺漏地向着"大巴黎"概念中的每一寸角落辐射出去。这是一张迷宫图，一张即使各个站点和转车处都标明清晰了的"巴黎地铁路线图"都可能会令一个已惯于世界旅行的你，先纸上谈兵地消耗它一个下午连晚上的研究工夫来应付的迷宫图。

然而，这毕竟是一项老化了的市政工程，虽然没有纽约地铁那样的肮脏与涂写满了污秽的字句，但与极富现代感的香港地下铁相比，简直就成了一座地下贫民窟。地铁的主干线呈拱型状，水泥的地面乌黑光滑，两旁镶着白方的瓷砖。列车轰隆隆地进站时，令人无故地想象起巴黎沦陷期间佩铁十字勋章的纳粹巡逻队投射在瓷砖墙的巨大身影和击地铿锵的皮靴声。

但最令人印象深刻的还是每个地铁入口站的那些稍不留神便可能堕入歧路的八爪鱼式的支巷旁道。据说，政府的目标是要让巴黎市区的每幢宅所距离最近地铁出口的步行时间不能超过七分钟，于是，那些隧道式的地下交通网络便成为了巴黎市政的一大景观。

推开两扇弹力门钻入地道口的第一感觉是：凉风飕飕迎面扑来。继而，便有一缕抑扬顿挫的音乐声仿佛是一股地下潜溪般地幽幽流动而过，令自幼便习乐的我精神为之一抖擞。通常，这都是些古典弦乐作品，而且总是截取了那么一小段反复而又反复地演奏。多少年来，流浪音乐家们的这种表演兼谋生手段已演变成了一种别致的巴黎城市野趣，管理，有时可能比不管理更会导致某种社会资源的浪费。一个金秋之午，我们从洒满阳光的大街进入日光灯与白瓷砖的地下通道。循着熟悉的旋律寻去，我们见到的是一位佩戴领结和金丝夹鼻镜架的演奏者。他呈花白的头发梳得溜光，西服的质料却并不怎么样；略显灰皱的白衬衣透露出：这是件至少也有个把星期没经洗烫过的行头。他眯着眼，将头依侧在乌光光的小提琴腮托上，全情投入在一种音乐的境界中，管他拥挤的上班人群衣冠闪耀地从他身边经过，偶尔在他摊开的琴盒中"叮咚"下一两枚镀银的硬币。这是一首巴赫的无伴奏 SARABANDE 舞曲，他用弓根熟练轻捷而活泼地敲打着琴弦，间或一个果断的下臂长拉奏动作，将一句在四根琴弦上同时压奏出来的和声突然呈圆柱形地离弦腾空而起，在白瓷砖的天花板上撞得粉碎，再让余音隆隆地沿着四壁八方传播出去。我和妻子都听呆了。呆，倒不是因为他的琴艺真能与演奏大师相比拟，而是我们居然能在这种环境中发现了这样一位提琴艺术家。在他演奏稍作停顿的瞬间，我静静地摆下了一张 20 法郎的纸币，这种有异于银毫落地之声的静悄反而令他眯着的眼睛睁了开来："THANK YOU！"他的英语中明显夹带着一种法文发音的别扭。您今年多大年纪？六十多了呢。从小习琴？应该算是吧。以前在哪儿干活儿？乐队以及酒吧——20 法郎算是买回了这么一个谜底的解开。

另一曲难忘的地铁旋律也是流自于小提琴弦上的。

那天雨灰且阴冷，我们横渡过暴露在斜风斜雨中的街道，再在对岸的地道口匆匆收起雨伞，拍打着一肩水珠钻进了地铁站。一种安全感自心中升起：在这样的天气，人最需要一座温暖的避难所。然而，就在此时，一潺泉旋律流来，绕着我们转出一个旋涡，再向地道旁枝他巷的深处流去。这是一段收放自若舒缓有秩的曲调，连绵不断的运弓法将全分到六十四分音符之间每一小格的变幻都连贯成了一曲如吐如诉的故事，虔诚悲怆且情切，在这阴雨的傍晚听来教人鼻酸。这首著名的 G 线上的咏叹调也出自于大师巴赫的手笔，据说是为了能满足一把只留剩下了一根 G 线的残缺的小提琴的全部音域范围，巴赫才创作了这首不朽的名品：深沉如大地又空灵如天国。记得在自己青年的习琴期，导师对此乐曲的形象解释是：一截极渺小极渺小的跪祷者身影被置于一座高耸着七彩窗璃与拱顶的教堂大殿中——主啊，救救您可怜的罪人！当然，这是一种宗教意味上的内涵，与艺术和哲学的互通，在巴赫时代，往往交织在同一层面的境界上。如今，没有教堂没有彩窗没有神殿也没有沉重的十字架和从天国俯瞰你的目光，但巴赫依然复活了，复活在二十世纪巴黎贫民窟一般的地下隧道中。音乐的永恒，艺术的永恒，诗的永恒，这是因为以美为基准的，无论经历了多少世俗的蒙垢，它们其实始终隐藏在你心灵的深处，并会在一个不期之刻，骤然喷瀑而出，令你惊愕不已。

同样感觉被我抓到的还有那么一回。

那天很晚了，我和妻子从购物逛荡了一整天的巴黎市中心疲惫不堪地赶回位于近郊的住处去。在火车离开月台的隆隆声中，我们竟然察觉到还有一曲旋律同时回荡在这圆拱形的空间：这是由大提琴所奏出来的圣桑的名曲《天鹅》。应该说，这么一首华美以及具有高浓度抒情的乐曲与周围环境怎么样协调都会带有一种别扭，况且还配上了那么样的一位拉奏者（这是我们在出口处的一条边巷间见到的）：一件旧灰的长呢大衣抵御着入夜后地道里的飕飕寒冷，一脸白色的连腮垂须加上一副严峻投入的神情犹若某尊中世纪的头像雕刻。然而，我们硬是被深深地感动了——望着那苍劲的手指在乌木弦板打出一个又一个的长音，我们感动得几乎流泪。地铁中人流稀少，对于匆匆赶回家要去享受一餐罗宋汤和法国面包的路过者，对于已经是熟视无睹熟听不闻了的巴黎人，老音乐家及其《天鹅》可能并不意味着太多的什么，但对于我们这两位东方的来客，巴黎恰恰最美妙在她这不经意的回眸一笑中。

一九九六年十一月二十四日　于香港

水仙情结　浮生三辑

15. 故乡，这个名词 ▲

有一首诗说：歇脚，便是流浪人的终点。

假如人生是一回长长的世间流浪，所谓故乡，我想，便是它的始点。

我们满载着新鲜、好奇与向往从那里出发，摩拳擦掌，精力蓬勃。我们寻找财富，寻找成就，寻找明天；我们相信：所有这些似乎都正在远方的某一处等着我们。

于是，我们便走进了那块也被他人称作为"故乡"的领地，当他人已经离去，离去而走进了我们的。人们就是这么地互调生存的位置，互将对方的故乡叫作异乡，又互相测定出自己人生事业的方位所在。

其实，在异地想要成功也要，甚至更要，付出苦斗的代价的。一个在故乡可能懒散的人却会在异乡奋发——其中就不无"故乡"，这个遥远而强大，愈遥远于是便愈显强大的概念所注射给你的无穷动力。绝不能一事无成地去愧对江东父老，这是其一；而一团总会在某一日重归故里的恒久梦幻远远而又高高地悬挂，它使得离乡背井者对于一切孤独与苦难的忍受都变为可能——那天，完成了异地耕业的你突然背囊沉沉地出现在家的门槛前。你一言不发，只管静静地，胸有成竹地笑，而让那一家子刚准备握筷进食的亲人全部都掉转脸来惊望着你——这是一幅怎么样的画面啊，你长长的一生也就在盼望着这一刻！

然后，你便坐定下来，喝一口水，歇一歇，摘帽充扇，为自己扇着凉风。你望着孩子们围着行李堆团团转，为着每一件你从异乡带回的物品而发出惊喜的叫喊。你想，这才叫家呢，这才叫故乡！而这两袋鼓鼓的行囊之中装着的除了银元与新奇外，更有辛酸与思念。

然而，衣锦归乡毕竟还是令人羡慕的。在主角的你之外的人们的目光中，激动的握手，含泪的拥抱，甚至鞭炮噼啪的迎迓无疑是一种带光环的荣耀；一种接受众乡亲欢呼的与众不同；没有尝试过别井离乡滋味的人拒绝想象在这一刻之前的你所曾忍受过的千千万万。眼下，你的例子只会是再次循环为新一代故土人的坚定信念：似乎只有离乡，才能找到成功。

这，也不能完全算是一种误解，故乡的一切陋处，只有在经历了长长异邦旅程的人的眼中才会转化成一种风味别绕的亮点。能一世不离故土的人，就像一生都在母亲呵护之下生活的人，幸福，未必真能诚心领会；埋怨、懊悔、感慨以及诅咒，甚至到死，他都可能怀有一种宝刀未试的心有不甘。

故乡，美好在遥遥的远望中。她被放大了某些，又被缩小了某些；像一网滤筛，留住了所有美好的，而又冲刷洗去了一切丑恶的。日胜一日，月炽一月，年更一年，她使一切游子的归情都最终发酵为一种几近于疯狂与盲目。在上海开放后的今时今日，曾从上海流向了世界各地的，累积了有半世纪数量的游子群归来。应该，而且必须理解的是：他们向这块梦魂萦绕的土地投下了的除了资金（这点很易被计算以及认同），更有浓稠得化不开的爱（这点则不易察觉）。

一个在回乡人眼中都失去了吸引力的故乡才是彻底令人绝望了的故乡——尽管这类例子绝少存在。

怎么能叫我们不爱她呢？——／异乡有千百处，而故乡／只有一个。故乡凸显在众多异乡的茫茫背景上，勾廓鲜明，色泽真切，涵意动人。我们终于明白：为什么我们的祖辈会选择这里作为他们流浪后歇脚的终点。我们乘车搭船坐飞机，我们出了远门又回来；我们走过了现代，走过了喧嚣，走过了色彩，我们又走回了昔时，走回了童年，走回了无声的黑白片时代。

有一首歌词唱道：别问我从哪里来，我的故乡在远方……可见，连流浪人也都有故乡啊，只是他走久了走远了走累了，可能再也回不去了——而人世间的最大悲哀，也就莫过于此了。

一九九七年八月三十一日　于香港

16. 流彩百年南京路 ▲

　　毫不夸张，地球的每个角落都会有人知道，东方有个古老而博大的中国，中国有个超级传奇的大都市上海，上海有一条流光溢彩的南京路，而南京路的繁华史假如朔今往上推算已越百年。然而，在我们这代人的记忆隧道中，她的最远的延伸端点也只不过在五十年左右。再以前？再以前的她的景象，便只能在脆黄了的相片，图片，和剪报之间去寻觅了。

　　据说，南京路的前身只是一条烂泥弄，从黄浦江边的某个部位往内陆延展进去。自从浦江岸畔靠泊上了黑烟囱的外国邮轮之后，戴大礼帽的绅士与挽太阳伞的淑女们便开始踏足上这块被西方文明开拓者们称为"冒险家乐园"的土地。成排成排的花岗岩大厦沿江崛起，南京路也是在那时开始修筑的。这条筑于公共租界的，当时全长约莫只有五公里的，被称为"大马路"的马路，便是上海所谓"十里洋场"的出典。细看当时留存下来的黑白相片，模糊的感光材料，拙劣的摄影技术，却仍能向你透露出一种逼真的氛围，让你去面对一幅幅被高速闪动的快门于瞬间凝固了的时光断面。重见以今日之历法来计算，几乎已画一作古了的人们古怪，有趣而生动的种种心态，情状与表情。圆柱露台的洋房和碗瓦青砖的唐楼互邻，高礼帽文明棍的蓄须人与长辫马褂们混杂。可以看出十九世纪之末的南京路面还是泥质地的，典当铺的齿边旗帜撑到街的中心，一旁，某家经营洋酒洋烟洋罐头和果糖之类的洋行，堂堂皇皇地占据着相片正央的一大块画面。几个盘辫男人在街边设摊叫卖，另一个衣衫极之褴褛者正埋头腿弯于胸前，专注于某件活儿——"捉老白蚤！"，这是一位对上海旧史饶有兴趣，又颇有研考的文化界朋友对这一乞丐式人物眼下正从事的"业务"所作出的判断。尽管我对此仍有保留，但有一点大家似有共识：相片记录的应该是今日南京东路红庙向西那一带的生活场景。因为，远远地，我们已能瞥见一片浓密的树林的边缘了。我曾见到过一幅1900年前后的静安寺的照片，哪有什么商场戏院和"百乐门"舞厅？只有庙黄色的古寺影影绰绰在巨大的梧桐树和榆树林间，高轴轮的双套马车在街上悠闲行走，一派十九世纪的欧郊情调。

　　这，便是今日吾人眼中的南京东路和南京西路了，假如没有照片为证，谁能想象？而谁，又能相信？风云变幻，百年沧桑，南京路见证了中国现代史上最重要的一个章节。

　　然而，在我记忆最远端的那个时代应该是在五十年代之初，那时的我还不会满五岁。我的小手总是被穿着旗袍的母亲的手牢牢地牵着，在人腿的缝隙之间，一双好奇、渴望的眼睛朝花花绿绿的四下打量个不停。母亲说，现在可好了，没有了那些"小瘪三"，刚要解放的时候，他们墙角屋檐的，站得到处都是。你买个肉包，他就闪出来，一把抢了去，任你怎么骂他揍他，他已当着你的面，三口两口地将它吃了个精光。还有更绝的是往你的包子上冷不丁地"呸！"上一口臭唾沫，你说，除了连骂带咒地将肉包扔给他去吃之外，你还能做什么？——但我，倒是从未见识过如此"小瘪三"。我所能记得的是："邵万生"火腿庄里浓浓的腌腊味，当外面的天空正飞飘着鹅毛大雪（童年时代的上海的隆冬，似乎要比现在冷得多，飞雪和冰凌是常见的事），店堂之内却正是人头涌涌，热气腾腾的年货购买季。厚黄粗糙的马粪纸的棱角包，一串串地从柜台面上递出来，一纸大红店标覆盖其上，云："南北珍品，四季皆宜"之类。去"老介福"布庄的日子好像总是在春秋两季，宽敞的店堂间里不冷也不热，四翼吊扇在头顶上悠转悠转，而宽大的柚木柜台光滑得几乎能照见人影。店员们多秃顶，一把铜角酸枝算盘，一杆细长的标尺，将柜面敲打出一种迷人的节奏。我尤打心眼里仰服的是他们动作的绝无疵差和熟练，以及耳皮之间永远骑跨着一支铅笔或者圆珠笔之类的潇洒；利落非常地剪完定头，唱着数，"哗！"地将夹着发票的木板夹，沿着纵横交错的钢绳之中的某一根，溜滑去了高高筑巢于店中央的账台。

那时的南京路上还行走着有轨电车。1路、3路，还有以东新桥为终点站的8路车，都经过，或穿越南京路。这种被我们小孩子们称作为"叮当"的大众交通工具，是幼年的我最向往能在假日里搭乘的车辆。座位是两排开的，悠悠滋滋地拣个面窗位，曲腿跪趴在条形座凳上，我便可以尽情地观赏自车窗前流动而过的五光十色的街景，且总贪看个不厌。快到先施公司啦，父亲说，下车吧。我很不情愿地被他从窗前拉开。父亲领我去一家专卖古董字画的商店，或是某爿家俱铺，都是一律的建筑格局：环形的骑马楼能俯瞰在店堂里进行的一切交易。店堂的楼顶非常高爽，站在堂中央能仰视到天棚之上飘浮而过的白云。阳光自玻璃棚顶上斜射进来，反射在骑马楼中式厢房的五彩窗璃上，一片灿烂。父亲看来是他们的老主顾了，与四周围穿长衫的店员们点头打招呼，然后坐下。一盅檀香橄榄茶的工夫，他才起身说要走。"这就回家去了吗？"——而我最急于要知道的是：是否还能让我在外面多玩些时候？带你搭"叮噹"再到外滩去玩会，好吗？老记得父亲的那副笑眯眯的、理解式的笑容。他说，外滩可是个寸土尺金的地段喔，连外滩近南京路口一带的街面，都属于一个名叫"哈同"的外国人，外滩花岗岩大厦的地板是用印度进口的名贵红木铺砌就而成，四块街方砖的面积就能拼起我老家的那张紫檀木的巨桌。是这样吗？我幼年的想象力无法正确地调节出其中的比例。

这些都是在一九五一、一九五二，最多也是一九五三年间的事了。

而下一幅的南京路场景，已剪辑上了 1966 年 8 月，那个骄阳似火，溽暑难熬的灾难性的夏季了。

17 岁，父亲早已去了香港谋生，而我也已到了对商店，以及商店里陈列出来的五光十色的货品开始产生出某种言语不清的敏感的生理年龄。恋慕，追求，向往，以及某些假性清高的抵制和瞧不上眼兼而有之。那年代，南京路便是我骑着自行车最常去溜逛的一条马路。

1966 年 8 月 14 日，星期日。我从小就熟识的南京路忽然来了个翻江捣海的颠倒。我是在四川中路南京路口下车开始向西推行的——事实上，在南京路上继续骑车向前已不再可能。人群聚聚散散，到处起哄。假如有一个人带头奔跑的话，他的身后就会莫明其妙地汇集起一批拔腿的追随者，究竟为了什么为了谁，谁也搞不清。有人敲锣打鼓，有人则高高地爬在商店的门口上拆招牌，拆不了，就砸。完了，再居高临下地向围观的人群扫去一道英雄好汉式的目光，等待着人群之中一片鼓掌与喝彩之声传来。

南京路怎么啦？我小心翼翼地推着自行车猫腰沿街边而行，情况似乎愈来愈糟，愈来愈混乱。从"蓝棠"、"博步"里面扔出街来的尖头的、半高跟的皮鞋被当众点火焚烧，烧冒出浓浓的黑烟，一股强烈的皮臭味弥漫在街上。突然，几个穿着入时的年青女子打对街赤足披发地奔跑过来，她们神色惊恐，贴腿剪裁的长裤已被撕开了几条长长的口子，几瓣飘动的裤片之间，白色的腿肉忽隐忽现，而她们白嫩的脚掌在漆黑滚烫的柏油路面上"啪啪"地踩过，让我这个17 岁的大男孩看得心动过速——不只是因为感官上的刺激，更由于情绪的极端困惑与惶恐。

这一幕情景之所以会在我记忆的全部储存之中显得如此突出如此鲜明的原因是：这非但是南京路，而且也是我家和全国万万千千个家庭悲剧故事的开端。以十年一觉醒来的眼光作回顾，剪裤子烧皮鞋的所谓"破四旧"，其实只是荒诞长篇连续剧的楔子。南京路在往后的日子之中所见到的场面更加"壮观"。诸如在每年五一、七一、十一等国定节日前夕，通常都会有被称作为"刮台风"的社会整肃运动。一卡车一卡车的"反动分子"，挂着姓名被打上了 × 号的吊牌，五花大绑，由全副武装的军警开路，就是从上海最热闹的那条大街——南京路——上揪发仰首地示众而过，押赴刑场去执行处决的（据说这种做法能收到最佳的社会警告效果）。

那是在过了十多年之后我们才被告知的事：原来这都是那伙"祸国殃民"的"四人帮"干的好事。于是，80年代初的某一日，他们便被集体推上了国徽高悬的庄严的审判台，顶罪了这一切。

人像韭菜，割了再长，长了又割。时髦女郎再度招摇过市，她们甚至比她们的那些当年被人剪裤腿的前辈们更放浪形骸。法国香水，美国摇滚，日本手机，香港服饰，台湾国语，她们甚至可以让我们这群在心理与生理都已开始退化的中年人也都感到了一种难以压抑的心理骚动。

至于我本人，于1978年离开中国大陆后，在十年之后又回来。并竟然还下了要在南京路上开设一家属于我自己商店的决定——不为什么，一切只为了寻梦。1993年7月新店开张，但我却是个两鬓已显斑白的"伯伯"级人物了。所谓六十年风水轮流转，观察南京路的历史，大兴土木，十九世纪八十年代有过一回，二十世纪三十年代再掀一浪。而在此期间内留下的红砖与花岗岩建筑便构成了我们这代人童年的主要记忆背景，温馨、遥远，且朦胧如一场隔世之梦。

再后一次的上海建设高潮于本世纪末来到，礼帽文明棍与太阳伞们的后代再度君临上海，君临南京路。不过不是从黄浦江的黑烟囱邮轮上，而是从停泊在虹桥航空港机坪上的波音747和空中巴士中。他们将西方工商业在此半个世纪中的最新文明产品随箱带上。他们带来了闪闪发亮的玻璃幕不锈钢墙身和豪华堂皇的酒店大堂的同时，也带来了尖端的文化思想。然而，我们这代人今日所见所造的，在另一个六十年之后，又将轮回为我们孙辈们的记忆陈迹，而我们自己之中的不知是谁，或许会在偶然的一次逛街之中被摄像机留存在某一张南京路的档案照片中，成了我们后代以及再后代们研究另一章南京路繁华史时的考证细节。据说，在烂泥弄决定拓展为中华第一街的南京路时，是请了当时最负盛名的风水大师前来校对过罗盘仪的。在经过了精确而耐性的摆弄之后，他预言说，他能保证这条新拓之路至少有三百年的繁华史。以年龄来计算，南京路已逾百岁，就算扣除那段凝固了时光的三十年，和荒废的十年后，她的旺年应该还有二百二三十年——果真如此么？让历史见证。

一九九八年十二月二十四日，平安夜于香港

17. 蝶化人生

我们这代人居然也会老去？在几十年前的某一日想起，简直就是件不可思议的事。

记得小时候最喜爱读的一本书就是《科学家谈二十一世纪》：一段简短而幻想的文字，再配上一幅活泼有趣的漫画，让我读得连书页卷烂了，都舍不得从枕旁移走。在那个物质匮乏的年代，大多数的幻想文字都因"吃好喝足"而引发的。诸如人造饼干一天只要吃一块便能挡饥；人造牛奶别说比真牛奶更香更甜更美味，而且还比冷开水都更常见随便让你喝个够。有一幅插画，画的是一个像我当时年龄的男孩，在打开一只二十一世纪冰箱，面对其中红黄蓝白，高低参差的食品储藏时，做选择犹豫之情状，让人看了，忍不住地也都要吞下几口口水去。

所有这些在临近二十一世纪的，物质供应泛滥了的今天倒也都成为了事实。然而有一些内容，比如，我们都将生活在一个恍若大花园的城市之中，空气清新，鸟语花香，处处绿阴婆娑的境界则离我们愈来愈远去了。至于交通方面，2010年的城市构想图，据说是应该都取消了公交车的，每个人只需在头顶上插一片四翼螺旋桨，便能从此屋顶飞往彼屋顶，且随起随落，只要能遵守空中交通灯号便行——果真会有如此妙事？记得童年的我，是捧了那本二十一世纪幻想录去书房向父亲求问过的。他摘下老花镜，从正在备课的讲稿之上抬起头来，笑眯眯地望着我说："二十一世纪？二十一世纪想必也就该如此了罢？"——"但，"他说，"爸爸可能是见不到这些好日子喽。""那又为什么呀？"我着急了。"活到那时，爸爸还不要过百岁？而你，也都快六十啦。"对于当时只有八九岁的我来说，五六十岁无疑是一种遥远如天际星星一般的日子，所以即使再美好，与自己的关联似乎也不太大。渐渐地，书便从枕旁移走，而二十一世纪与五十岁也便淡褪成了时光隧道远端了再远端的，一块可有可无的小光斑。

然而今天，当我与两个亮丽如花的女儿，婷婷娉娉，左边一个右边一个地挽着我的手臂站在香港时代广场商厦的外广场上时，我不觉惊心了：尽管梦中仍依稀常有我捧书面对摘镜带笑父亲的若干镜头；尽管父亲永久离开我们其实已有整整十五个年头了，但那块光斑却在此时此刻此地此景于我面前蓦地矗立，定型为了一座公元2000年的倒计时电子屏幕，秒分时日地跳动出一种时光的脉搏——老之在眼前真实得就像二十一世纪就在你眼前一样啊。

发白脱牙目力弱，这一天就在眼前；腰酸骨硬记性差，这一天就在眼前；胆固醇超标，血压高企，心动过缓，免疫功能低下，易疲劳以及再也不可能熬夜，都在向你从耳语开始到大声嚷嚷地提醒说：这一天就在你眼前！

远的总会近来，近的必将离去——我们盼望女儿们能长大成人，长成一株有用之材，竟是用我们的老去，以及让出我们人生路途上的那截最美好，最精华，最出彩的青春段落来给予她们作为代价的，正如当年，父亲笑眯眯地面对我时的心情一样。而所有这些，几十年之后才有了愈深的体念。时近世纪末，历史学家们回顾二十世纪的各类文篇俯身能捡一大筐，每每读及，都不由得令我记起自己童年枕边的那本卷烂不堪的"科学家谈二十一世纪"，对于我，其心理效果之奇特，就如一张底片与照片间的反转关系。

当然，少年盼望长大，青年憧憬未来，他们因此便盼望二十一世纪，向往二十一世纪，他们准备好了所有的香槟与疯狂，来欢庆这个千年一次的昼夜间的过渡。但我们呢？我们之中的绝大多数将在二十一世纪的前三四十年间相继离开这个曾令我们依恋也好痛恶也好，盼望也好失望也好，爱也好恨也罢的世界，面对这样一个节日，我们该是悲哀？兴奋？还是心安理得？曾看过一出"Somewhere In Time"（《时光倒流七十年》）的好莱坞名片，描写的是一位二十世纪七十年代的英俊小生，自时光隧道中倒流回本世纪初，去幽会他的那位由珍·西摩尔饰演的飘逸绝美的绵绵情人。几枚旧钱币便能让他拥有了这么一种超时空的能量。当他踏上另一度时空领地时，那里正是1899年12月31日入夜时分后的维也纳。领结香槟，礼帽纱裙，酒店的大乐队正在协奏一首气势恢宏的拉赫马尼诺夫的钢琴曲——这正是上一个千禧除夕的场景。现在，在这二十世纪之末二十一世纪之始的接缝口上，不知道又会有哪一个俊男，再从二十一世纪中的某一日，穿越时空来会面某位正生活在我们中间的珍·西摩尔，续另一段绝世之情呢？从而，也顺便为我们带来那个遥远未来的种种以及种种的闻所未闻？其实，每隔几代人的一生之中都会遇上那么个千禧过渡的机会，而这次，算是让我们这代人给轮着了。从此意义而言，再现在再将来，都会成为历史成为过去；再童年再青春，也都将老去，将让出其位给一批又一批涌到的后来者。历史的潮水向我们奔流而来，而在我们的身后迅速凝结成固体，走进史册走进教科书走进博物馆走进辞典与年志。

我们的老，其实是整整一代人的无一能幸免的老，是一代人与其上一代和下一代同时举行的一种庄严的历史交接棒仪式。我们以老换来了经验，换来了清醒，换来了理解、感悟和智慧。我们在失去青春的同时却获得了对于青春的反思——每一代人都会成为过去，惟历史连绵历史永恒历史不朽。然而，任何一代人的标本都不会从历史断层岩的横切面中被抹去，而我们这代人，则更不会。

所谓不觉老之将至，老的最佳境界是晚晴，老的最无奈之敌是悔恨，而老，最可怕在当你对它的到来还未做好充分的心理准备时。

一九九九年十月　于香港

18. 香港女儿 ▲

　　在港人抗击"非典"的战役中，又有一个人倒下了，她的名字叫谢婉雯，是一位香港屯门医院的医生。

　　我没称她为"英雄"，因为她从不愿被人称作为"英雄"。她愿做个平常人，她可能觉得做个凡人比当"英雄"更幸福更快活更自在。当然，此一刻的她，已被香港传媒争相地作为"英雄"来报道了，但在我笔下，我仍用人，这个最普通的名词来称呼她，因为，所谓"英雄"，首先也是人，而且应该是比常人更人化了的人。

　　我是在一星期前的香港晚间新闻的报道中才刚刚认识这位不平凡的凡人的。那天，是她的去世之日。屯门医院的同仁为她在医院的进口大堂设置了一个简朴的灵位。她的同事们排着长队，上前来向她致以最后的敬意。他们一个个神情戚然，眼闪泪光。他们表示说，她就是那么样的一个人，助人是她的本性；付出，是她最大的人生快乐。在用黄白菊花边饰起来的黑白放大相片上，我见到了她：表情坦然，眼神善良，之中，又略带一丝淡淡的忧郁。一个柔弱的女子，她没有精致的五官及修饰，更没有那种先声夺人的银幕形象。在这个崇拜和仰慕"女强人"或者"名女人"的时代，她却与这类名称之中包含的张牙舞爪毫无缘分。

　　但刚毅，并不一定是一位真正勇士的面部表情；人们分明都能在她灵魂的周围见到一圈美丽的五色光环。

　　今年三十五岁的谢婉雯医生出生在一个传统的基督教家庭里，而她自己，也是一位虔诚的基督教徒。她从小聪明、善良，好学又乐于助人。少女时代的她，就曾以8A的优异成绩通过了香港的中学会考，并因此大名见诸于报端。之后，她又以同样优异的成绩考入并毕业于香港中文大学医学院。当年的很多教过她书的导师如今都成了经常在电视上露面的城中名人，而她却被分配去了屯门医院，当了一名普通医生。

　　她有一位相爱了多年的男友，男友是她的同学，也是一位医生。那一年，男友突然病倒，诊断为白血病。作为一个医生，她不会不知道这种病的严重后果，但她作出的决定是提出立即成婚。婚后，他们没有孩子，却有过一段恩爱非常，甜蜜温馨的小家庭生活。在她的新闻图片档案中，人们还能见到她一幅略施脂粉披着婚纱的彩照。她依着她的夫君，笑得十分灿烂，那时，她是一位幸福无比的新娘。

　　但几年之后，丈夫再次病发，而她，勇敢而镇定地承担起了安慰、照料病中丈夫的全部职责，直到他去世。这样又过了两年，SARS 疫症在香港爆发，她又成了全港首几位主动请缨上疫情战场的医务人员之一，因为她认定：她毫无疑问地应该站到这场与魔鬼撒旦白刃战的第一线去。

　　但她终于也倒下了，住进了重症治疗室。在他人眼中的一段如此前程锦绣的事业生涯就让她自己自觉自愿地给"葬送"了——所有这些情况，都是她的教区牧师在一次记者招待会上介绍的。他还说，那天，她已极度虚弱，牧师透过视像电话与隔离病房中的她通话。她说，她知道她就快离世而去了，但她的心中觉得很平静，也很快活；因为她即将可以与她的爱夫相会了；因为，就像当年在学校，她已出色地完成了她要交出的全部人生功课。她还说到，她记得西文里有一句谚语：Who God Loves Best Dies Earliest。（神爱者早逝）——当然，这是她信仰的一部分。

　　消息传开去，整个香港社会都震动了——为这么一颗纯洁得几乎透明的灵魂！此间的传媒将她称作为这个追名逐利时代里的一股人性的甘泉；机构以及个人也都相竞捐款，以表达一种心意和纪念的情怀；市民们都不约而同地冠名她以"香港女儿"；而我的想象可能更是带上了一些诗幻的色彩：我感觉她似一枝洁荷，从沉积着污秽和丑恶的人间底层拨清波而出，并以她独特的姿态悄然绽放，笑傲江湖。她的一位好友兼同事为她写了一首《天使之歌》。大意这样：*在这片见不着硝烟的战场上 / 你是一位天使 / 白衣天使 / 翩然降落下来 / 在完成了你应该完成的使命后，又 / 翩然飞离而去 / 如此美妙，如此像 / 一则神话。 / 让我们久久仰望 / 可望，但不可及*……作诗者不是位专业作家，可能并不太擅长于所谓诗歌的现代表现手法。但诗句朴素、动人、也动情，其本身就是谢婉雯精神意象的一种真实写照。

　　一星期后，谢婉雯的公祭会安排在港岛的香港殡仪馆的主礼堂里进行。而那里，也是两年之前，她为她去世的丈夫设置灵堂的地点。录音设备中反复不断播放的是同一首安魂曲。上一回，是她为她的亡夫选定了这首歌：而这一回，是她的教友们为她预备了这首歌。歌词说，*你在这尘世间跋涉、跋涉、再跋涉 / 你疲惫的脚步终于停下了 / 因为这里已是你的国度 / 永久的国度*……

　　从一大早开始，前来凭吊的人群已经络绎不绝。香港特首和特区高官们的黑色座驾一辆接一辆地在门口停下，官员们躬腰而出，与徒步来到的市民们一同步入灵堂，并肩而立，朝着遗像，毕恭毕敬地一鞠躬，二鞠躬，三鞠躬……戴着大口罩的教统局局长李国璋接受采访，他是卸任了的前中大医学院院长。

浮生三辑

水仙情结

他曾当过她的学科教授。只见李局长的镜片玻璃一闪一闪的，白茫茫地雾蒙上了一大片热泪蒸腾出来的水汽，他已哽咽得语不成声了。半晌，他才能勉强地说出一句完整的话来："谢婉雯她……她是我们中大医学院的永久的骄傲！"

在一张粘贴在墙上的心形纪念卡上，一个九岁的女孩用她稚嫩的字迹写下了一段话：谢姐姐，因为您是医生，所以我长大了，我也要去当个医生救人。但这一次，我一定会忍住，不哭；我要学你一样勇敢。谢姐姐，我已把我今年的零用钱全数捐进了您的纪念箱里。

一位八十岁的老翁从老远的新界区赶来，车舟劳顿，腿脚又不便。他一来到她的灵位前，便五体投地趴倒在堂前，哭得呼天抢地。原来，他是她曾经护理过的一个糖尿病人。老人说，他是个什么也不是什么也没有的苦命老人哪，没有财产，没有地位，甚至没有子女。但谢医生悉心地照料了他，医治了他；她救活了他，自己却走了。老人不是基督教徒，他当然无法理解谢婉雯临终时的心情。他号啕，他老泪纵横。他说，苍天怎么也不长长眼啊？这世界留着这么多的坏人歹徒贪商污吏不去收拾，却让她，这么一位大好人先走了呀！悼念仪式，自始至终，场面悲恸，哀潮迭起，就是再硬心肠的铁汉也不免为之鼻酸。

悼念会结束，香港特区政府当即决定自库房拨款七千万成立"谢婉雯医生培训基金"。并根据谢婉雯生前的公务级别，即时发放抚恤金五百万港币。这笔钱，再加上社会各界的捐赠，应该会是一笔相当可观的数目。但我想，谢婉雯的在天之灵是不会在乎这些，也不会稀罕这些的。因为在她的信仰里，天国的粮仓已为她预备了一笔太丰富的精神储存了。然而，既然这笔金钱仍留人间，它的意义的最高发挥值应该是再去延续一种治病救人的功能，而不是拿去炒股炒楼炒汇以钱赚钱；我觉得，这应该是最能体现谢婉雯的遗愿精神的。但转眼一想，又觉得自己是否太多事了一点呢？代她的财产承继人作了不该作的决定。

还有一件事。现在有不少市民提议为她塑一座铜像，永置于香港维多利亚公园草坪上的英女皇铜像之侧，以志恒念。至此，我又忍不住想多嘴一句了。依我说，是不是索性屈请维多利亚女皇给她让一让位呢？因为就心灵的伟大与美丽而言，任何帝王，任何君主，其实也没有什么可供炫耀的，除了多了一顶人工制造的冠冕之外。

二零零三年五月二十五日　于香港

19. 居高声自远

—— 建业其人其字其画

　　与建业兄相识于三年前，在一个普通到不能再普通的街边场合——北京东三环的某个车水马龙，小贩嘈杂的住宅小区的进口处（这叫我记起了他"无为"与"布衣"的字号），通过了一些品行并也不太高洁的友人圈的介绍和引见（而这又令我领悟到为什么他老偏爱荷莲，这么一种出污泥而不染的植物形象，显示在他画境中的原因）。起初，我并没把与建业结识太当回事。缘故有二，一是我天生弱势的社交能力；二是面对字画作品，我是个技巧与鉴赏上的彻底的外行，我只能凭着一个作家与诗者的直觉来感受一下它们所谓的"冲击力"，而这，毕竟是件玄事儿，不能作数，更妄论下什么评语了。

　　那些年，由于健康上的原因，我常去北京易地疗养兼散心。而每次见到建业，都令他的形象在我记忆的画布上添多了一层色彩：点缀在一桌高谈阔论，举杯喧哗的宾客间，他坐姿端正，既少动口也少动筷，却老让一种憨厚的微笑保持在脸上。然而，他的睿智却是在他偶闪一过的眼神之中透露出来的。这是当他听到了某句妙语或某段奥论时，他才会用他那浓重的鲁中口音开腔插话，语不多，但言简意赅。藉着一个作家对人事的敏感，我知道，坐在我对面的那位寡言而又憨厚的中年艺术家决非一等闲之辈。后来，我俩的往来渐告频密。当然，一个留京城一个住沪地，再频密也频密不到哪里去，只是通通电话，发发短信，或互赠几册出版物而已。但，这已足够，所谓"君子之交淡如水"，这既默契他的画意，也合拍我的诗境，两人遂成了一对神交甚密的好友。

　　建业的作品，最令我印象深刻处是那寓于其中的若隐若现的禅意。他运笔淡泊，线条简练，画如其人。寡言，于是便成了他体悟人生的最佳表达方式了。日前，收到他一册字画近作的印集，喜品之余，忍不住就产生了要对其中的某些内容一抒浅识的冲动。一幅工笔一幅写意，而工笔之中含蓄了写意，写意之中又包容了工笔。故，所谓工笔写意之分只能是指作品总体风格而言。而我之艺观的认定从来便是：对于什么究竟是什么，什么一定是什么，什么原来是什么，什么应该是什么的追问没有意义；这只能是一种小家子的排异之见，凡大气的艺术必然是有容乃大的艺术。而这种艺术的扩容必定又是在自然而然互渗互补之中完成的，没有，也不可能有，人为的痕迹。那幅工笔画的题名是：参禅（如此直白点题，我似乎有些保留：既然是"参"了，那又何必点破？）。一片荷塘朦胧的背景

浮生三辑　水仙情结

居高声自远 辛卯之秋 建业书

张建业 绘

之下，浮游着一只工笔写生十分精致的禽鸭。全篇布局浑然天成，经浅入深，由远而近，自高及低，最后让人定睛在了那只游动的亮点上。教人恍然有了某种"春江水暖鸭先知"的领悟。另一幅叫做"居高声自远"的泼墨芭蕉大写意则显示出了另番情趣。我激赏他的那几挥墨色浓重，层次丰沛的潇洒手笔，让人依稀感受到了某位国画大师雏形期的风采。一页重彩浓墨芭蕉叶的顶端躲藏着一只纤毫毕露的小蝉儿，而蝉声高亢，幻听之声夺纸而出。其实，该画的画名正是拙文所借用的题名。我第一次的用题为"居高声远"，因为对于一篇文本来说，题名愈简愈佳。但当我二次复阅时，我还是将"自"——道法自然的"自"——字补了回去。何故？因为追（名）逐（利）无益亦无用，"自"中"自"有其至高境界。再说了，"蝉"字音"禅"，一音两读，一语双关，在省却了"禅"字的表白中，禅意反倒被凸显了出来。而这，不正好说明禅境为何物了吗？不着一字抵万卷，无言深处奥义明。这，正是我喜爱此画的最大原因所在。我以为，此画或可被视为该画家于此一探艺阶段中的代表作之一。

建业的书法亦颇具特色和风格，古雅醇厚，墨香扑鼻。面之，叫人有一种浅尝一口成年香雪后，齿颊留香之感。在他一幅"春藤"的插页画上，他用四行行草题道：天龙跋地起／清香伴紫云／自知乾坤大／坚劲不恋春。这不正是艺术家本人人格与性情的最好写照吗？

其实，至今为止的建业的作品中或多或少已蕴含了某些可以传世的元素，若干年后，我们因而有理由期盼一位崭新的艺苑大师横空出世，预祝你成功，建业兄！

二零一一年十二月三十一日　于沪上

20. 光明失复记 ▲

　　光明何价？光明无价，解释有两种，一是：光明太珍贵了，如何能以这世间任何已存的价值概念来度量？其二是：双眼带给我们的光明是每个人与生俱来拥有的，于是，便也就无所谓价不价值可言了。而财富的聚散，股票的涨跌，利益以及地位的得失与计较，那些后天的获取以及攀比，也只有在光明，这种人的先天赋予于突然一刻失去时，才会变得彻底的无意义。那天，我与妻子在日本的北海道山中度假。十一月底十二月初的北海道已是一片雪原茫茫，我们一队人，各人驾驶一辆摩托雪橇，在松软的雪原上自由驰骋，弧滑出一道又一道的齿形车辙来。山林中寂无一人，远处银峰耀眼，黑松林连绵，很有些"林海雪原"当代版的味道。

　　突然，我觉得远远山峰上的积雪好像在融化，并开始在我的右眼前垂挂成了一幅潺潺流动的水帘。我不知何故，想，这不会是太美妙境界里的一种幻觉吧？

　　当然，之后的事实证明了不是那么回事。午餐时，"水帘墙"的颜色开始加深；掌灯时分，我的右眼已经将札幌市内闹街上红红绿绿的霓虹灯光都搅和成了一片混浊的酱色。我知道情况不妙，便当即决定中断度假，与妻子一同搭乘第二天一早的班机回港治病。

　　我还想要说一说的是那种令人毛骨悚然的感觉：在北海道酒店里度过的那最后一个失眠之夜以及第二天整整六个小时的飞机航程中，这种感觉始终紧追我不舍。我的右眼已不再能看见任何东西了——这个光明世界上的一切存在。当你睁着它时，就有一团深浓深浓的黑影在它面前晃动，黑影的边缘则反射着一圈刺眼的光亮。然后，当你闭上眼。立即，这种反差恰好颠倒了过来：黑影蓦地变成了一团白色的幻影，飘浮在一片无边无际的黑暗的大海上，犹若我们的那颗光明地球正飘浮在无边无际的太空里一样。而更神奇的是：在那一片深邃无比的黑暗的背景上竟闪烁有千万颗星钻，此起彼伏，大小各异，明暗不一。到了后来，我才明白，这是一种记忆作祟出来的幻觉。记忆，人的任何一处感光器官对光明曾经拥有过的记忆。一旦光明消失，记忆却仍然在延续。然而在当时，我只是不明白其中玄意何在？我更猜不透，造物主究竟要让它的一个突然盲了视力的病人去面对一个什么样的、带永恒意义的生命命题？我觉得，有一股隐隐的寒意从我的脊梁骨的底部向上冒升起来。

　　我住进了香港跑马地的一家著名的私家医院。L医生为我主诊。L医生是香港屈指可数的眼科名医，自幼在美国受教育，之后，又以优异成绩在哈佛大学修完了他眼科专科博士的学业。他告诉我说，这种视网膜剥离症（即我患的那种眼疾）的致病原因是由于眼球晶体的不断液化和收缩，扯破了视网膜所致。患者多为中老年人群，概率也不算高，仅千分之一而已。但他说，这不能不算是一种严重的眼病，必须通过及时的眼底手术来进行修补。而假如一切无意外，视力的恢复将在四至六星期内产生。

他说这些话的时候，我正穿好了全身蓝色的手术衫帽平躺在无影灯下的手术台上。我的一只手臂从盖被下伸出来，有一条麻醉输液管注入我的静脉血管里。他习惯在这样的环境下向他的病人解释他的病案，面容带笑，语态轻松。他讲的话多以英语夹杂着广东话进行，前者似乎比后者更流利。我说，千分之一的机遇，怎么偏偏轮上我——又不见我中彩票？他笑而不语，只将头俯低下来，在我耳畔上轻声说："HAVE A NICE DREAM, OK？"（做个好梦吧。）便示意他的麻醉师缓缓打开了输液阀。我感到了一阵昏昏然飘飘然的烘热，便随即失去了一切知觉，自然也谈不上什么梦不梦的了。

一星期后，我已准备出院了。两个前来接我回家去的女儿陪我坐在病床的边上，随身物件已经收拾停当。其实，最令人激动的一刻是在三天前的上午度过的。那是当纱布从我眼前揭去，虽然眼角的部位仍感疼痛异常，但我还是努力地尝试着朝着敞开的窗户睁开右眼来。似乎有些眩晕，但黑影消失了，朦朦胧胧的亮光里，我能分辨出远山的轮廓。这意味着：我又从黑茫茫的宇宙间回到这颗光明的星球上来啦。

妻子结完了账，从医院的会计部门回房来。虽然事先也应该是有点儿思想准备的，但当我接过账单一看时，仍不免心中有些吃惊。但妻说，物有所值，物有所值啊。你看，手术还不及一星期已经让你出院，而且每一步的康复细节都在他的预料之中。名医毕竟是名医。我想，这倒也是。

冬日下午二时许，地处亚热带域的香港，阳光温煦而灿烂。我们一家四口从离开医院的山道上走下来，再沿着跑马场的大草坪一路出铜锣湾去。是我坚持不肯搭车要步行的。虽然右眼的视觉仍还十分模糊，但心情却像是重新拾回了一次生命一般，兴奋得竟一时难以平复下来。一路上，我都滔滔不绝，说，怎么反而觉得阳光更明媚，草更嫩，树更绿，天更蓝，城市和人都更美了？说着，便见午餐后外出散步的L医生正好打对面走过来回医院去。我们站定谈话时，我问了他同样的问题，我笑道，不会是阁下的高明医术反而令我的视觉比以前更佳了吧？他也笑了，道，这应该是光明在失而复得后的一种正常的心理反应。

浮生三辑
水仙情结

他还是那说话的习惯，英语中夹杂着广东白话。这次，我也用英语回答了他，不过很短一句，是圣经中的原文：上帝说，要有光，于是这世界便有了光。

他闻言兴奋地笑得脸都涨红了。他是个基督教徒，而这是一句他在牧师布道时听了不知有多少遍的话。他说，所以，他才选择了当眼科医生这个职业啊。他说此话时神态之虔诚似乎已与那张昂贵的医疗账单完全脱离了干系一般。

二零零一年十二月十六日　于香港
右眼复明后的第一篇小文

21. 当年离我们有多远?

　　虹口中学是我的母校。说来，我与虹中从来就有着某种命缘上的联系，六十年前，我就出生在她河对岸溧阳路上的一幢日式小洋楼里；上世纪五十年代中期，我就读虹二中心小学，与虹口中学也就一篱之隔。课间小息时，我们那班小学生老喜欢趴在篱笆的顶端，向着虹中的那一头张望，望着中学生们绕着跑道长跑时的姿态，心中充满了羡慕和向往。我们"呕！呕！"地叫唤着，企图引起他们的注意。但那些中学生对我们却不屑一顾，连鼻孔也不朝我们掀一掀。想不到几年后，我自己也考进了虹中，也开始了沿着环形跑道长跑的日子。同时，也拥有了那份可以向着篱笆的那一头探头探脑的小把戏们扮出个不屑一顾的神情来的资格了。

　　虹口中学是一所重点中学，有着一贯鼎盛师资的传统阵容，尤其在语文科目上。第一位教我语文的老师姓沈，人很瘦削，皮肤黝黑，双颊深陷进颧骨之下。但他穿扮十分整齐，三清四落，从不起一丝皱痕。讲课时也中气十足，声调带点女尖音，用粉笔在黑板上写字时更是翘着小指，像是在干一件绣花活儿。我的作文成绩好，他便十分喜欢我。常常当着全班同学的面，将我的作文抑扬顿挫地念出来。他说，这种抒情性很强的记叙文叫散文诗；而我则写了，竟还不知道这种文体叫什么名称。初三毕业那年，沈教师其实已经调离去了外校，不再担任我们的语文老师了。但他还是专程到虹中来了一趟。他在走廊里遇见我，劈面就问我的那篇命题为《初中生活二三事》的高中入学试的作文是如何构思的？我想了想，说，我采用的是"倒叙法"。我写了那排栽种在我们教室窗外的白杨树；刚进中学时，它们还是树苗，三年过后已长成了一棵棵苗壮的小树了。那天派发准考证，我从讲台上领了回到自己的座位上去，就见到有几片白杨树的树叶已晃晃悠悠地长到窗户跟前来了，仿佛是谁正踮起脚尖来朝着屋里张望。于是，一下子，我的思路便又回到了考入虹中的第一天。我见到沈教师的眼中闪动着兴奋的光芒。他说，好！尤其是那一句：仿佛是谁正踮起了脚尖朝着屋里张望。这是个很不错的意象……四十年多后，真的，当我今天用已完成了三百多万字数的文学创作后的目光再回首，所得出的结论与当年沈老师的也相差不远。但后来，我便听说沈老师自杀了。那是在"文革"期间的事，告诉我这一消息的同学神秘兮兮，一说是他失恋，二说是因同性恋遭审查。反正，从此之后，我就再也没有见到过那张熟悉的黑瘦的面孔了。

接替沈老师担任我们语文老师的是一位志愿军的退伍教员，名叫贾赤。风格就与沈老师完全不同了。他不修边幅，浆红色的脸膛上永远胡子拉碴。一件军黄的紧身袄，一年少说有三季都是披在身上的。而油腻腻的内衬领子也从不拆出来去洗一洗。他的中食指被烟熏得焦黄，牙齿也一样。但他却很亲切，任何时候见到他，脸上总是挂着和蔼幽默的笑容。他颇有诗人的直率，老爱说笑。又仗着他参加过朝战的资格，平时说起话来口无遮拦。他说，你们别去相信书本上和电影里描写的那一套，把美国鬼子一个个都说成贼头贼脑，给咱们机枪一扫就倒下一大片。其实啊，在朝鲜战场上，朝军和志愿军与美军的伤亡比例可高了，差不多要接近3:1。有时兴致来了，还会当堂吟打油诗一首：**零下二十五／脱成光屁股／负重渡过河／吃块干豆腐**。他说，这正是他们志愿军在天寒地冻的朝鲜战地上的生活写照。逗得同学们好一阵捧腹。这么个"异类"，到了运动期间，也被揪出来，打倒。贾赤的名字被写成了"假赤"，倒贴在墙上，还打上了粗红的杠杠。有一回，我在男厕恰好遇到正在打扫厕所的他。周围没人，突然见到他昔日的得意门生，他那幽默亲切的笑容便不由自主地又在脸上再现了。但他立即意识到了什么，随之将其掐灭，并迅速转过了脸去，眼中掠过一丝悲哀。而我，也不禁在心里起了一阵牵痛。

还有两位教师也常令我想起他们。

教我们高中物理的教师也姓沈。他不苟言笑，又长有一张令人印象深刻的面相。大鼻泡厚唇瓣，颧骨高耸得来有点夸张。偏又配一副小圆框的花点镜架，绷在阔脸上，两条镜腿岔开去，挂在他的耳郭上。差就差在人中上留一撮直胡须了，否则，不用上妆，也能扮演提着一把军刀，驱赶着"鬼子进村"了的龟田小队长。但我们的"龟田"却很善良，更是尽职。高中物理对学生来说是最难的学科之一，就见每天放学后，沈老师都在他的办公桌前为同学们补课，而且经常是挑灯夜战，有时连晚饭都忘了去打来吃。他有个脾气，不让他的学生彻底搞清弄明白，他是不肯罢休的。如此工作热情，放在今日里，三十几年下来，不在某住宅小区里赚回它个一套半套二房一厅的住房才怪。但在当年，这些都是义务性质的，教会教懂他的学生是每个教师毫无疑问的职责所在，根本不会有谁在替学生补课时会去想到有收补习费那回事。

另一位是教外语的胡老师。矮矮个子，人很洋派。在那个提倡艰苦朴素，人人都以"新三年旧三年缝缝补补又三年"为荣的年代里，唯他还保持那副西服革履的派头，就差系一条飘飘荡荡的领带了。胡的业务好，人也好；讲课时更是生动无比。记得有一次，他讲解一个俄文生字 БОТИНКИ（皮鞋），就见他弯下腰去，在讲台底下磨蹭了好一会儿。将他的一只皮鞋从脚上除了下来，放上了讲台。这是只深棕色带拷花款式的绅士鞋，皮鞋尖尖的小圆头对着全班同学。而他则金鸡独立，晃了两晃之后才算立稳（好在他人矮）。他说，БОТИНКИ 这个单字一般只用复数，不用单数，因为皮鞋只有一双，哪来单只？你们看，我这穿了单只鞋的，能站稳嘛？时隔数十年，在这英语学习环境已全线泛滥了的今天，我还能清晰地记得那么个遥远年代里的俄文单字及其语法特点，所拜全是胡老师当年的教学法之赐。

而最令我感动的是一位叫尹慧珠的女教师。我再次赫然见到她的名字是在虹中五十周年校庆的特刊上。那回，我们几个旅港的校友在一位黄姓牧师的家中聚会。黄牧师是虹口中学 54 届的毕业生，毕业后便考入南京金陵神学院攻读神学。之后，又以所谓"披着宗教外衣的特务"的罪名遭逮捕，在狱中一蹲就是二十年。1979 年中美复交，他才获释。随即全家移民去了美国定居，而他的博士学位也是在那里完成的。之后他又被派回了东方来。现在，他在香港特区某教区担任主持牧师。我们在他荃湾半山区的一所住宅里，围着一只热腾腾的火锅吃打边炉。那年连香港的冬天也很阴冷，而由此，便更显出屋里的融融暖情了。我翻看着那份上海校友带来的母校五十周年庆典的特刊，发现了"尹慧珠"这个熟悉的名字。我说，不就是那位尹老师吗？但同桌之人都不认识她。其实我也说不清感受。尹老师没教过我们，她是我们邻班的班主任。因为她平时管教学生严厉，于是，她便成了运动一开始就被红卫兵小将们揪出来的"牛鬼蛇神"之一。一个三十来岁的女性，被剃成"梅花椿"头，整天在胸前挂一块"牛鬼蛇神伊为猪"（她名字的谐音）的横牌，从学校回家又从家来学校，还被勒令一刻都不准除下。在相当长的时期内，她受尽凌辱：跪沙砾地，坐喷汽机，揪发示众，皮带抽打，再被"踩上一只脚，叫她永世不得翻身"等等，不一而足，让人惨不忍睹。她就这样地存在在我的记忆里，以后便逐渐淡忘，消失。直到四十多年后的今天，我才突然在特刊的捐款名单中发现了她：老教师尹慧珠捐赠母校二万元。仅此一条已足够了，难道今天还有谁会不明白二万元对于一位退休教师意味着什么吗？母校曾给她带来过这么多这么大的灾难，但她却依然如此深爱着她的学校！我说完了她的经历，大伙都沉默了。窗外的夜色已很深浓了，夜的湿雾开始在山岗上飘散开来。黄牧师说，"文革"岁月他正身陷囹圄，外面世界发生了些什么，他一无所知。他只记得他们那届学生毕业的一年，正是私营企业改造前夕。当时每位同学雄心万丈的表态都是：决不当资本家，不做老板不做寄生虫，要做一名光荣的新社会新生活的建设者。但曾几何时，当老板不又成了一件最吃香的事了？时代的变化真是大得谁都预料不到哇！于是，大家复又沉默。半晌，他再说道，当年，离开我们已经很遥远很遥远了啊。而就在这一刻，我感到自己又回到了那个年纪，那个趴在篱笆顶上"呕呕！"叫唤的年纪了。

二零零四年四月　于香港

水仙情结　浮生三辑

22. 亲近上海的方式 ▲

　　每个人都有他独特的亲近故乡的方式。有的人愿意三五成堆地一块儿谈论她，有的人则愿意独个儿地、默默地想象她；有人饱蘸情感，尝试着用文字、色彩、旋律来描绘她；而有些人，则什么也不做，他们生活在异乡，却常会在梦中与故乡相见。他们在梦中哭泣，就像是童年时代依偎在母亲的怀中哭泣一样，醒来，感到的是一种突如其来的轻松和宣泄，一种滋味别绕的亲切感安全感和幸福感。目前，在香港电视上正播放的《唐人街》的专题片之所以收视率会如此高，究其因，就是因为了那些远离故土的游子们的思乡情怀特别感人的缘故。我曾在纽约和欧洲的一些城市中遇见过不少老上海，他们年少离乡，几十年了，已是乡音未改鬓毛衰了，但他们至今还没能找到足够的回上海去的勇气。然而，一遇从上海来的故乡人，他们便显得特别热情。他们情愿掏钱请你吃饭，目的除了听你描述今日上海的巨变外，他们更希望能让他们来说给你听半个多世纪前上海生活的种种情趣细节。他们说得如此投入如此眉飞色舞如此丝丝入扣，就像在回想一位他们年少时的梦中情人一般。但如真有这么个梦中情人，你倒想一想，你怎么会忍心在自己的耄耋之年再去见回她一面呢？你怕突然就打乱了你一直珍藏在心底的那一片美好的记忆。这又是另一种古怪的恋乡情结，而且决不是片言只语就能说清楚的，内里的思念与心酸或者可以装满一部长篇。但，这也不失为是另一种亲近上海的方式。

　　而我也有我自己亲近上海的方式。我亲近上海的方式是渴望能在她迷宫般的街道版图上游荡不息，穿街钻弄，漫无目的，如梦似幻。而且，还特别喜爱拣一个细雨霏霏的灰色早晨，有点寒意，但又不太冷，支伞独行，一路感受；或是个金秋的傍晚，夕辉如洒；又或是盛夏时节的某个晌午，蝉歌灿烂，骄阳如火。街上没有行人，只有在弄堂的檐影下趴躺着半醒半睡的肥花猫，偶尔还有个上半身打赤膊的骨瘦伶仃的老人躺在竹榻上，懒懒地打着蒲扇。一切是那么地安谧和安详，但就在这安谧和安详中流动着我熟悉的生活。我喜爱这种亲近上海的方式是因为上海的一切都在变，唯那些季节的场景不变。从这点而言，我与那些怪癖的唐人街老侨也不无相似之处。

　　这些年来，在上海，我老喜欢定期去的"观光点"有两处：一是虹口区的虹镇老街，二是南市区的方浜中路一带。有时好好的在街上溜荡，忽然就信步走去。我喜爱去那里的原因也有二：一是相对而言，四五十年前的上海的容貌特色在那里保存得最多最好最全也最原汁原味；二是那里也是上海市民生活气息最浓郁的地方之一。记得小时候，出生于小资小康家庭的我常被大人们训导说，那都是"乌七八糟"的下只角地区，嘱咐说千万少去那儿，以免"轧了坏道"。如此教育，让我从小便将那些地方以及在那些地方生活的人们视为另类，其中不免带上了几份鄙蔑之意。谁知人过了五十，尤其是在外边生活了这么些年之后，又在上海高速现代化了的今天，反倒觉得这都是些洋溢着无穷生活情趣的地方，让人无限地留恋和向往了起来，个中原委，真是谁——包括我自己——也都说不出个理由来。

后来有一次，我又发现了一块"新大陆"。"新大陆"是我的一位文友带领着我去的，在杨树浦底定海路那一带，棚户房区的版图迷宫一般，曲折弯绕，四通八达。当地的居民抱怨说，怎么这块鬼地方至今还没人来将它批租出去呢？但这，倒正合了我的胃口。我的这位文友四五十年前的童年和少年时代就是在那里度过的，当年，他是那里出了名的"皮大王"，一班野蛮小鬼的头儿。他说，他干的好事可多啦：聚众打架，整蛊捣蛋，胡天胡地，堪称一方小霸王。其中最"惊天动地"的一桩"绝活"，他至今记忆清晰。他小学时代的班主任是位优秀教师，对他的管教特别严厉，这常令他恨得牙根痒痒。班主任就住在他们那一带的一条横巷里。一天深夜，他指挥他手下的喽喽们将一巷子的马桶都集中了过来，挨个挨地叠靠垒堆在老师家的大门上。第二天清早时分，推粪车的清洁工人一声晨唤，班主任老师便将大门拉开了，叠桶轰然倒下，其后果之狼狈由想可见。

然而，我们的"皮大王"也有他温柔多情的一面。他说起他班上的一位女同学，说她家里是开店的。其实所谓"开店"，只是开一爿做大饼油条的小铺子。女孩的父亲做白案，母亲煎油条兼收钱。我们走过一条横街，他指着一幢将塌未塌的板屋，说，咦，那房子倒还在。那时，板屋的楼下是店堂，晚上，他们一家三口就睡在它的阁楼上。文友说，那女同学是他班上所有女同学之中最漂亮的一个，学习成绩好人斯文不说，平日里的穿戴也最整齐。那年代，上海的街弄常会浸大水，尤其在根本没排水系统可言的棚户区。他说，他见到过她卷起裤腿淌水来上学的模样，那小腿肚子之白嫩哟，就像一段刚洗净的新藕——看得出，当年的她是他心中的"皇后"。

但后来，那女同学死了，是跳井自杀的。文友说此话时，我们正绕荡在那一大片棚户屋的一截衔接一截的弯肠小道上，并正好经过一口水井的边上。时值十一月末的初冬季，傍晚时分，家家户户的灯都点亮了。低矮的灶间里正煮晚饭，饭香四飘；而起油锅的烟雾弥漫在屋与屋的狭窄的甬道间，迟迟散不去。

突闻此说，我兀地掉转头去：自杀？为什么？文友望着我，说，其实他也不很清楚，因为当时的他早已考到外区的一间寄宿学校住读去了。他后来听说到的情况大致是这样的：一片红的年代，女孩也去了农村插队。后来她被当地的一个乡干部睡大了肚子，一时间想不通，又觉得没脸见人，便干下了此等傻事。他说着，不禁脸上起了一片怅哀的阴云；命哪，命！——每个人都有他自己的命啊，文友不无感慨地说。

就这么一块"新大陆"，还夹杂了一些情趣哀怨的故事。它的发现能不叫我兴奋莫名么？那天，我们离开时，天色已经很晚了，文友赶在头里，去军工路截的士去了，我则九步一回首，依依不舍，直到那片棚户区全部隐没在了暮霭中为止。

这就是我的上海，教我如何能不亲近她的上海。每次，当我从上海一回到了香港的家中后不出十天半月，那种病癖式的乡愁便又袭来开始折磨我了。那些街巷与人群又栩栩如生在我眼前，他们对我的吸引力实在太大了，就像一只熟透了的苹果注定要掉到地上一样，我知道，我又会在近期的某一天忍不住地回去：回去融入到他们的中间。而他们，却谁也不认识我。

我童年时代的上海哟，你能放慢点脚步离去吗？你能不能让我再多看你几眼呢？……

二零零四年十二月三日　于香港

23. 母亲的目光　▲

　　小时候的记忆里，母亲的目光是慈慈稠稠的，带点笑意，带点嗔责，也带点佯怒。尤其是当我淘气，干了什么不该干的事之后，她总会这样看着我。有时还捉住了我的小手，说，弟弟（从小，她就不叫我的名字，而是叫我"弟弟"——我也不知道这个称呼从何而来），你看你！你看你！可千万别让你爸知道了啊……。到了自己都近花甲之年了，回想起这一幕时的感觉是遥远朦胧得近乎于包含些童话意味了。

　　我是我父母的独生子。我母亲是在连续五次习惯性流产后才保住了我这一胎，并用剖腹产的方式把我生了下来。那是在抗战胜利后不久，父亲接受了新任命，携同家眷从重庆飞来上海履新。后来每每谈及此事，母亲总要重复她的那个观点：你能顺利来到这人世间，还不是因为打败了日本鬼的缘故——那时代的重庆哪来上海这等医疗条件和设备？

　　十二岁那年，我大病一场。适逢三年困难期，父亲又刚从安徽大学退职回家。虽有点家底，也都给贴补花得差不多了，家中的日常开支都要靠母亲的数十块工资来支撑。她忙里忙外，还要将一大部分时间与精力扑在她孩子身上。她在忙完了家务后来到我的病床边，望着我，神情与目光都显得坚定与坚毅。她说，妈就是累死了，也要把这个家撑住，把你的病治好。她说她要把我养大成材，成好材，成大材。

　　几十年后的今天，她还常会回想起当时的情景。她不无骄傲地说，她不已经盼到这一天了吗？她又说，别人家生了十个八个儿女，而她，只要有我一个就足够了。

　　我十七岁，文革爆发了。父亲早已去了香港谋生，家中屡遭抄斗，母亲也被限制了活动的范围与自由。还没完全成年的我承担起了家里的一切最具冒险性的生存活动。诸如，转移、销毁"罪证"；与有关人士搞"黑串联"、"共守同盟"等等。每次，当我办完事回家，母亲总想用眼光来向我说明点什么。这是一种既怜恤又担心，既紧张又带点儿内疚的目光。我说，姆妈，您放心，我应付得来。她说，姆妈知道。

　　暮年了的母亲离开香港又回到上海来定居了。她独个儿住在西康路上的一层公寓里，由一位女佣负责照看。我虽然希望天天都能留在她身边陪伴她，但无奈，因为种种缘故，我还得经常回香港去。每次我离家前，她都要把我搂上一搂。但我说，小时候是您抱我，现在让我来抱抱您吧。于是，她便很顺从地将头靠在我的胸前，我倾听着她粗重的、带哮喘音的呼吸声，感到了一种生命的循环。有时，她会哭，老泪纵横。说，你这回一走，姆妈会不会从此就……就……我说，您说什么呀，妈，过了个把月，我不又回来看望您了？

八十八岁那一年，母亲摔断了腿，是股骨胫粉碎性骨折。我带着她走遍了全上海的大医院，但都被婉言拒收了。说，还是让她自个儿躺在家中静养吧。骨头能接上当然最好。但假如期间有什么意外（据说老人骨折最危险的并发症是褥疮和肺炎）的话，也是没法的事儿。让我一定要有思想准备，云云。我的心情沉重极了，我将她推回家，抱上床去。我脸色凝重，眼含泪花。但她却一直讷讷地看着我，她知道我在想什么。扶她小解的时候，我见到了她小腹上的那条长长的肉疤。五十多年前，我就是从那里取出来的，我突然就抱住了她："姆妈！——"我失声地哭了出来，"我，我舍不得您啊……"但母亲却很镇定地望着我——异常的镇定。我又见到了我小时候她抚慰我的那副神情了。"弟弟，"她说，"侬放心，姆妈死不了，姆妈还没有陪够你呢！"一句话，我心头的一块大石头倏然落地了，毫无缘故，也毫无理由。所有医生的话我都不信了，我就信她，信我的母亲。

果然，不出二个月，她便能坐起身来了，三个月下地，半年之后又能拄着拐杖在屋里蹒跚行路了。大家都说这是个奇迹，只有我知道，其中神秘的精神力量。

暮年的母亲还会有许多说不清道不明的心理习惯。比方说，她老喜欢把自己的年龄说大一岁。说，我今年不95岁了吗？我说还没呢，要过了年才是。她又说，不很快就要过年了吗——你别忘了，妈可是大月生的。我说，别人都喜欢把自己的年龄说小一点，您怎么反其道行之呢？她说不出什么来，微笑。但我是明白的，她感觉自己经历了一个世纪的坎坷和劫难还能好端端地活到今天，已经是一项奇迹和荣耀了，她老喜欢在心中炫耀这一点。

又有一次，王元化先生来我家晚餐。听说我母亲是1937届的上海大夏大学的毕业生时，就显得很高兴。他说，他的那个华师大校友会会长的头衔理应让给我母亲才对，或至少，也应该让她当个"名誉会长"之类。因为该校的，还能健在的37届的毕业生毕竟已经是十分稀少的了。听说此话时的母亲的目光又变成了另一种。这是一种暧昧的目光。她当然不会想去当"名誉会长"，但她还是挺高兴的。她又有了些许年轻时代的回忆。那片湖面宽阔，微波荡漾的"碧绿湖"，热恋中的男女同学都爱去那儿划船，互诉衷肠。除了湖水和双桨，没人能听到他们的喁喁私语。还有那个叫作"里华里丹村"的地方，据说很有白俄风情，这也是他们那批大学生常去之处，而她，就是在那儿邂逅了我父亲的——当然，这些都是七十多年之前的情景了。

初秋。金色的晨光从公寓的落地窗里洒进室内来。我一早起身就坐到了客厅里的那张书桌前，准备写点东西。而母亲拄着杖，在女佣的搀扶下也到客厅中来了。她就在我书桌对面的那张长沙发上颤颤巍巍地坐了下来（这又是她的另一个古怪的老年习惯）。她用她那浑浊的，略显迟钝的目光看着伏案工作的我。良久，不作一声也不动一动，仿佛是座雕像。我搁下笔，抬起头来，笑问道："妈，您老这么一动不动地瞧着我干吗呢？"她的回答简单而直接："妈老了，妈还可以做点什么呢？能尽量地多看你几眼就是妈这一生之中还能赚多的一份财富了。"

我不禁潸然泪下。

与我相依为命了六十年的老母亲哪，您知道吗？这些日子来我老会从梦中惊醒过来：我但愿您长寿无疆，但愿您能永远永远地与我生活在一起；但时间是无情的，也是拖不住的。那一天会在我生命的哪一个岔道口上等着我呢？我又将如何来面对那一天呢？而那一天之后的我还会是现在的我吗？我不知道，也不想知道。

二零零五年六月十二日　于香港

浮生三辑
水仙情结

24. 父亲眼中的父亲 ▲

　　二十五年前的一个傍晚，在我香港半山的寓所。已是晚秋季了，但位于亚热带的香港的气候依旧十分温润、潮湿。从我家宽阔的落地大玻璃窗望出去，能望见满目葱翠起伏的山峦以及逆光中的维多利亚港湾，湛蓝的海水反射着夕阳的余辉，交响出一片神奇的璀璨。

　　一天紧张工作后的我回到家中，感觉疲乏不堪，但心绪仍处在一种忐忑不安的情状之中。我更衣换鞋，正准备去淋一个热水浴，先振奋一下情绪再说，就见母亲从里屋走了出来。她说："你爸让你到他房中去一下。"我的心跳一下就顿住了，我说："爸爸他，好吗？"

　　这两年，父亲的健康每况愈下。他年轻时候就患上的哮喘病逐渐演变成了年老了的他致命的顽疾。肺气肿、肺心病。近月以来更是急性肺炎发作而不得不作了气管的切口手术。我走进父亲的房里，见他正安静地躺在病床上，双目微合。医生刚离开不久，被换下来的带脓血的纱布还在父亲床头柜上的腰圆形的外科瓷盘中堆放着，等待清理。在他的床边，纤细的吊滴架，高耸的氧气罐，以及精密的心跳测量仪预示着一个垂危病者的最后时日。我坐到了我父亲床沿边上去，静静地望着他那苍白的面容。想到在不久将来的某一日的某一刻将会发生的那一件无可避免的事，我心痛如刀剐。

　　父亲慢慢地睁开眼睛，他虚弱地望定了我一会，便将一只手从被窝中伸了出来。他打算说话，但他做不成。他刚一动声，"咝咝"的血痰马上就从他那喉头的创口中涌了出来，从而让他的话音化成了一缕气若游丝的嘘声，消失在了他那苍白的嘴唇上。我急忙握住了他的手，我说："别说话了，爸，别说了！"我将耳朵凑到了他的唇边，"您可以轻轻对我说，我能听清楚。"但他并不说什么。他复将手伸进了枕头底下，只见他那颤颤巍巍的手掏呀掏地掏出了一册发黄的字帖来。于是，"咝咝"声再度出现，但这一次，在"咝咝"的间歇声中，我听明白父亲在说些什么了。他说："你一定要将它保……保存好。它是我们的传……传家宝，是我们祖上的光……光荣哪！……"

　　我认得这本字帖。这是一种书写在粗黄毛边纸上的练字帖，它是我祖父的遗墨。说是练字帖，其实它也是另一类书法作品。这与作曲家老喜欢将自己的某一篇正规的音乐作品冠名以"练习曲"的道理是一致的。

　　祖父吴增毓（字颂义）出生于苏南的一个官宦世家，而他自己也是生活在

浮生三辑　水仙情结

清末民初时代的一位书法大家。祖父的族谱上（当然也是我与我父亲的族谱啦）出现过为数不少的进士与举人。其兄吴增甲即为晚清进士，兼以书画大家名垂青史。其父，即我的高祖吴穆清亦为举人，官至江苏省教谕（即江苏省教育厅厅长）等等。而其长兄吴汀鹭亦于早年中举，其后更成了苏南地区的一位建树颇巨的实业家。他非但学识渊博，且极具开拓之视野。他开风气之先，带领整个苏南地区率先进入了近代中国的工业化运动。如今，在江阴闹市区保存完好的吴汀鹭故居便生动地见证了这一历史事实。

惟我祖父是个甘居平淡享受自我的隐士。他很可能在其父兄辈的眼中是一个不思上进安于现状，又缺乏与时俱进精神的庸碌之人。没考功名这是因为到了祖父可以攻考的年纪，科举制度已经废除。然而，也就是在那同时，所谓的新生活新文化新思维的潮流也开启了它们在中国的进程。但祖父却将之拒于千里之外。他靠了祖上的庇荫，依仗了几十亩的江南良田和一幢三进深的粉墙黛瓦的住宅，一生都没干过什么"正经事"。然而，他却与笔墨纸砚打了一世的交道。在江阴城东门外的一个叫七房庄的地方，他堂前一汪荷塘，房后一片竹林，朔冬生一缸炭火，酷暑打一把蒲扇的生活在了五千年中国礼教时代的尾章尾段的尾句中，我行我素，怡然自得。

殊不知，正因了如此缘故，祖父为世人留下了一批精美绝伦的章草书法。褪火功利，拒与世俗。这与曹雪芹举家喝粥，伏案苦耕几十年而为世人留下一部《红楼梦》虽有程度上的差别，却有着异曲同工之妙。可见，最瑰丽的艺术珍品往往都不是在艺术家于世之时被认识和认同的。它们恒久而弥新的光彩是需要一个相对漫长的时间的冲刷过程的。

说起祖父的书法，又会叫人联想到他的医术。因为除了书法家外，他还是个远近几十里地都闻名的中医名家。不过，根据我现在的猜想，他应该是个无师自通的中医师才对。理据是：中国文化的脉络原都是互通互连，相生相克的。单凭他一生对礼乐道儒的苦读与钻研，中华医术上的那点气脉贯通阴阳调和的理论，就是靠悟，也都能悟出个名堂来了。惟祖父有一怪癖：他替人行医看病是从不收钱的，遇上穷困之家，他甚至还甘愿自掏腰包为人抓药治病。且愈是疑难杂症，他愈愿前往。深更半夜的，他让家用的那位帮工行在前边，挑一盏"吴府"的大红灯笼，桥埂田洼地一路赶去，绝无怨言。然而，假如遇上谁家有喜庆寿宴什么，希望能向他索取几行墨宝的话，他则十分计较，且开价甚高。一个大字不出足若干银元，他是绝不肯落笔的。可能，这也就是为什么他留在了这世上的正规的"为某某仁兄补壁"一类的堂幅与横轴十分稀少的最直接的原因了。

当然，这些都是后来父亲告诉我的关于他眼中的他父亲的种种为人处世的个性细节。我从未见过祖父，我对他之存在的认知只能依托想象。至于形象嘛，正如我在好多年前写的一篇散文中描述的那样：这是一幅每逢除夕之夜都要摆出来拜祭一下的，描绘在了白瓷盘上的似是而非的人像。削脸庞，高颧骨，八字胡，结顶瓜皮帽外加臃肿的棉长袍。它绝无笑容的，两眼直勾勾地逼视着你，令偶尔环顾四下里无人，踮脚从供品桌上去拈一颗桂圆枣丸什的来塞入口中的童年时代的我，产生一阵止不住的心跳。

我对祖父的蓬勃想象力再次发挥功效。我试着将香港的那个夕辉闪闪的黄昏再朝前推移五十年。1935 年的初冬，中国正处在全面抗战爆发的前夜。那一年的夏季，二十五岁的父亲以全系第一名的优异成绩走出了上海复旦大学的校门，走进了社会，走进了人潮滚滚的就业大军。但父亲是幸运的，他的禀赋与出众的学业成绩让他的毕业并不意味着失业，而是就业。非但就业，而且还是一种颇有前程的就业：国民政府的资源委员会吸纳了他。他被告知说，战事吃紧，你必须随政府机构一同撤离上海，先去赣州，听候调遣。但就在这时，父亲接到了一份来自于家乡的电报，上曰：父病危速归。下面的落款人是我的祖母。

也是一个黄昏天，不过这是个阴霾的冬日的黄昏。二十世纪三十年代的江南水乡，铅重的云层穹罩着大地，一片悲凉。这情景很会教人想起鲁迅在乌篷船逐渐驶近故乡鲁镇时的一段描写：灰黄的天边横着几条萧瑟的荒村——也许，故乡也就是如此罢了。

穿着一袭呢长衫，手提一只方包角皮箱的父亲就这样回到了他阔别了十多年的故乡。他撩起长衫的下摆，提脚跨进了童年少年时代的他曾无数次跨出跨入的高高的门槛。屋里生着一盆旺旺的炭火，冰凉的青石地砖在这橙红色炉火的映照下，也显得柔和与温暖了。父亲向祖父的床边走过去——恰似五十年后的那个金辉傍晚的我向父亲的床边走去那般——那时的父亲是个朝气勃勃的青年男子，面对国将不国民将非民家将无家的残酷现实，心中充满了青春的激情和国家兴衰匹夫有责的刚烈与血性。

他坐在了父亲的床沿边上，连母亲替他搬来的那张红木太师椅，他也不愿坐。他只希望能坐得离父亲更近一些。从安装有木棂的窗框望出去，荷花池中一片残枝败叶；几棵弯腰的垂柳生长在池塘的边上，绿叶凋尽，像几个忠贞的卫士，守卫着它们的荷塘。

祖父也一样是微微地合着眼睛，脸色看上去非常苍白。他罹患的是晚期痨病——在那个年代的那个地区，这种病是一种绝症。祖父虚弱万分地伸出手来指了指床底下，父亲弯下腰去，将一箱字帖拖了出来。

是的，就是那同一箱字帖，唯一有别的是父亲交给我的只是一册，而祖父托付于他的却有一箱。父亲打开木箱，马上就明白了祖父的用意。他不语，但他望着他父亲苍白的面孔，坚定地点了点头。而一切，也尽在了不言中。父亲的目光向床的一边移了过去，他见到一张酸枝木的案台上还摊着一幅宣纸，台上端砚，笔架，水缸，色色具备。而宣纸上只写了一行字：春眠不觉晓……就没有了下文。想来，祖父是因了体力不支而永远地躺倒了。

自此之后，父亲再也没有回到过故居。而祖父就在父亲离家后的不几日便辞世了。那年他五十四岁。而父亲则是在五十年后，也就是我在文章开头描述的那个金秋之暮后不久去世的。那年他七十五岁。

父亲带着这箱字帖，颠沛流离。他去了赣州后又随国民政府迁移去了贵阳，尔后再昆明，再重庆。每一次搬家，他可以丢弃很多东西，唯这箱字帖始终跟随着他。那一年，重庆遭受大轰炸，父亲的住所不幸被炸中。待警报解除，父亲从防空洞里走出来，他见状转身就飞跑进了火海中去。他没有去取他的西装和母亲的皮草，而是抱着一捆粗黄毛边纸字帖奔跑了出来。可惜的是：一百部完整的字帖，火口余生后只剩下十七册了，而父亲在他临终前交到我手中的就是它们其中的一册。

其实，最令父亲扼腕痛惜的还有祖父在那十多年中写给他儿子的书信函札，也都在这次大火中付之一炬了。父亲老喜欢说：家书抵万金。你想，如此一场大火让父亲损失多少万两黄金了呢？

正如父亲常说的那样，儿子是父亲生命的延续。他延续了他父亲的，而我，正在延续他的。唯艺术品的价值是永恒的，它们代传一代，保存、流失；流失、保存。偶露真容，让人一瞥惊鸿，赞叹不已。1957 年，反右运动爆发前的父亲早已脱离了有关的政府机构，到大学里当教授去了。他是位民主人士，上海市的民盟委员。当年的民盟是反右运动的重灾区，而父亲又曾在旧政府的机构里任过高职，理应是个内定的右派。大鸣大放期间，很多知识分子都按捺不住，主动"跳"了出来，误入陷阱而成了枪瞄的"出头鸟"。唯父亲他老僧入定。虽几经民盟组织上的反复动员，他仍按兵不动。有一次，他笑着告诉我说，为了交差，他平生只写过一张大字报。他是用小提京的大楷笔书写的。大字报的内容仅四行唐诗：春眠不觉晓，处处闻啼鸟。夜来风雨声，花落知多少。下面落款：吴圣清敬录。其实，父亲也没做什么，他只是将祖父没曾录完的诗句给续完了。至于是表达了什么情绪，这四句唐诗也说明不了什么。他因而最终也没被戴上右派的帽子，只是匆匆内定了个"右派边缘分子"的名堂，将他调出上海，调往安徽大学继续执教。

然后，就此四行诗句，在当年的那所上海的名牌大学里，在那种高级知识

浮生三辑·水仙情结

分子成堆的地方也都引起了不少同行学者们的暗中赞叹，说，吴某人是真人不露相哪，居然还能有如此一手高妙的章草书法？但父亲闻言却笑了，心道，这还不是传承了我父亲的一息遗风罢了？

再后来，父亲便去了香港。离开时，在极有限的行李空间中，他还是将那字帖收藏了进去，随身带离了祖国大陆。就这样，这些还残留着世纪初江南水乡的荷香与柳枝清新味的字帖便远离了它的故土，在一块日夜颠倒，喧腾烦嚣到了让人都快要精神错乱了的岛域上，一搁又是五十年。再后来，我也去香港定居了。平时，在我们父子俩的闲聊中，父亲还常会谈及他父亲的种种。他说，你那祖父的一生其实也没有什么陋习和不良嗜好，就是爱喝酒。而且，十回倒是有八九回之多是非喝得酩酊大醉绝不肯罢杯的。他老爱拣一个满月朗空夜，在荷塘跟前摆出一张酒案来。然后，把盏临风，然后，吟诗唱文，然后——然后便借着高涨的酒兴，挥毫疾书，一气呵成。那么个风雅的时代，你的风雅的祖父，五千年中国士大夫传统的最后一位坚守者。父亲说，但日本的飞机炸毁了这一切：荷塘，竹林，三进深的村舍以及那种被你祖父形容为"半床落叶半床月"的古典意境。当然，那时的祖父已经去世，家道中落。由我坚强的祖母带着我的那两个仍在念小学和初中的叔叔继续生活在乡下。直到1945年，抗战胜利，父亲由重庆负笈荣归，才将他们母子三人都接去了上海，与他同住。这已属后话了。

2007年的初春时节，我应邀专程回了江阴一次。这是我这个作为孙辈的人第一次踏足这块我祖父和父亲曾经生活过的土地。如今的江阴市（父亲老喜欢把这唤作为"城里"）哪还有半点我父亲形容出来的青石板和"宽汤面"的影子？四周都是高楼林立，霓灯闪烁，海鲜店西餐馆咖啡吧开得到处可见。市内有一片宽阔的中心绿地，惟绿地中央保存着的那座古塔（古塔仅留下半截，在上世纪初爆发的直奉系的战事中，古塔被白俄的洋炮削去了半个脑袋）以及"嘎嘎"夜归的雀鸦还残留了些许父亲口中故乡的味儿。

还有就是江阴闹市区保存完好的吴汀鹭故居。江阴博物馆馆长兼吴氏故居管委会主任陪同我们绕着大宅参观了一通。他告诉我们，这座占地二十余亩，建筑精美，中西合璧，又气派轩昂的庭院之所以还能历经战火和坎坷留存至今，说来也算是它的造化。此宅兴建历时五年，完工于上世纪二十年代末三十年代初。然而，吴氏全家在此豪宅中还没享够三五年的福呢，就因战乱，弃屋而去，举家搬到上海的租界里住去了。但豪宅毕竟是豪宅，就像是个貌美如仙的女子，今朝可以是当今皇上的妃子，他日改朝换代了，她也可以被另一个强权霸占为他的小妾。日寇占领江阴后，吴氏故居成了日本苏南驻军的司令部；抗战胜利后，它又变成了江阴要塞司令部，负责长江天堑的防务。1949年春季，渡江战役打响的前夕，国军的两名将领就是在此屋的会议厅中被共产党策反成功。当渡江木船万箭齐发时，国军的炮火其实是朝天空放的。从而免去了许多可能涂炭的生灵。就此意义而言，吴氏大宅又变成了一位抱琵出塞的美人王昭君了：牺牲一人，挽救全局。渡江战役后的吴宅大院成了解放军的司令部，隶属于张爱萍将军的野战部队在此驻扎。而1949年8月，中国人民海军正式成立的宣布令也是在此大屋的议事厅中由张爱萍将军本人亲自宣读的。自此，该屋便一直属于军产。进入改革开放时代了，它十余亩后花园中的树木都被砍伐一空，继而又在空地上筑起了两幢十多层高的商品楼，出售牟利。至于老宅本身，既做过驻军家属的院舍，也被当作加工厂来使用。直到2004年年中，才由当地政府以高昂的代价将之从驻澄（"澄"为江阴的简称）部队的手中置换了下来，并斥巨资将她缮修一新，复旧了原观。于是，王昭君又变回了一个世纪前的美貌如仙的王昭君了。

自那次从江阴回来之后，我的心情就始终无法平静下来。因为当我在吴氏故居的庭院里漫步而过时，我想象着八十年前在这同一方土地上我的祖辈和父辈们留下的脚印复叠脚印，就感觉有一股缓缓的地气由我的脚心沁入，然后直升脑门。而我要将我祖父的遗墨发表、出版、公布于众的决心也从来没有像现在那样强烈和坚定过。我走访了一些我熟识的出版机构，几经商讨和斟酌。终于决定先由新疆人民出版社出版一册他的章草书法字帖。作出如此决定后的第一个晚上，我便作梦了。我梦见父亲和祖父并肩站在了那儿（祖父还是瓷像上的那副模样；棉袍，结顶瓜皮帽，消瘦的脸庞和高凸的颧骨），他俩一同望着我，宽慰地笑了。

二零零七年七月三十一日　于香港

浮生三辑

水仙情结

25. 悼母篇

　　仅在十天前，我还在打算着在母亲出院之际写一篇"救母记"，记录下高龄的母亲如何又在鬼门关前徘徊了一圈后再度回到我身边来的种种惊险。但这一次没成，母亲她走了，真正的、永远的，走了！母亲停息的那一刻，我举目望去，因为据说，此一刻的亡灵是漂浮于其躯体之上的。然而，除了木讷的天花板外，我什么也见不着。但我知道，您一定是在哪里望着我，妈妈，只是那个有血有肉有呼吸有灵魂的，与我共同生活了六十个年头的慈爱的您却永久在我的眼前消失了！我感到自己的心脏有一种被尖刀刺入般的剧痛……

　　十岁那年，我大病一场。四十刚出头的您，当时还很年轻。父亲因故失业在家。家庭单位，儿子丈夫，屋里屋外，都是您一个人在操办，在忙乎，在承受着沉重的生活的担子，无怨无悔。您扮出一脸笑容，向着扁担两头的两个男人说道，没关系的，我能扛得住；也别担心，我们家一定会有光明的未来……二十岁那年，最疯狂的年代。父亲已去了香港谋生。我被打成"反动学生"，遭审查。您从家中扛来了铺盖，住到了隔离室外边的走廊里。您告诉造反派们说，你们不放了我的儿子，我就一辈子睡在这里！后来，他们不得不把我释放了。三十岁那年，中国社会全面改革开放。我也结了婚，继而更去了香港定居。您对我说，还是你先走吧，先去到那片自由的土地上与你爸团聚，让我来殿后……四十岁那年，我已是两个孩子的父亲了。在我们香港半山的住宅里，您坐在大客厅的一隅，倾听您的孙女练习钢琴。窗外，山峦滴翠海景壮丽，您的脸上流溢着宽慰的笑。而笑容之中又包含了一丝遗憾。您说，可惜你爸走早了，他见不到这一切……我五十岁的那年，您跌断了腿，而医院又拒收。我抱着八十八岁高龄的您，哭了。我说，妈，我怕，怕失去您呀！但您要我坚强，要我镇定。您说，别怕，孩子，妈至少还能多陪你十年。果然，不出两个月，您又能拄着拐杖下地了。但六十岁那年，也就是这一回，您真的撇下我，独自去了，让我的泪瞳在这片灰白的天花板上久久地寻找您灵魂的踪迹，却一无所获。

　　于我，这似乎不是一场永远也不肯醒来的梦。这些日子以来，每当我在夜间惊悸而醒，出现在脑海中的第一个问号便是：这是真的吗？于是，我便将那些已经历了的细节再细细地回想一遍。我痛苦的告诉自己说：是的，是真的。你，你从此就没妈了哇！以前，每一回，当我在香港处理完事情搭晚班机回沪时，都归心如箭。我一路上都在想象着您躺在床上或坐在藤圈椅中盼待我回到您身边来时的神情与心情。但如今，我再到哪里去找您呢，妈妈？都六十岁了，想不到自己竟变成了一个无家可归的孤儿了！人，是不能没有母亲的，童年、少年时代如此；长大成人了，即使自己都老了，也一样。母亲永远是一幅遮挡在你头顶上的瓦檐。哪一天突然倒塌，你才发现：自己已真正暴露在了人世间无情的风雨之中了。

　　我因而又记起了英国女诗人 Eliot 的那首只有三行的短诗：*你死了 / 把孤独留给了我 / 直到我也死去*。妈，您能理解您儿子我此一刻的心情吗？我的心掏空了，我生命的一半似乎已随您而去。那次，我噙着泪叫唤您，当您的呼吸与脉搏都已停顿，只留下心区间还有那么丁点儿微弱的跳动；当医生说，您的瞳孔已经放大，死亡其实已经降临到您的身上时，我呼唤您，在您的耳旁轻轻地呼唤您。我说，妈，儿子在您的身边呢。您突然就微微地睁开眼来了。我再说，神与天使都在我们的周围，假如您一定得走，您就安心的走吧。而您，您竟然点了点头！——这是您留在人世间最后的动作与表情。您说不出话来，但我知道，您挂心的是我啊！您舍得这尘世间的一切，就舍不得我。而我呢？我也可以放弃这尘世间的一切，就无法放弃您！但天命难违，再深，再刻骨铭心的血脉相连也都有被撕裂的一刻！人人都说，您活了九十七岁，也活够本了。但，但这怎么可以成为对我的告慰语呢？在我心中，您永远停留在了童年时代的晨光中，替站立在小床上的我穿衣的年纪上。您没有老去；而我，我也不曾长大过啊！

　　现在，我正从丧母的巨大悲痛和恍惚中慢慢的苏醒过来。因为我知道您希望我坚强——坚强的做人，坚强的面对生活。我只是想说，假如真有来世的话，让我们再做一回母子，或者父女。别了，亲爱的妈妈，直到我们在天国再聚时，别了。送了一程又一程哪，但在这扇门口前，您的儿子必须止步了。他望着您渐渐远去的背影，失声地喊道："妈，您这一路上可要走好啊！……"

二零零八年一月十四日
母亲过世后第八天。

26. 童年的鱼缸　▲

　　最令童年时代的我有深刻记忆的是我家小庭院里那两口宽边水缸：一缸栽荷花，一缸养金鱼，两缸并列而站。半个多世纪前的上海，生活远不像今日这般喧腾，周围弥漫着的是一种安逸怡静的气氛。小院里还种有一棵石榴和一株夹竹桃，初夏时期，正是两树的开花季。火红的石榴，雪白的夹竹桃花，相映成趣。五月的熏风吹来，树枝摇曳，叶影婆娑，遮阴在水缸之上，一派盎然的生机。

　　这两缸水物都是我父亲的最爱。每日工作之余，他都会走出书房，来到庭院里。他喂喂鱼虫，或对着含苞待放的睡荷凝视久久，脸上浮动着一种不可捉摸的、寻思的神情。而我最喜欢的则是那条红鲤，很有灵性。不等你人影向鱼缸靠近，它便会浮上水面来，对着你吹泡泡，鱼嘴巴一拢一合的。我丢下一块面包屑去，它迅速地叼了，一摆尾就潜入到水草浓密的深绿水底去了。

　　后来，那口鱼缸逐渐变成了我的辖管领地。原因是：当时的我虽远未到达能对荷花这种水生植物的姿态与灵性产生出某种悟觉来的年纪，却对水中的游物兴趣颇大。每朝，母亲从菜场回家，我都要检查她的菜篮子，看看有没有生鱼活虾之类的能让我"放生"到我的鱼缸里去？年纪小小的我，竟舍不得让一条还可能获救的生命遭遗弃。日复一日，鱼缸里便变得越来越热闹起来：除了红鲤还有褐鳍，除了褐鳍还有大大小小沿缸壁爬行的田螺。除了红鲤褐鳍田螺，还有通体透明的河虾。河虾通常都很灵敏，一有动静，就拱起个虾尾，"腾"地弹游出老远。但最逗人喜爱的还是那只六角背盘的绿毛小龟，老喜欢趴在缸中的假山石上晒太阳。有时也潜入水中，四肢悠悠地划着水，憨态可掬。

　　曾经有一个时期，那只鱼缸是我所有童趣的寄托处。每日上课前和放学后，我都要在鱼缸边上摆弄许久。我欣赏着那些被我救回了的小小生命们如何和谐地生活在这方水的天地里，心中荡漾着一股说不出来的快活和舒坦。

　　但后来，灾祸便来了。说起来，还是我惹的祸。

　　初夏的一天，我从母亲的菜篮子里发现了一只小龙虾。它长有一副赤红的铠甲外壳，软体的腹腔下方蠕动着一排白嫩的须足。虽被搁在了竹篮的最底层，但当我将它从玉米棒子的重压下解放出来时，它便立即高举着两只钳夹，斗志昂扬地在地板上拱爬了起来。如此一只生龙活虎的水族动物，我见了自然心生喜欢，并立马将其"收编"，进而更放养进了我的那口鱼缸中去。

之后的一个星期，因为期末考试的缘故，我没去鱼缸看过。待我再度站立在那儿时，我发现形势全变了：张嘴吹泡的红鲤不再浮上水面来迎接我了，缸壁上也不见有一只田螺，还有拱尾弹水的河虾以及那只六角背的小乌龟，一律不见了影踪。孤零零的假山石上只剩下那只红铠龙虾，高高地昂着头，双钳伸向天空，似乎还在索求些什么。

我急了，一把将水草捞了起来，就发现草叶上还沾着些许金鱼鳞片。我赶忙取来了一只小水泵，将水都泵干了。但我发现，青苔滑腻的缸底只剩下了一堆田螺的螺壳。我突然便明白是怎么回事了，我哭着跑去了父亲的书房，向他诉说了事情的原委。

父亲听罢也很难过，他长叹了一口气，道：所以说，恶人是万万怜悯不得的！不要多，有时，一个恶霸便足以杀戮一缸生命，毁灭一个和谐世界啊！他的话对于那个年纪的我来说似乎深奥了些，但这，正是成年后的我所体念到的某条很重要的生活真理。

我愤怒极了，转身跑出书房，跑回了院子里去。我将那只肇事的恶龙虾捉了上来，将它丢在了花园的泥地上。我怒火中烧，找了一块砖头，一挥臂，就将它的头颅砸了一个稀巴烂。这是我第一次，也是唯一一次亲手杀死一条水中生命。我要"替天行道"，为我的那些无辜的朋友们：红鲤、褐鳍、田螺、河虾们报仇雪恨！

自此之后，那只鱼缸便告空置，父亲和我都不再有那份养鱼的闲兴了。但有一天，我突然又见回那只已失散多时的绿毛小龟了。原来它已逃逸到了另一个世界——荷花缸里生活去了。当我见到它时，它仍像以往一样，趴在荷缸的假山石上晒太阳。而我，在一个意想不到的场合见回一位劫后余生的老朋友，竟然高兴的眼眶都有点湿润了。后来，待我再仔细观察时，更惊奇的发现：不知从何时起，已有不少针尖般大小的鱼苗在荷枝荷根丛中窜动了起来。或许对于那只小乌龟来说，这里便是它的"桃花源"，它将与小鱼苗们和谐共处，重新开始它新的生活。我祝福它！

二零零八年三月

27. 重返香江 ▲

　　离港已有三年零六个月的我重新踏上香江的土地，一切显得陌生又亲切；似曾相识，但仿佛只是相识在梦中。叫我怎么来形容呢？如果说，人真有来世的话，你能想象一个在此生突然回到了前生中曾生活过多年的某处时的人的精神触击吗？踏上赤猎角机场通道时的我的第一感觉只能以如此状态来形容。

　　自 1978 年赴港定居到 2008 年倏然离港，期间整整三十年，英治时代十九年，十一年港人治港。香港像一个脱胎换骨了的婴儿，"哇哇"的啼哭着，重出胎门，开始了她的新的人生循环。所有这一切，我都是个亲历和亲证者；而我自己，也于期间完成了一个壮年男子应该完成的他的那番人生事业。惟在此一刻，香江突然成了一位冷眼的旁观者，见证着我如何出走，三年后又如何梦游者似的回归。赤猎角机场外骄阳如火，人流如梭，而我竟站在这火辣辣的阳光下，傻了。我眶含热泪，不辨东西南北。我在一棵洋紫荆的树坛旁跪了下来，吻着那片带泥腥味的土地，舒心畅怀的让泪水决了一回堤。

　　"您没事吧？老伯——"一位年约十四五岁中学生模样的大男孩站在我身旁问道，他正准备伸出手来将我扶起。"没事！没事！'几回梦里回香江，双手搂定太平山'……"我竟脱口而出了红色诗人贺敬之"回延安"里的那行名句。这诗是我在五十年前必背的课文之一，那时，我在上海念初中。稚气未脱的大男孩冲着我的脸，笑了，说："您在说什么呢？老伯——"

　　回去我曾工作生活了近三十年的太古城区，那是在两天后的事了。这是个金碧辉煌的黄昏。我沿着侧鱼涌公园的傍海长堤向西缓行。周围很静，行人稀少，只有海浪撞击在花岗岩石上的"啪啪"的节奏声。夕阳渐渐地沉落下去了，刺眼的光线变得柔和，而中西环傍海的巨厦剪影般地浮动在金波粼粼的海面上，壮观而神奇。其实，这幅场景，我只是太熟悉了：三十年中，我总是在这里散步，同一个朝向，同一种步姿，同一副若有所思，若有所失，而又恍有所悟的神情。而我的两部长篇，十部中篇，三千首诗歌以及近百万字数的散文、随笔也都是在这般情景的踱步、孕育和构思中完成的。我多么盼望自己能回到二十五年，不，哪怕是十五年，甚至只是五年前的那些灿烂黄昏的时光中去啊！尽管会有各种生存的，家庭的，健康的理由来烦恼，困惑和折磨你，但只要每天都能有新的灵感，新的思路，新的到达，新的诞生，便是对我生命的最大补偿了。其他的一切，我都可以不在乎，可以忍受。从这层意义上来说，那时的自己才是这个世间最幸运最满足最快活的自己呢！

一个中年模样的男人正朝我迎面走来，夕晖的逆照中，他的脸藏匿在一团暧昧的眩晕里。当他与我擦肩而过时，我蓦地回过了头去：那人的背影，那人的衣着，那人的步姿……那人不就是二十年前的我自己吗？我被我自己的发现吓坏了。但我记起了影片《Conversations with God》(《与神对话》)中的那位牧师。在一切灾难都过去后的某个冷雨夜，他突然遇见了做流浪汉时的自己，那时的他折断了颈椎，丧失了工作能力，而且被房东赶出了屋门，正萧瑟蜷缩在一盏凄惶的街灯下。过去的他与现在的他互相凝视着对方，无言。而他，便立即理解了上帝——实际上，也是生命的——全部暗示意义了。

另一个叫我怀念无限的人是我那年迈的母亲。从前的她老喜欢一个人挂着拐杖，蹒跚着溜达出来，坐到公园的长椅上，凝视着前方的海面，出神。故，每回离港出差时，我总会去滨海堤廊找她。搂一搂她，亲一亲她，同时说一声"再见"。而神情木讷、呆滞的她重复的总是那同一句话："一个人在外要小心啊——早点回家！"此刻，一排排空椅如旧，但母亲呢？叮咛呢？木讷和呆滞的表情呢？

其实，这次我匆匆回港来走一遭是因为我的回乡证和特区护照都同时到期了的缘故。但想不到的是：科技的高速发展已将我们这一代人（尤其是我）远远抛弃在了时代的轨迹之外。如今，香港移民局外摆放的是一台台电脑自助机：换证繁复的验核、照相、确认和付款手续必须由换证人自行操作来完成。每座机器前都排着长长的队列，衣着趋时青年人群嘻嘻哈哈地谈笑着，等待着队列的缓缓缩短。我注意到：像我这样年岁的人换证无非两种选择，一是由子女陪同一起站在机前轮候，二是第二天一早七点前，来到移民局门口前排队取筹，然后再依指定的时间与地点付托于人工作业。惟此两点于我都不能为，因为我在港逗留的时间极有限。我急了，奔跑出大门外。正是下班时分，两岸棕榈耸拔的轩尼诗道上，人头攒动，车流湍急，我一下子茫然无措了。

我见到身边走来一对青年情侣，约莫二十上下。我一个箭步走上前去，生平第一次，我向一对陌生路人开口求教了。我介绍过自己的困境后，说："你俩能帮帮我吗？"那女孩望望男孩，男孩望望女孩，罢了，两人都乐意地点了头！接下来的过程是：他们陪同我轮候了半小时，又替我在机屏前操作了半小时，一个小时后，大功告成。面对两位朝气勃勃的青年人，我的心中盛满了感激和感动。我说，我无以相报，就给你俩各五百元，作为你们一小时的劳务报酬吧！谁知他俩一听，脸便涨红了，齐齐朝我摆手，说，这怎么行呐？帮助您是我们自愿的啊。再说了，也当作是我俩今晚上"拍拖"时做的一桩好事吧。边说，两张脸便一起天真无邪地笑了。我理解他们此刻的心情，太理解了。因为，假如换成了青年时代的我，我也会这么做，这么想的。我伸出手来，抚摸着那位女孩丝帛般的长发，我说："Tina，你的英文名叫 Tina 吧？……"女孩愕然，问道："您为什么认定我会叫 Tina 的呢？""因为"我说，"我的小女儿叫 Tina，她与你的年龄相仿。"原来如此！两张脸豁然开朗了。女孩说："昨天是父亲节，您一定收到女儿送您的礼物了吧？因为，因为我也刚送礼给我的老爸……"我的热泪夺眶而出，我说："是的，应该是的。但，不是……"

　　我们在湾仔轩尼诗道地铁口的自动扶梯前挥手作别，而我记住了那两张萍水相逢的年轻的脸庞：深刻地，永久地记住了。两天后，当我深陷在回沪的机座里打盹时，它们又依稀回旋在了我短暂的梦境里了，我发现自己正朝着站立在自动扶梯梯阶上的他俩渐行渐下的背影，高声地呼喊了起来："Tina，回来吧，Daddy 真的好想好想你喔！……"

二零一一年六月二十六日
刚由港返沪后次日

28. 文学、家庭与我 ▲

六十五年前的我出生在上海虹口区的一幢三层的日式小洋楼里。门前一条河，临河一条街。河是苏州河的一条支流，溯源而上，你能抵达这个城市遥远的另一端。街与河在不远处即告分叉，而这条树荫满地，行人稀少的街道的终点是东上海的一片著名的公园。那是半个多世纪前，一幅上海风情画的速写版。

虹口，这个旧时的日租界，虽不及苏州河对岸英法租界的奢华与色彩，却是沪上一大批文人学者们的集居地，其缘故除了环境幽静外，这里还坐落了好几所著名的高等学府，而出身于苏南书香门第，上世纪三十年代中叶毕业于复旦的父亲便在其中的一所大学执教经济学。在我童年的记忆里，正如我在某文篇中描写过的那样，"每天早晨，他（父亲）总是一支粗雪茄，一杯'阿华田'，一片三文治地打发完了早餐，然后坐着人力车上班去。晚上回家，牛皮的公文包里塞满了鼓鼓囊囊的讲稿。"父亲清癯，冷峻，严厉。但有时也亲切，慈祥，耐心得让童年时代的我对他产生出十二分的敬意和安全感来。母亲也是一位受过高等教育的女性（她是大夏大学——今"华东师大"——教育行政系1937届的毕业生），却遵循了那个时代的传统价值观，留在了家中相夫教子。我是父母的独生子，她对我呵护备至，又诲导不倦，令我感到缺少了母亲的生活似乎不再叫生活。即使到了五六十年后，她已是个九十多岁的老人了，我的这种童年记忆仍不肯褪色，我知道，这里隐藏有一种轻度的"恋母情结"。

父亲的书房设在日式住宅的三层：一盏湖绿罩的台灯，一潭书写毛笔文书与信函时使用的笔墨缸砚，一支带帽的蘸水粗锋钢笔，斜插在"英雄"牌墨水立瓶的顶端，转转悠悠——父亲写英文从不用打字机，而是一手漂亮的花式手写体。所有这些，连同宅门前的那条河流与街道，都是我日后创作，记忆回眸时，一幅幅场景的再现。但无论如何，父亲比他的同事和学人们都要幸运，他在上世纪六十年代初去了香港。当他的同事们都在那场"史无前例"的整肃运动中几遭灭顶之灾时，他已在另一个自由的天地里从事另类谋生行业了。而当母亲和我与他在香港团聚时，那已是十六年后的1978年春，文革已告结束。

我的第一次创作洪峰于上世纪八十年代初涌到。当时的我已年届壮年，娶妻生女，完全生活在了另一类异质文化的土壤中。童年的岁月，在回忆的甜蜜中遂发酵成了一种不可自制的创作冲动。七八年流逝过去了，在照顾家族生意的同时，我写下了近二百万字的各类文体：小说，诗歌，散文，随笔和译著。

我将这个阶段的创作称作为"上海人"时期，不仅因为长篇小说《上海人》是我那个时期的代表作品，它还包含了自异地反观故乡，从中年回首少年时的那种无从言达的情绪与感慨。

我的第二次创作高潮于1996年前后来到。一基于香港回归而激发的种种感触之旋涡效应；二因了中国大陆的生存观和价值观遭彻底颠覆后的冲击强度；三是家庭裂变，迫使我要在物质与精神，妥协与理想，亲情与孤独间作出抉择。我都选择了后者。我失去很多，但我获得的或者更多：《长夜半生》以及一百五十万字的另一批文学品种即是对我之坚守的最佳回报了。

我还能否有第三轮的创作峰潮？何时来到？如何来到？这是上帝的机密，他是不会让人预知时至的。虔诚了四十年的基督教徒，前几年的一次偶然机缘，让我接触到了佛学的博大精深，而我竟一迷而无法自拔了。所谓"一历耳根，永为道种"，是宿世的佛缘呢，还是今世的启悟？反正，如有晚作的话，渗融进各种宗教的元素看来必不可免——让时间来见证。

二零一二年十一月九日　上海寓所

浮生三辑
水仙情结

情睡
绵昏

缺乏生活？缺乏感觉？缺乏语言？或者都是，或者又都不是。你思路翅膀的最终收落点应该是：你缺乏了自我——那件你最易拥有也最可能失去的财富。

1. 绵情昏睡在思辨惊醒时 ▲

　　对于一位悟感型的诗人，年龄就是他创作轨迹的最好依据了。从多情善感的童年到激荡狂热的青年到冷眼旁观的中年到梅妻鹤子的老年，诗还是诗，他还是他，人生舞台的背景在一幅幅地更换，社会道德的准线在前后左右地移位，唯他孤立在那座自我的岛上，以日月为定位的道具，以潮汐为参照的坐标；他的理想是恒定的，他的追求是不屈的，而他的努力，不论是成功还是徒劳，都点勾出了一条曲线，一条真正诗艺家们必经的曲线，一条从炽热到冷却，从熔化到凝固，从流动到沉淀，从绵情到思辨，从昏睡到惊醒的曲线。

　　推动该项进程的全部策动力便是思考：不停的思考，反复的思考，由习惯成了自然的思考，靠思考建立了些什么再被思考推翻了些什么的思考，满足由思考获得，空虚也因思考而产生；我们思考了一生，然而将来在咽气前，仍急待我们去思考的课题不是比我们来时少了，而是更多了！

　　因此，创作，尤其是优秀作品的创造，就绝不可能是一件潇洒轻松的活儿了，不轻松是因为其中充满了思考，这种令干活者时而手脚冰冷，时而面色苍白，时而心律不齐的思想在重负之下跋涉。然而，奇怪的是一位思索型的诗人的源头往往只是一名多感的少年，他会本能地在流水行云、风花雪月的挑逗下投入诗的迷宫，他会为自己最初的、情意缠绵的篇章而沾沾自喜，幻觉另一位普希金的再世。但这种孤芳自赏的日子不会，也不应该持续太久，这是因为不停震颤着他，吵闹着他，令他在绵绵春梦中不可能昏睡永久的是镜内所反射出来的那个世界之外的另一个世界：这是个美丽至极的世界也是个丑恶透顶的世界；善良与阴险并存，真诚与虚伪交织；而最重要的却是她的不公平——也确实不可能有的公平性，尤其是当她以一个特定时代的横断面，截去了上下文地，呈放大型地展现在你面前时。这，便已足够令一名年处血气方刚岁龄上的诗人愤愤而不能自制了。终于，那种埋藏在一个真正诗人心底的核能量——为正义以及真理而振臂的呐喊感——被激发了出来。他，从梦中彻底地清醒过来，起床，上路，一脚踏上了那条意味着无穷尽思索苦役的不归之途。他痛苦、他挣扎、他似乎对一切都看通透了之后复又对一切感迷茫；而立、不惑、天命——他却不知道自己的天命究竟存放在上帝哪一柜，哪一层的哪一格中？如此一位自我折磨型的诗人，假如又生活在一个连思想都被编穿上号衣的时代，他的痛苦之大更由想可知。然而，恰如偷情，惊险的反弹力是快感，思索对于他巨大

観自在菩薩行深般若波羅蜜多
時照見五蘊皆空度一切苦
厄舍利子色不異空空不異色色
即是空空即是色受想行識
亦復如是舍利子是諸法空
相不生不滅不垢不淨不增不減
是故空中無色無受想行識
無眼耳鼻舌身意無色聲香
味觸法無眼界乃至無意識界
無無明亦無無明盡乃至無
老死亦無老死盡無苦集滅道
無智亦無得以無所得故菩提薩埵
依般若波羅蜜多故心無罣礙
無罣礙故無有恐怖遠離顛倒夢
想究竟涅槃三世諸佛依
般若波羅蜜多故得阿耨多羅三藐
三菩提故知般若波羅蜜多
是大神咒是大明咒是無上咒
是無等等咒能除一切苦真實不
虛故說般若波羅蜜多咒即說
咒曰揭諦揭諦波羅揭諦波羅
僧揭諦菩提薩婆訶般若波羅
蜜多心經

甲午金秋吳正法書

敬書於淨正心齋

甲午年金秋

吳正書於滬上淨心齋

甲午春月

吳正於滬上

吳正　书法作品

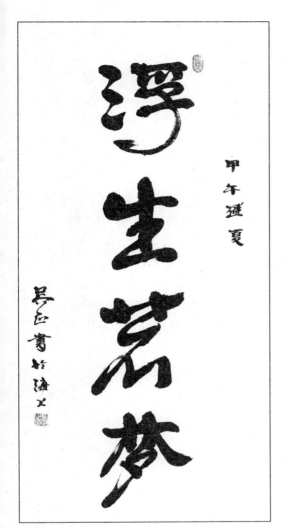

吴正　书法作品

的魅力就在于它是被禁的，它是他的那些绝大多数的同代人所不敢梦求的一种精神奢侈。于是，他便在这座思索的迷宫中前一只脚印就被后一只盖去地寻找——寻找一条永不可能导向出路的通道。对于他，这可能是一生无结果的追求，而对于人类以及文学史，留下的却是一篇又一篇，一部再一部的精彩，因为这是一位禀赋力极高的诗人在无数次阵痛后的临盆，无数缕吐丝后的结茧。

然后诗人他老了，正如当年不肯舍弃绵情时思辨已被无奈地震醒一样，如今的面临是：宽恕仍不肯让步时，练达的人生观经已贯通——而这，又何尝不是他几十年如一日思索的又一种必然呢？于是乎，在他的笔触间，棱棱角角的苛求、辛辛辣辣的责难开始淡褪，代之而起的是一种远则香近则无，"不见楼阁闻钟声"的禅味，这种风格会在其暮色渐深的岁月中愈发鲜明起来，且会陪伴他到停息罢笔的终点，而令其晚作在无限的远方隐隐约约与某种宗教上的意境相切。

至于在文体上，虽必会有大量无规可循的互渗，但我曾屡次提及的青年诗歌、中年小说、老年散文的总体倾斜也正基于对这种创作者心理兼生理特定曲线的信赖。只是不管如何，其作品内容的核心质地都应该是诗，而作家本人，怎么样，也摆脱不了一圈纯粹诗人光环的围绕。

一九九四年六月二十五日　于香港

浮生三辑

绵情昏睡

2. 从缺席了上帝的今天扯起 ▲

　　且不谈人之初性本善或者恶，遭现实社会污染了几十年的我们，整条思维系统上的斑渍，污垢以及菌毒断然不会少，之所以能相安无事，只是因为我们的那一份正直人格的免疫力已不得不适应了与那些不共戴天的存在物，针锋却不相对在某一条平衡水准线上的缘故。

　　比方说，有人假公济私，甚至都快沾上些贪污受贿的边了，我们也能自解地说：这年头，谁还能不贪点儿钱？又譬如，某公一阔脸就变，理解的逻辑就更易通达：所谓人往高处走的原理还不是目光应先脚步而朝上？再比如在这弃糟糠纳新欢的实例多不胜数的今日，社会普遍的认同标准已退化成了：只要能尽责的已算是"楷模"；而令人大开了眼界的更有某半老徐娘，五十开外一截竟能决然了断旧缘，远嫁海外，换来的不是什么，却是盼望也能在某一日成全其出国之梦的子女们的一片喝彩声："阿拉老娘就是有噱头！"至于那位老实巴交的前夫，咽泪吞气之后也因换到了十来万的"安抚金"而绽开了一朵灿烂的笑容——十万块，十万块哪，这还不够让我再娶多个年青兼美貌的？原来笑容的展开也不是没有原因的。某小报因此而展开过一场讨论，言者踊跃，意见尖锐对立，掌声与咒骂声交响成一片，你说，这世界，这人生，够也不够奇妙？

　　社会在急剧地发展，克己复礼的峡谷之后便听说人类的思想先驱们已突然进入了一片人性彻底解放的大好天地，好到甚至就有人将它提升到丑恶已无所谓丑恶，美好也无所谓美好，我的物质存在才是一切的"高度"。接着，整队人类也被带领了进来，人们在这松软的草地上欢蹦乱跳，为所欲为；除衫脱裤之后更是拉撒随地兼随时——一切都成了虚伪的：礼仪、理想、宗教以及信仰，人的过去是动物，人的将来还能是什么？人自以为已看破一切，如今，连一个十多二十岁的少年都可能向你滔滔上一段哲学"高论"：及时行乐，这无疑是不枉此生的唯一意义所在。于是，"自私"便成了最基础的生命形态，这个单词的贬义时代已经过去，它成了自由、自在、自我理所当然的代名词，而"人"字之笔画再简单，那两枝支撑起人格架构的一撇与一捺都因而开始了其可怕的解体过程。

　　这是个极端危险的信号，它动摇了人之所以是人的基本概念。在罗马斗兽场，在纳粹集中营，在"文革"批斗会——我们不是没有过这样的经历与经验，人用了多少万年才消灭了的兽性可以在一夜间复活，高尚与下流错位，丑恶与美好对流，精华与糟粕互渗，这是因为有一种哲学（或者说仅是一种流行了的民众间的认同）它的全部努力就在于模糊那条本早已清晰了的界线，打开那只囚禁着人类精神困兽的铁笼：手段与过程都在其次，目的之达到与否才是定性与定论的唯一依据——作为某类哲学派别上的理论，或者，这自有其学说上的价值，然而对于整体人类的思路导向而言，它却是一帖精神错乱剂。

当然，事态还远没发展到如此糟糕的地步，这是因为了人类的良知，人类经过千百年才确立起来的文明观，是非观正顽强地抵抗着一切思想病毒的入侵；它们捍卫着，捍卫着一种在宽广意义上的道德标准；它们鉴别着，鉴别着丑美细胞的形态，以便决定消灭还是繁殖；它们告诫着，告诫着你，告诫着我，告诫着一切人，包括那些模糊哲学的制造及其传播者：即使丑恶的生理与心理需要与生俱来，即使社会生存中的精神病菌无孔不入，你都没有理由去与之同流合污；你要去常看常想常记常思那些美好的，那些崇高的，那些神圣的，那些你的思路一触及便能使你热泪盈眶或羞容满脸的（尽管没人能看见），不因为什么，只因为你是个——人！

人，还是应提倡些高尚，提倡些精神领域内的追求的，富足绝不在于物质上的充裕——就如一只老鼠掉进米缸或是一头松鼠被抛到一片野果遍地的林间那般地欣喜若狂：享受只是一种生命的挥霍与燃耗，而修炼，才是它价值的累积与体现。因此，品味人生是要靠修炼来获得的，而所谓修炼，那又何妨不先从克制与隐藏起步？——克制，对自私的克制；隐藏，则是对于丑恶心态的隐藏。听来似乎别扭，然而却是合理的。因为隐藏首先已经是一种认识，一种分界丑美能力的体现，这不是虚伪，更谈不上阴险——只要不会在某一天伺机而动，或者索性连本带息地加倍发泄，暂且的隐藏，又有什么不好？克己的终极社会效果与消灭丑恶没有什么两样。然后，渐渐地，当隐藏的习惯已日长月久为一种自然时，成熟也就来到了。当然，这是一种从自我入手的改造，但这却不是一项以自损而告终的愚蠢，修炼成功的最大得益者仍是你自己，其次才是社会：你从其中悟出人生，悟出快乐，悟出通达逸远的种种境界，并不需要一定去遁入空门，红尘的人世间也一样能盛开净白的雪莲。

或者，我真也扯得太远了——上帝曾生活在昨天，也将生活在明天，偏偏就缺席于今天。不管他去午睡还是度假了，反正让我们一起跪下祈祷，祈祷他能早点归来，人，真也少不了一具能让他们敬畏、膜拜的偶像啊——尽管这具偶像的创作者原是他们自己。

一九九五年六月二十日　于香港

浮生三辑　绵情昏睡

3. 究竟缺乏了什么？　▲

几乎，每个作家都会有那种经历，那种似乎进入了一个"江郎才尽"期的经历。对比起那些日夜，那些情如泉涌，落笔千言，那些之所以让你一举成名为一位作家的蓬蓬勃勃的日夜，一股焦虑困惑之情不禁会自心底升起：

究竟，我缺乏了些什么？

缺乏生活？缺乏感觉？缺乏语言？或者都是，或者又都不是。你思路翅膀的最终收落点应该是：你缺乏了自我——那件你最易拥有也最可能失去的财富。拥有，拥有得像影子，千方百计都甩不掉的影子；而失去，又失去得像风，百呼千唤都叫不回的风。似乎很玄，但自我就是这么的一种存在，它是你精神本身的投影，不管如何形变，它都专利般地属于你。形变，只是彻底精神化了的你与你创作素材光源间的一种影随式的认同，自然而且必然，它是此时此刻你眼中的世界，独特且无可替代。

诚然，生活之于作家就如空气之于生命一样地根本。它是我们更新每一刻的依归，舒吐每一息的需要。然而，它却不能被作者喜厌选筛为非某某或者需某某。生活，绝无可能为总是那种高潮迭起、大喜大悲之例，这是谎编，不是生活。生活是寻找不来的，所谓生活，就是你身边的那些最日常的展开，朴素、亲切而自然。常有那些袋着一方小本去"深入"生活的勤奋型作家，可惜的是，震魂之品或传世之作往往与他们无缘。这是因为作家创作的成功取决于他与生活的融合度而非生活本身的情节浓度。即使是最平淡的生活，日出而作日落而息，粗茶淡饭简陈陋室之中也都隐含着你所生活的那段时期、那方天地、那层人生断面上的特定风情，这是你的作品之所以，也只能是你的作品的精魂所在。一位优秀的作家，无论生活将他抛掷到哪一块荒原（精神的或者是物质的），他非但不会中止作品的问世，而且恰好都是那种荒芜氛围的最精确的艺术传神：沉闷、压抑、绝望，再活泼的心情，再强大的读者个人意志都会在其中消融而随着作品的精神节拍起舞。生活，并不需要年年更换布景，月月气象万千，天天轰轰烈烈，甚至分分秒秒地牵魂动魄，平淡是生活的本色，是生命泱泱的背景之色；偶然的盛开之所以瞩目以及可信，正因为了它恢宏的衬托。所谓缺乏生活，因此，那要视你自哪一个观察角度切入而定，只有蹩脚的作家才会将没有胃口归罪于菜不可口饭不香。

至于缺乏语言或者感觉，那更是在理解推理上的另一种误导——生活的光

155

浮生三辑
绵情昏睡

源往往会将一件物品侧影或逆衬成了完全酷似的另一件，理解的原理也一样。对于一位作家，语言当然重要，它是构成你一切美妙表达术的元素，就如战争中的武器，然而它的终极依托仍是它的使用者。语言妙，就妙在某一恰当辞汇在某个恰当时口上的闪过，这是一种万千选择以及搭配中定位的果断，这不是巧合或者幸运，而是一颗深深感悟了的心的闪光式的杰作。因此心，才是语言真正的探索者，在开垦了沃地的一片又一片后，仍有无际的荒原有待你去拓展，语言永不会缺乏，缺乏的只是你那颗诗心的苏醒度。

创作，因而成了某种美好状态的力图保持，一种新鲜感的持续，一种感受触觉上的极度敏锐，一种起飞欲，一种凌空感，一种攀完一峰再一峰的冲动的始终不肯退潮。处在这种创作巅峰上的作家，任何字句都令他敏感，任何语汇都对他可亲；语言，这一种他于平时阅读间的并不太经意的累积，说不准什么在何时就会从他那黑洞洞的记忆库的深处弹跳出来，镶嵌到他的文篇之中去，令他既欣喜又吃惊。再说，创作根本就是一种掏空思想囊具的劳作，艰巨且还没有绝对能成功的把握，作家全部心智的聚焦点，因此，不应是在语言，而应是在语言企图表达的那层意境上。语言缺乏在只有当意境轮廓的本身都模糊时。

当然，再强烈的兴奋也都有消退的一刻，再难抵御的诱惑也会有惯旧、麻木的时候，再诗人化的诗人也都将经历不再敏感的日子，这是你创作的冰川期，是下一个百花吐艳之春前的严冬式的等待。沉淀、累积、内燃，让生活之海照旧在你四周汹涌翻腾，而将你自己伪装成一艘礁岩般泊停着的军舰，灰色着坚定与沉默，却又时刻准备升火起航和点炮轰击。

或者你需要吸取？或者你需要体念？或者喷瀑般倾吐后了的你需要美与真的补给？还是你那方历经太多年种植的心田需要一段"休耕"期？反正，这是一窄瓶颈口，突破是一番天地，回流又是另一番。在心理与艺术均缺乏承受力的前提下，作家对自己写、写、写的鞭打，只会使你心灵那一处最敏锐的部分日趋麻木，而这，才是你作家生命的可怕老化。就自这点意义而言，培养感觉，有时或许比将它记录下来的更可贵。让一些旧物旧歌旧作，让一些远年记载，佚名篇章，失传小记，让一些最普通的细节，最感人的朴实，最易被忽略的日常来肥沃你的思想，养分你的感觉；雨中的散步，月下的沉思，临风的把盏，凡能使你那缪斯动容到动心的，你都有理由去贴近去投入去夸大化了地沉迷。记住，你在找回昨天，找回影子，找回一个既虚无又实在的自我。作为一个作家，世界如此看待你，你也如此判断自己：你之所以是你，这是要在那个心你与物你完全叠合的时候。

一九九五年八月十七日　于香港

浮生三辑　绵情酣睡

4. 物质与精神 ▲

　　这是个可大可小的题目，大到能涵盖世界，人类以及整部地球文明史；小到又能统一平衡在一个人的一拳小小的脑壳中，相安无事，运作自若。

　　然而，这又是个经常有人将它们并相提出，继而再大谈些哲学奥论的年头——包括那些刚自高小升入初中的准中学生们。至于原因，再简单不过的解释是，社会似乎正痉挛在一场物质空前泛滥，而精神又绝后虚无了的，文明病的发作中。

　　可以说物质的极度丰富是一种灾难，一种与黄河决堤的可怕不相上下的灾难。决堤了的河水吞没的是人的肉体生命，而泛滥了的物质窒息了的是人的精神呼救。前者当然痛苦，这是对于一切物化了的生命而言；后者更加痛苦，但，这却是极小一部分心灵的感受专利。更痛苦是因为这是一种孤独者的痛苦，一种众人皆醉我独醒式的痛苦，一种行尸走肉般的痛苦，一种灵肉撕离时，剜心割目样的痛苦，一种欲死不能，非还得让你眼睁睁地看着自己那颗敏感的灵魂，被一寸寸地腐蚀与麻醉时的痛苦！

　　文人——尤其是现代的中国文人——便是这种痛苦的最大承受者。

　　这当然与文人从事的职业有关，他们是一方精神田园的耕夫，物欲之洪水猛兽的，首当其冲的受害者。他们不能理解，甚至都带点儿愤慨和不理解，为什么那些凡夫俗子们会如此浑噩，如此心甘情愿地浸泡在物欲的污水中等待，等待一种幸福的溺毙？而对于他们混含了血丝的嘶声疾呼，只报以莫明其妙的嘲笑和张望？

　　在中国，这个从来就是文人以一种特殊的社会功能与地位（几段极短暂的非常时期除外）自居的国度中，物欲排山倒海地席卷而至，更会令他们不自觉地将自己置于了一个与之完全对立的地位上去。这是因为物质代表的那种具体，漠视一切又自以为了不起的抽象，它向你伸出手来的第一句话就是：你，有钱吗？它令你愤怒、屈辱，而又秀才遇到了兵似的一下子给怔住了，但就在你那个瞪目的瞬间，它已转身离去：没钱？——没钱还有什么可谈的？！

　　其实，文人愤慨之中的至少百分之若干，是根植对于这种被辱感的本能的报复心理，虽然他们将此都一塌刮之①地包涵在了"为了人类精神之明日"的，堂皇口号之中。我们都不是没有经历过那段物质匮乏的时代，文人们曾滔滔雄辩过繁荣

────────────

① 沪语，意为总之、一概而论。

物质的种种必要性、重要性以及可能性，他们曾被人们喝彩，被人们抬捧着地抛上天去！他们兴奋，他们自豪，他们自觉自己是社会浩荡队列最前沿的引导者，以及齐声口号的呼领人。终于，这个时代被呼唤来到了。那天，当好奇的真龙也探头来看个究竟时，素以好龙自称的"叶公"却大惊失色了——他从未想到龙，竟是如此怖面獠牙的，至少相对于他的审美标准而言。社会是健忘的，是的，而人的潜意识中，从来就存在着那种对于新鲜感的不倦的追求欲。虽然，你仍没忘记自己是谁，但社会似已彻底忘了，那个曾为他们呐喊、承担以及冲锋陷阵过的恩人。他们被花花绿绿的今日世界迷住，他们神情恍然，他们目光沉湎，他们早就不再记得那么个被冷落在了一边的寒酸的恩人——因为昔日，昔日对他们已不再重要。

人，就是这么头麻烦的动物，没有的时候希望得到，得到之后也未必快乐，不快乐就因为是让你得到了的缘故。从这种意义上来说，精神是一洞永不能填满的深渊，除了"满足"这一种填料外。而物欲，又是破坏"满足"这种均衡心态的，最锐利的武器。于是，精神与物质的对抗，就在这最原始的一点上种下了。

自以为代表了人类精神贵族阶层的文人，作家们，当然是最无法忍受这个物欲横流，人欲竖淌的畸形时代的，这是情态的一个方面；但在另一个方面，如何正确定位他们的社会坐标也不见得不重要：至少，这是解开文人们那个心理症结的关键锁匙。

首先，作家是不宜将自己想象成一位人类精神食粮的当然供应者的——事实上，也只有置身于该角色之外的作家，才是此项任务最有效承担者。再说了，社会的组成有很多层面以及分工，作家是一项受人尊敬，但决不是因此便有权目空一切的行业。精神强大在物质的具象中，而再伟岸的灵魂也必须找一具躯壳来寄居。就比方有一只鸟，欢叫着地从提着鸟枪的你的头顶上飞过，它的物质转化为鸡汤，它的精神空灵为自由。文人天性的渴望与崇尚自然是后者，但也不能说他就可以一生忍着不喝一口鸡汤——事实是：当代的中国文人是鸡汤喝得最多（且都还是免费的）的社会族群之一种。而在喝完了鸡汤后的奢谈自由与飞翔，又是一种什么样的自由，以及飞翔？

不管怎么说，物质世界的高速发展总归是一项人类进步的标志。它与精神生活的矛盾，应是一条腿与另一条腿间的牵动关系：扯前还是拖后，取决于你身体重心的位置。有时心腿跨前，有时物腿超先，重要的是，我们始终要保持那起前进中的姿势，只有这样，人类社会才能在两腿一前一后的摆动之中，获取一种向前的动力。

一九九五年九月　于香港

5. 作品与时代

　　再读《九三年》是在一个温煦的冬日。阳光自窗玻璃间射进来，铺满了全屋。屋内开着暖气，我斜靠在一张舒适的沙发上，一杯龙井茶就在我面前的茶几上冒着热气。窗外是林立的高楼：波特曼、锦昌文华、九安广场以及更多的不知名的褐体一族在脚手架的遮蔽间，塔式起重机的陪伴下矗立着。时近圣诞，从我那低低的窗台望出去，能望见自西康路北京路口流过的欢乐与色彩的人潮。一家食肆的门前装饰着一棵巨大的圣诞松，金与银的挂吊在阳光下闪闪发亮，一条横幅赫然展开：狂欢圣诞大餐：每位￥888（发。发。发。）。

　　在一个不协调的时空，我读一本不协调的书。

　　初读《九三年》是在上世纪五十年代末六十年代初的某一天，当时我仅是个十来岁的少年。那个时代读这类书，其实，也是另一种不协调。不是因为繁华以及圣诞，而正是由于它们的相反。封闭以及开放，革命化以及现代化，清教徒以及功利主义，这是我们这代人所经历的那段中国社会发展史的南北两极，一样地深冻、一样地生存维艰。在这个一切动不动就会朝其极端滚去的国度中，唉，为什么我老充当一名可悲的落伍者呢？

　　好在书还是那同一种：干燥、脆黄、沉甸，这是人民文学出版社五十年代初的版本，繁体，横排，而书的背页上竟还清晰地打印着上海旧书店（虹）的售价￥1.30的定价方章（是否还能传递某种当时的物价信息？——题外话）。它是我在一位前辈作家的书架上发现进而借回家来阅读兼回味的。

　　此刻，我正打开在它的那幅版画风格的插页上：一洞乌黑的枪口对准了朗德纳克侯爵，周围是颠簸起伏的茫茫大海，一叶小舟惊险在它的浪尖上。举枪者是一位骁勇的水手，他的兄弟刚在一次沉船的危机中被侯爵处以死刑。现在，面对着这只复仇的枪口，手无寸铁的侯爵依靠的只有镇定与口才。他滔滔不绝宗教、道德、伦理以及人生的奥义，终于使那只坚定地握着枪柄的手软化，松弛，垂下以至终于扔掉了武器，扑倒在了侯爵的脚跟前，呼叫着："您饶恕了我吧，大人，请您饶恕我！——"

　　这是一项奇迹，至少在我们这个时代，这是一项非普通的推理逻辑所能达到的奇迹。

　　然而，我们的时代也有我们时代所奉献给世界、人类以及历史的"土特产"，它们是假酒假药以及一群站立在岸上观看一个十六岁的溺水少女如何在水

浮生三辑 绵情昏睡

中挣扎的人们，说什么也要到手了五百块钱才肯跳下救人的极端生活实例。那一回新疆克拉玛依市政礼堂内灯火通明，市府领导与小学生代表们正一起共享着一场精彩的文艺表演。突然，失火了，且来势凶猛。在一片"让首长先走"的呼唤声中，礼堂内便留下了上百具烧焦了的儿童的尸体。而我亲眼所见的一桩惨剧是：一个在交通事故中被撞爆了头颅的受害者鲜血淋漓的、不省人事的躺在医院急症室的走廊间。他被拒绝入手术室抢救，至少也要在他的家人筹措到两万元入院押金之前。院方的理由太简单了：如今，谁还能不讲究个效益什么的？

世纪末挟带着经济浪潮登陆这片古老的国土，为我们带来了概念崭新的美丽以及丑恶——摧毁的同时又蠹建，否定的反面便成了肯定。北京一位著名的剧作家才华横溢地宣称：我是流氓，我怕谁？而好幽默感的北京人则将此更发挥成了：（当今世道）谁信谁？谁爱谁？谁管谁？谁怕谁？谁服谁？信爱管怕服——五六十年代的我们也不是没有过类似的社会讨论，诸如：哪有人民怕美帝，只有美帝怕人民。四十年后的今天，非但"怕"字的内涵在发生着急剧的异变，就连"美"的词组搭配也都产生了"美帝"与"美妙"的双重叠影。

我将遐思收回来，又收回到了那个温煦的冬日，《九三年》就摊开在我的膝盖上。朗德纳克侯爵在向着那个眼神之中已出现了恐慌的握枪者说："……是的，我把你的哥哥处死了，可你要知道，我只是上帝的工具。你要审判上帝的工具吗？你要审判上帝吗？你要审判天上的雷电吗？可怜的人，你反而要受雷电所审判的……"《九三年》是一部伟大的作品，而我们所生活的时代更是一个缺乏了某类描绘的伟大的时代。

一九九五年十二月二十四日　于上海

浮生三辑　绵情昏睡

6. 剽窃这门学问

      ▲

做每桩事都有学问，剽窃也一样。

所谓剽窃，那是指他人的作品在经过剽窃者的精神消化与手法的加工后再贴上自我标签的演变过程。其实，剽窃也是一种创造。不是吗？拼拼凑凑剪剪裁裁挖挖填填遮遮盖盖躲躲藏藏地做起来又会比创作轻松多少？再说，剽窃者还要有一种恒久而坚定的自信：什么张三李四王五的，您瞧，那细鼻子对粗眼的，还不是我赵六麻子的亲骨肉？

这便是剽窃人士必须具备的心理素质了，环顾当今文坛，真能有此天分的人其实并也不多，却偏要挤到这剽窃者的行列里来瞎折腾一番，弄不好，毁了自己事小，影响了该行的整体信誉危害就大啦。因为说是说剽窃（都说了，这两个字从一开始就用得不怎么地道——"窃窃"声地，有多刺耳！你难道就没见过那些以变戏法为职业的魔术家吗？每天，他们往台上那么一站，一束束鲜花一只只兔子一叠叠花钞乃至一桌桌酒席都会从他们的宽袖管中甩变出来，有谁还会不知道这些都是假的？但他们能成其行业，我们为什么就不能？），其实，工夫要做到缝道服帖、弯位圆滑，也不是那么信手便可拈来的。于是，剽窃人士便有了新芽与老姜之分。再说，被剽被窃的对象也是有着相当之局限性的。比如说，长篇小说就既恶剽又难窃，最多也是一种开了窃之后的模仿。假如能因《红楼梦》而来一本《白亭醉》，因《白鹿原》而写出一部《黑虎地》的，说什么也不能不算是另一类成功。只是已门归于剽窃这行当的我们之中的绝大多数，都缺乏这种才能与功力，再说了，也不合乎我们的那种事半功倍的效益政策。精彩的随笔以及散文，虽然篇短句简，形式素白，却往往又因带有强烈的个性色彩，独特的语路韵律和巧妙的思辨轨迹，而不易上手。说是诗歌较易整容改观的，也只是对诗魂的惊醒度太缺乏认识的缘故。长诗一旦被抄袭，就得通篇，才能免断中气。反倒是短诗，一个闪光意象的捕捉与呈现，往往只是诗人灵感一涌而起时的刹那之作，只要截取有方，再经某种稀释、充料、包装之类的退火处理后，倒也能似模似形地站出个人样来。难怪一位以写短诗著称的诗人的困惑是：怎么总会闪闪烁烁地在他人的作品间发现那些熟口熟面的意象来？听闻了这种事的我们，除了暗暗地偷笑外，还能做些什么？

话说剽窃的专业分类也有好多种，兹摘录若干要项，谨供行内人士参考。

一、整篇整部型的。（眉批：依我说，这种作业者非痴则蠢，即使受害者只是一名文坛砝码盘上的"忽略不计"，也至少会遭人暗地里跳起脚来骂爹骂娘骂你祖宗十八代什么的——这又何苦来哉？）

二、中汤药合成法。取甲两句乙三句丙四句而整体装配图纸又采用丁的，如此完成流水线的批量生产，然后再申请专利权的（眉批：这不能不说是一种比较安妥的方法——当甲乙丙丁都谈不上拥有时，你便成了当然的拥有人）。

三、即钓即杀即炒即食法。此法的长处在于题材的绝对时鲜，领导口味的必定迎合；难处则是钓食者最好为某方文化园地的把持人。一段征文告示，说是为了配合大好形势某某，本刊（报）决定如此这般，而本园地一向公开，现更不用说。来稿一经刊用，即奉薄酬若干，老幼无欺之类地群众一旦被发动起来，还怕稿件不会雪片也似地飞来？到时，一杯浓茶，一支香烟，然后便是一次灯下的垂钓。（眉批：……）

四、聊斋勾魂法：窃取灵感像窃取了一个活物的魂魄，然后再驱使其追随你特定之节拍而起舞的（眉批：这无疑是高手之举），等等，等等。

当然，在我们长长的剽窃生涯中，难免会有不便于直截了当抄袭，却又不得不引用一段他人的佳作，以佐阁下声威文名之种种局面出现的一刻。于此当口上的你，除了千年之前的古人，或是当代已公认了的文豪及其名篇，才能公布其姓名及出典外，一般都宜用"佚名"、"作者不详"、"出处朦胧"，支吾以对。此举的妙处又在于：确保能向他人借到反光的永远是阁下本人而非相反。还有，对于被剽对象的压制打击，均为不智之举，而当街谩骂更属不可饶恕之失策；冷藏，最好还是深冻式的冷藏（即装作对此式人等的绝对一无所知），才是专业化了的操作程序。要知道，任何可能引起第三者注意力关注的声张——无论褒贬——都有风险。所谓"小不忍则乱大谋"，因为剽窃，毕竟是剽窃（自己人不说外话），这与超级市场内的高买会留案底的原理是相仿的：一次失手便足以致残。于是，最安全的方法便成了：先让它不惹人注目地风干若干岁月（比方说几年），待到时过境迁水到渠成后的某个意想不到的早晨，突然一拍大腿，说是"啊哟——糟糕！"地来个反咬一口，且呜呼哀哉痛心疾首地慷慨激昂地一篇滔滔加不绝，然后——然后水便搅浑了，是鱼的是虾的，只觉得眼前一片浊水昏天，哪还会有心思来分辨水草究竟是属于一种什么拉丁品名的悠悠荡漾？这，便是剽窃人士的最高境界了：你的我的他的，仅凭一道合成与分解的化学反应方程式，便偷梁换柱为了单一之我的。

至于说笨手拙脚的斧修，往往会使原先精巧的成了粗劣的、原先流畅的成了僵硬的、原先新鲜可口的，怎么说都会染上那种取自于隔夜冰箱内食物的败味感，这些都是剽窃业与生俱来的不足，若要再打听说如何妙方才能善其后者，除了彻底转行之外，连只会说英语的上帝，也只有两肩一耸，两手一摊，道："This is at my wits' end（这叫我都黔驴技穷啦）！"

一九九六年四月二十日　于香港

绵情昏睡　浮生三辑

7. 理解上海男人　▲

　　通常，我的创作习惯是只执著于自我感受而很少遭到外界什么因素干扰或者引诱的。然而，这次的例外是在我读了龙应台女士的那篇《啊，上海男人！》之后，我不知道自己是否成了她描声绘色之中的某一个，但有一点应无异议，那便是：我就是个地道的上海人——上海男人。我笑眯眯地对自己说，也来一篇吧，作为对龙女士娇声一呼的某种回应，充当回音壁，有时也有充当回音壁的乐趣。

　　虽然，拎带鱼骑单车回家的形象并不适合于我，但毕竟，我们都是流动着相同性格血型的一群。近百年的传统加上三十来年的革命化，男女平等的教育会造成一种怎么样的上海男人的心理顺从，我答不上；上海男人在世纪初率先接受文明，世纪中适应社会转型，世纪末重新投身开放热潮的种种不寻常经历终将把它铸造成了一个特殊的性别种族——在中国乃至世间——这点却是毫无疑问的。经济地位江南性格以及文明熏陶，这是构成上海男人的三道鲜明的性格光谱，所谓小男人只是一种肤浅不过的理解，上海男人的生命哲学是尽可能地礼让出生活细节上的种种来满足他们的所爱者，从而为自己换取更广阔的事业的思考空间——而这，不就正是上海男人的高明之处？我们很可能缺乏伟岸的体魄、垒垒的肌块以及"黑猩猩捶打自己露出毛发的胸脯来证明其存在价值"时的那种声嘶力竭，但我们却有强大而安静的内心境界和无所不能无坚不摧的雄心与耐力。上海从前是，今天又再次成为全国乃至世界的文、经重镇，与上海男人的这种性格内质不无关系。只有傻瓜才会将性别视作为什么可供自豪和自居不凡的东西——世界上不就是除了男就是女的两种性别？这便是我们所理解的大小男人主义之间的辩证关系，几十年，哪怕大半生离开故土，都消灭不了上海男人内在个性中的这类染色体：候任香港特首董建华先生或者可以临时充当一例，在他勃勃着抱负与能力的事业外衣之下，隐藏着的便是一种上海男人所特有的儒雅、含蓄和浓厚的家庭情结；当短发斑白了的他对着"嚓嚓"的闪光灯，将与他同甘共苦了多少个年头的太太谦逊地推介给记者时，人们不能不联想到，对女性的恭让并不是懦弱，更不会丢脸，这是一种文明的象征，一种价值的体现，一种男子汉虚怀若谷时的胸有成竹。

　　然而，我相信龙女士也是理解这一切的。她是个干练和充满了男性化果断和机敏作风的女人。我与她有过若干次兴致高涨的交往，在文化界人士聚会的饭局上，她谈兴热烈真挚而开放，与她笔下的那位有着光滑美丽脸庞的，芳龄二十五的，说是希望将来能嫁个北方大男子汉的水汪汪女子大相径庭。当然，向往外形上的阳刚与伟岸，这是每一个女性的心理秘藏，只是如龙女士所言，为着这种单一的追求，日后的你会不会因而付出昂贵的人生代价？外国究竟如何咱不敢说，单在中国，男人盘踞炕头饮酒喝茶斗鸡玩蟋蟀闲扯瞎聊打老K，而让老婆下田喂猪抬水背石，完了要以最快的速率换好小孩的尿布再炒几碟小菜端上桌来侍候他们，一旦干不好，还可以揪着女人的头发来个兴师问罪的北荒南蛮之地至今还有不少，这种令上海男人们瞠目之后外加摇头的原始以及不开化，绝不是单以"民俗"两字的解释便可以一笔加以抹杀的，这正是该类区域在能见的将来还不能那么快地摘去贫困之帽的理据之一。然而，上海当然不是这样，在这座现代文明与繁华的国际大都市中，男女性别都等值在同一水平线上，各尽其职。龙女士已细致观察到了的所谓文化精英仍以男性居多的事实，其实，"武化"还是"商化"的精英又都以哪一种性别为主？这并不说明什么，男人以及女人，只是在两性单独相处相悦相濡以沫之时所应发挥出来的各自的性别特长，在一个文明合理先进的社会中，凡强者，不论男女，都有竞争至社会最前列的权利，美国如此，香港如此，上海，也如此。上海，于是，便在龙女士的笔下被唤作为一个"迷人"的城市，难道在这"迷人"之中就不包括上海男人，这一项精美而别致的人性软件？——我想，这是龙女士的一句并没有说出了口的肯定。

其实，最深刻了解上海男人的还是上海的女人。她们是她们男人们的一种背景，一擎支柱以及一弯避风港。她们在生活细碎上所表现出的"昂首阔步"只是她们间接顺从的一种变奏，她们才是上海男人最佳的精神与事业拍档。在上海，惧内不会被人真正地笑话（上海人的一句口头禅是："怕老婆发财格呀！"），而相反，欺妻与虐妻倒被公愤为是一种耻辱，一种外烫内寒的懦夫行为。上海夫妻的恩爱秘诀是心照不宣的感情互动以及精神体贴——诸如那段替老婆洗内裤的细节，不论龙女士添此一笔色香味的内定搭配究竟意欲何在，倒恰好凸现了上海男人对于爱情以及两性相处艺术上的某个特殊视角，因为爱，有时是需要带点儿肉麻的。

当然，我们是不能对龙女士提出如此高的理解要求的，因为正如她自己所说，她是个台湾女人，且还在美欧俄菲什么的生活了多年。待到她发现了这个形如"弯豆芽"的"可爱"的上海男人一族时，她已是两个孩子的母亲啦。于是，对于那个"弯"字之中所可能蕴藏着一股怎么样的韧性与张力，她便也永久失去了可以在共同生活之中加以全面观察和深刻体会的机缘。那天，已经很晚了，我太太突然接到了一只她的一位旅港的福建女友打来的电话："告诉你一个好消息，我妹妹她出嫁了！""恭喜！恭喜！""……她嫁的也是你们那同一种人……""什么？——同什么一种人？""我说的是，她也嫁了个'阿拉上海男人'！"其口吻之兴奋犹若捡到了一件意外的宝藏一般。电话挂断之后，妻子如实地告诉了我她们通话的内容，她的神情平静且充满了理解。"我们送她一份厚礼吧。"我点点头，并不太有要将话头说出口的意图，因为此刻我正在心中嘀咕着的是：所以，不是我说，能嫁个如意的上海郎君，也是当今女人的一种福分呢，真的。

一九九七年元月十五日　于香港

浮生三辑　绵情昏睡

8. 作家在人间

――沪港文经思考之二

　　国门打开后，作家们活动的天地变得更广阔了。比如说，上海的作家流动去了香港，而在香港的沪籍作家诗人们也会流动回来，住住看看走走访访聊聊写写，让自己沉醉在梦境与现实间那片灰色地带的美不可言的温柔里。本来，作家就是一种最具流动感的人性物质，而人间皆戏剧，作家对于生活的接触面愈大，其作品的深广度必然愈强，况且，沪港毕竟还分属于两种完全不同的社会制度与意识形态的地区。

　　还有一点也应该是无疑的：一个作家的生活挫折感情懊丧都可能储藏成为他日后创作的重要能源。但这也要看你如何来正视、把握自己的那段生命的低潮期。高峰不飘低谷不馁；要感谢，而不是埋怨生活；因为只有生活才是绝对的，是永恒的真理，创作只是对生活景观的一种艺术化了的拷贝。

　　然而，这条共识却未必都能在沪港间流动的作家群中心悦口服地获得。

　　坐在香港的地铁车厢里，冰冷、整洁、钢铁化。人们互不沟通，各异表情，各怀鬼胎。而高效率的空调系统令每一丝刚开始发热的人情味都保证能被及时抽走。我们的作家坐在这一溜光洁的不锈钢横排椅上，左右滑动。有谁还会认出那个秃顶糟鼻的半老头或肥胖寒酸的半老徐娘的你来？你，那曾出入显赫社交场合，面对记者读者崇拜者，相机话筒闪光灯也就是那么一含笑一挥手便打发了的你啊，如今，一切竟然全变了――自尊与自卑在你心中纠缠，莫名的愤慨与藐视即是这种纠缠后的产物。其实，港人并不是针对你，就是对港督与特首，他们也未必会去付出太多的注意力。除了明星以及歌星之外，港人关心的只是自己。或者这，正是你所不可忍受的现实之一：如此浅薄如此媚俗如此不可救药，怎能容得我这尊文化的大菩萨？然而，这是人的群体效应，一个人转过脸去之后，一万个人也跟着转过了脸去，无所谓原则，无所谓对错。香港不同于上海，社会文化的这种强大反差，如今仅投射在你一个人的心理屏幕上，叫你无所适从也无法忍受。

　　说来，作家应该是最丰富着性灵世界的一群，他们有异于常人的敏感禀赋力往往会使他们承受比他人高出许多倍的心理压强。他们害怕被人关注――他们曾故作姿态地表示：过多的关注会令他们不自在。但他们终于还是发现：原来自己更害怕没人关注――这会令他们落寞，尤其是那种在赞美与盛宴之后的落寞，就像叫一位已有过阳光与媚春经历的人去忍受一夜寒月与鸦叫的失眠一般悲惨。

其实，昼有昼生活的热闹，夜有夜反省的深刻。那些常教诲他人不能精神贫乏的人到头来发觉，原来自己也不见得能忍受物质的贫乏。所谓人生无求品自高，从上海到香港，作家地位自宠儿到弃孩的曲线滑落让他们刻骨铭心地明白了那种"求"与"高"之间的函数关系究竟意味着什么。在香港，穷写作是一种难堪（连好饭都吃不成一顿，还写什么书不书的？），富写作又是一种"罪过"（写书写书——怎么又不见你将钱掏出来让咱穷哥儿们大家分享分享？）。总之，香港不是个写作的地方。而香港人因"作家"、"诗人"这起称呼所引发的惯性的肃然起敬只是源自于古典时代那些印象强大的遗传功能，并用不了几个时辰便会彻底让位于"钱"，这个字眼所可能代表的一切生活现实。初次面对一班脐带仍连着上海、北京，那片皇天后土上庞大深厚中华文化之乡的作家访问团的成员时，香港笑眉逐颜欢迎的态度仍着眼于那具脐带背后的母体，这是香港社会好客个性与回归潜意识的一种短期冲动，自谦感混合了优越感的一种情不自禁。一旦脐带被剪断，管你什么春霞秋雨冬虫夏草的，一概被打回原形。宴会消失，采访不再，笑容淡出，连措辞也都含糊了起来。令本以为总算找到了香港这么一块人雅景美前途似锦之地来定居的你，像被当头浇了一瓢冷水似地惊愕不已。其实，这本就是香港的社会现状、文化性格，当你成为了她长久一员之后，她还有什么理由再来向你天天扮笑？再说了，在这个文化人地位低微的生存环境中，你将以失去国内一切创作条件的代价来换取一副生活的重轭，压上肩来，逃避不行，动弹又不得。哪天，你再回去，面对上海的那批仍吃皇粮拿稿酬而吃住玩乐基本上都不用掏钱的昔日同行，你又将如何启口？说差没脸面说好又不甘愿；上海不足的在这里获得弥补，上海的优越点却正是此地的不足处。人生象限颠倒，你得到的同时又失去，而所得与所失又几乎绝对值相等。对此，你又能说些什么？你又该说些什么？

当然，写一篇有关两种社会制度对比的文章还是可以的，并在其中暗藏进你的怨恨，顺便也能炫耀炫耀你的那段以艰辛的生活经历换来的广闻博识与思辨上的长进。摆摆富架子（尽管很脆弱），说是今日的你的身价虽在香港鸡水鸭水地几餐豪宴都可能给花得精光，但假如以人民币计算，再横向移植来了上海的文化同人间的话，哼，也该是顶儿尖儿的啦，让别人无故地滋长出一股羡慕之情来，且以此来抵消这些年来自己在文学上的失落与歉收，为失衡的心理提供一种自慰疗法。

或者也只有这样了，作家生活在人间的本身即是一种花骨朵儿包藏了种籽的含蓄。作家将花叶枝根芽的种种形态转化为文学染色体的形式延续给下一代，并以花之凋谢的代价换来对种籽的凝结。但我们作为作家之外的另一度身份也就是个普通的生活者，我们也有我们世俗的追求与红尘人间的被引诱、喜怒哀乐、羡慕以及由此发酵而成的一股不太光彩的醋酸心态。我们观察花研究花体会花，同时也逃避不了会贪她恋她爱她和迷上她。但，我们终究还是属于种籽的，我们聚能我们的精神与思维输入其中，而种籽则以她缓慢而圆美的顿结来答谢我们；我们力争将这大时代所蕴含的每一丝微弱的气息，都毫不遗漏地藏进这种籽的成熟里。为了能生产一颗饱满而完美的种籽，因此，一切能传授花粉的蜜蜂与蝴蝶我们都欢迎——不论她是沪派还是港式的。

一九九七年二月二十三日　于香港

9. 融入主流

——沪港文经思考之三

　　有一日，我们出门办事，途中突遇暴雨，没带雨具偏天又近黑。急忙中，我们只能随便借靠在谁家的屋檐下躲一躲，盼望天将放晴。然而，我们等过了一个夜晚之后又等过了一个白天，暴雨依然。我们饥饿过，我们寒冷过，待到雨势收敛，我们竟然发觉：自己不知在何时已完全适应了那种斜横在窄长安全区域带的生存姿态——这，便是家父在二十年前，对于被排斥在主流社会之外的人们的形容。他于中年离开故土上海后便在香港定居了下来。近三十年来，他创建了一盘规模相当的生意事业，但他却从没真正融入过那里的主流社会。除了与洋人打交道外，平时，他都圈留在他的那批江浙帮的友人间，嘻嘻哈哈在他们的那类三四十年代的上海方言里，其乐无穷。直到他拄杖垂老的暮年，其实，他的粤语也只不过是沪语的某几个关键音节的变异，这是一种只有上海人才听得出他在说广东话，而广东人只以为他仍在说上海话的语言中间体。他的公司雇员之所以能清晰准确理解他的原因是：他们必须做到这一点。他没能让自己融入香港大社会的主流里，他的广东手下们却都做到了融入他那小环境的支流中——一切为了生存：他可以不向大社会伸手去讨取他的那份生存，而别人却要伸手来向他讨取他们的生存。可见，就某种意义而言，融不融入纯粹是一种被迫。

　　但，有关主流社会的融入，有时也有自愿与主动的因素。

　　父亲于二十世纪八十年代中期过世后，便将他的那摊子都交托给了我，他的那个比他迟了近二十年才来港定居的独生子的手中。而他的那套借檐躲雨的理论如今已演化成了究竟我们这代人是否具备敲门入屋做主人的勇气和胆量？——倒不是为生意，为赚钱，而是为做人；不论穷富，我们都应该像个表里一致的香港人。

　　所谓融入就是一种扎根感，你会感到那种已被你抓牢了社会泥土的踏实与安定。尽管你是一棵小草，你都会随时拥有不论怎么猛烈的风暴都无法将你拔根而起的强大预感。相反瓶中的插花，不管今天开得多么灿烂，也都明白自己明天的结局将会是什么。除了土生土长的当地人之外，今日的"港人"，其实都是在不同时期的大陆移民群落，他们对家乡的永不肯磨灭的眷恋，令香港的整体社会只有赚钱的冲动而缺乏文化的沉淀。因为文化，这是一种深层次归属

浮生三辑　绵情昏睡

感的表征，文化属于长期，是你子孙之后再子孙们的财富。再说回融入感，融入感混合着的是你在你生活之地的人际关系、社会网络、财富累积、文化投入甚至气氛感染等诸多精细而复杂的软硬件因素的综合感受。单一的优势并不可靠，并不能保障你最终会有一个健全融入感的建立。且不说跨出国门之后会相遇的碧瞳金发们，或者仍以华裔为社会主体的港台澳以及新加坡，就是在本国的异地而居，都存在一个融不融入主流的问题。于是，便有了京海粤派在生存习惯与思维方式上的巨大差异。八十年代初，国门打开后，美国绿卡获取一族的队伍不断壮大，然而，他们之中的绝大多数最终仍逃避不了选择他们的出生地北京或上海作为人生事业的依托基地，而仅将美国的身份虚拟成了一种背景的朦胧竖起与衬托，如此殊途同归的生存现象说明了什么？炎黄子孙的母体回归意识深厚，这是其一；融入异族主流的能力薄弱，这也是无可否认的其二。而上海人，又是他们之中最难被同化，又偏最喜欢流动去他国他乡的一门族类。今天，在香港中环尖沙咀金钟太古城，你不难听到亲切而耳熟的动人沪语，叽哩呱啦地配合着上海人惯常的手势——上海人在何地都忘不了他是个上海人，包括在香港。

应该说，这种心态是美丽的——我即是他们中的一个。但这种美丽只是相对于人性这个抽象的大概念而言，在日常生活的细节以及琐碎上，这是一味舌尖舔触到了苦涩的孤独。它带给你的每一丝不方便都可以直截了当地向你点明那个主题：你不属于这儿。偶尔出门一次，连代取一份报纸代领一瓶牛奶这样的小事都乏人拜托。病了，在医院里躺着，探病的除了老婆就是女儿，这两张连背都能背得滚瓜烂熟的脸。搬动一件家具，帮忙托一把，竟都找不到一只有空闲的手。挂八号风球了，当电视台的播报员还在神色凝重地风眼风速风位风向地讲个没完时，马路上就已塞满了提早收工赶回家去的兴冲冲的脸庞。对于分布着三姑六婆九姨网络关系的当地人来说，这是一回额外的"天定"假期：又鸡烧鹅、彻夜麻将、笑骂打闹，世上还能有比这等更快乐自在的事儿？但我呢？我只能手握一册读物，独坐在半山豪宅的某个屋角与肖邦或者拉赫马尼洛夫为伴，盼望着风歇雨停日出后的新一个早晨，好让自己重新投入到工作的日常中去——而那时那刻也正是乡愁最切时。

就是这种严酷的生活现实浇铸了一代新移民谨慎有余、步步为营的性格模坯，凭空将日子活成了一种自我束缚与封闭。他们告诉自己说，这并不是杞人忧天呢，在这举目无亲的异乡，每踏空一步都可能会招致全线崩溃。这种时刻保持警戒的心态副产品是永远有一股箭在弦上的回归向心力和现实离心力。并不是说笑话，我在香港与纽约都分别遇到过在当地居住已超过五十年的上海老人，他们告诉我说，其实他们也都从没融入过那里的人群以及生活，他们在作客，他们总有一天要回家去的，他们的家在上海。融入，因而是需要勇气与主动的。融入并不意味着要你忘记过去，却要你面对今天与明天。虽然融入概念是一种双向间的互动，但融入主流却是单向的，这是支流的靠近与合并，逆流的转弯与调头。记住：你看不惯他人在别人也瞧不惯你时。

当然，总会有那些出国才一年半载，回到自己脏贫落后的故土就掩鼻皱眉撇嘴地说是什么都令他"看不惯"的人。这并不是他（或她）真已融入了对方主流社会的一种标志，这种"儿不嫌母丑"的反义表现除了可笑就是教人作呕。真正两种文化融入者的姿态应该是谦逊的，表情是理解的，性格是包容的，他是个既没有遗失昨天又拥有了今天的强者。

一九九七年三月一日　于香港

浮生三辑
绵情昼睡

10. 见证历史一刻 ▲

—— 沪港文经思考之十一

1997 年 6 月 30 日的香港将有一个不眠的彻夜，这是十三年之前的 1984 年 9 月 26 日，在北京的中英谈判桌上已经确定了的事。7 月 1 日的黎明将在没有经过睡眠的港人的眼中再度升起，但历史却已进入了一个全新的纪元。

陪伴香港经历不眠夜的除了整个中国之外还有大半个世界，不眠是一种象征：这是两个划时代白日之间的从未丧失过清醒意识的过渡，为了迎送，为了庆祝，为了见证。

一百五十六年了，如今生活在岛上的没有一个人会是那段真实历史的目证者。那只能靠史料加以想象来获取：在漫天的硝烟中，高扬着米字旗的双桅战舰正向岸边驶近。拖着长辫的清兵开始溃退，火光熊熊处闪动着他们"勇"字号的月白布衫的背影。赤目金须人跳出舢舨登岸了，他们有的跪射，有的作冲锋状，一个金流苏垂肩的军官举着单筒望远镜狂妄地笑了。想象力的镜头于是向上方摇去，再摇去：还是那同一面，昔日插上滩头阵地的，在海风之中哗啦啦傲飘的米字旗，一个叠化技巧之后，今日在会展中心黯然降下。一个半世纪前的那场耻辱在今天得以雪洗，其代价竟是一个东方之珠的神奇香港风光灿烂地回归她的母亲怀抱——历史有时就是那么地不可思议。

这是发生在 1997 年 6 月 30 日下午零时零刻的事。当时，我与全家正坐在客厅的电视屏幕幕前无言地观看。

代替米旗而升起的是一面鲜艳的红底之上绣着一大四小五颗黄星的旗帜。一百五十年来，米旗丝毫没变，深蓝的底色上条纹交叉着红白两色，中国的国旗却有过三番五轮的转换。今天能代表祖国的就是这一面五星红旗。

五星红旗对于全体港民来说早已不再是什么陌生的标志了，而对于我，则更不。中国是个体育大国，今日的五星红旗在各种国际体育赛场上常有伴随国歌而升起的机会。而假如我是一位运动员，在历经非人的苦练后终于为国争光地获得一面金牌，面对冉冉升起的五星红旗我一定也会热泪满腮。但在这一刻，我发觉：流泪的冲动一下子竟无法属于我！所谓生在红旗下长在红旗下，甚至连"文革"那些恐怖的日夜也都是在她的招展之下度过的，而红旗，正是眼前这一面。来港后，我进入壮年。二十年了，在现实生活中，除新华社的屋顶上，红旗已很少再见到。今夜，在这么个伟大的时刻，当红旗再次标志性地升起时，当一种属于豪迈的民族感情正不由分说地开始澎湃时，我突然感到其背后的少许记忆的蛆虫正蠢蠢欲动，它们痒痒的蠕动分散了我的注意力，竟将已泵上眶来的泪水又抑制了回去。

然而，红旗还是无比庄严地升了起来。升起来，就像午夜时分当空升起一颗方中的红日，在会展中心几十米高的交接大厅中迎着人造风哗啦啦地飘扬——回归了，香港从浑浑噩噩的梦中醒来，而这一刻就在眼前！

说是说香港回归，拨动的却是世界的心弦。从美国的奥尔·布赖特到台湾的辜振甫，今夜东方之珠的耀眼也可以理解成刺目。几千名观礼者，几千名各国政要，能进入那会场已是一种显赫身份的象征。现在，他们都将目光投向了主宾台的左排（靠左是对的），那里坐着中国代表团。这是荣耀的一刻，这是雪耻的一刻，虽然一国两制的伟大始倡者已经仙逝，但来自祖国的一二把手们仍然红光满面地端坐在那里，他们有一篇声明要念，要抑扬顿挫地念——从比，中国人民，不，应该是香港人民，就站起来啦！

其实，说来也有趣，对于香港的回归，世人心态各异：以英美为代表的西方人、以日本为代表的东方异族、台湾当局，本港新贵、大陆人民、海外留学生和华人，以及流亡的民运人士，虽都在一句"心情无比兴奋"的统一表达的外衣下扮一回民族主义的正人君子，但中国人是一个很难会流露感情真相的民族。一位来自北京的留学生在远隔万里的纽约街头对着香港电视台的采访镜头，连笑肌几乎都带点了僵硬地说："香港，你也有今天哪！"但在一旁的另一位沪籍学生则立即加以纠正，道："香港，你终于盼来了这一天！"而当晚，在旧金山唐人街庆回归的游行中打出的大字标语是："回家啰，香港！"香港太美了，美得让人羡慕那是当然的，即使遭人妒嫉也不是什么不可理解的事。香港的今天是各种天时地利人和因素的高度巧合，这不是香港的选择，而是上帝的安排。或者明天的香港会更富裕更自由更美丽，就像一个刚出嫁了的水汪汪的新妇并不见得不比她含羞滴滴的少女期更具有另一类成熟的魅力。假如香港的背后真站着上帝，诅咒以及祝愿，还都有什么用？

"我不是一个匆匆的过客，我和大家一样，是个香港人，一个永久意义上的香港人。"这是董特首在其施政报告中的一句感人的表达。这是在7月1日凌晨一时许，交接仪式完成后的一小时，在同一地点的中方执政群体的宣誓大会。特区的政要与新贵们济济一堂，意气风发，斗志昂扬，而董特首的讲话也经常被"经久不息"的掌声所打断。我将电视频道转去了他台，想看看还有没有其他有关庆回归的新闻可供选择。没有，再转回来，董首的报告还在继续："……在历史上，我们是第一次有机会来管治香港，这又是谁给的？再过两年，全世

浮生三辑 绵情昏睡

界将迎接一个千岁的新年；而中国，也将庆祝共和国成立的五十周年……"再一次的热烈鼓掌。不晓得是哪一种记忆成分的延续，对鼓掌，我经常持有一种抵触与自卫的惯性。应该说报告作得精彩且具文采，让我静静地听一回不行么？非鼓掌？我又将台转走，再转了回来："……香港繁华之下的隐忧仍然是非常强大的，然而特区政府仍会奉行自由经济与市场的不干预政策——这是香港成功的要诀……回归是一种契机，热爱中国，了解中国；政治上互解，经济上互利，信息上互通，文化上互补，生活方式意识形态上则互相尊重……"我从座位上站起身来，面对屏幕上的这位寸发花白了的特首，一股亲切感自心中涌起，这是一种搭客将安全与生命都交付一位伟大船长时的恳切与崇仰感。"信心才是最重要的，"窄框的眼镜架从他的鼻梁上垂脱下来，他专注的目光越过金属框架的上沿望着台下的听众们，"社会也必须稳定——因为我们都希望安居乐业。肃贪倡廉，我们决不会丢失香港社会这一优良的风尚；而民主，将是香港新时代的一个重要标志——"我伸出手臂，我张开了手掌，却迟疑了一刻，因为此刻的台下并无掌声传来。但我仍然一反自己的习惯而用力鼓起掌来，掌声虽然单薄，但它却代表了我自己。

　　夜已很深的时候，两个女儿都在沙发上东一倒西一歪地睡着了。妻子调低了冷气，去房间取来了毛毯分盖在她们的身上。我则仍手持电视遥控器，奔波于台与台的选择中。有一台报道的是全国各大城市的回归庆祝活动，北京之后轮到上海。这是回归倒计时的大限刚过之后的几组采访镜头，背景则是迷彩光撩眼的外滩群厦和人山人海的南京路中山东一路出口处。一个猴瘦的男人举起双拳在摄影机前欢呼道："香港回归，这是我们中国强大国力的胜利！"另一位午夜时分仍不忘戴一副时髦宽边墨镜的胖女人说："香港真漂亮，真繁华——我们的上海以前也是这样的，今后也会是那样。"而一位一老一实中规中矩地穿着一件略见褪色中山装的，说是今儿专出夜门来看回归看焰火看表演的皱面灰发的老先生则用纯沪语发表着他这样的观点："董建华是上海人，呃格是阿拉上海人格骄傲，阿拉上海对香港新时代格贡献……今后有了董先生搭桥，上海香港还有啥事体勿好商量格？"——这倒也是！

　　而另一个电视频道正转播着的却是秋风扫落叶的一幕：参加完毕交接仪式的英廷王子查里斯和末代港督彭定康及其家人正告别了雨夜赶来送行的英国侨民们准备登船离去。他们绅士风度翩翩地踱着方步，挥着手，向舷梯走去。一步二步三步，他们登梯了，彭定康突然调转脸来，向着那个灯光灿烂的城市回眸以深深的一望，眼中布满了迷惘；而他的那位金发飘逸的纤纤女儿则站在舷梯的顶端，忍不住地掩面而泣了。载着最后一批殖民主义者的不列颠尼亚号皇

浮生三辑
绵情昏睡

家邮船缓缓驶离中环码头：他们交出了权力也交出了包袱；交出了繁华也交出了困扰。一圆句号在夜色浓厚的维多利亚港的深处渐渐圈拢。

历史在这里又重起了一章。

一九九七年七月八日　于香港

浮生三辑
绵情昏睡

11. 语言的比重 ▲

比重的物理定义是：每单位立方物质所拥有的重量。这一定义同样适用于文学语言。

所以，不是说文章大部就重，小块便轻；一块再小的文篇，放在思维的掌心中，它的那种沉甸甸的重垂感，让你感受到生活，这个大主题的某一局部的分量，所谓大手笔小文章意即在此。

同样，在语言的比重上，也是铁大于木的，而金更重于铁的。棉絮般地一大坨，庞大得连手掌都托不住，但吹口气又都能飞扬了起来，这样的文字组合在当今的文化市场中，俯身竟然能拾一大筐。

语言比重的微观结构解析是：辞汇与辞汇间最精巧最缜密的镶嵌，带动着思路最精彩最润滑的转换。每一个字眼，甚至标点的选用，都对应着创作者思想的一次辉闪。满天星斗，以及由此而激发了的，对于整座银河系的辽阔联想，便是在这些读似平常思时却神奇的字形间产生的。这是因为，文字独立的本身并不存在能量，联想的能量只产生于字与字的搭配中，这与重水引爆核弹的原理相仿：假如要让文章具备承托起一座星空的气魄与力量，语言的比重是个先决条件。

常听人说有百万字的创作计划，我说，得一百字篇而能流传千载者，已算是一项伟大的文学贡献了。"万"的数量单位的引入，膨胀了体积，却缩小了比重。当然，在一个急功近利的时代，在一个连稿酬都以百字若干元计算的年头，坚持砥砺笔锋的作家已逐渐绝迹为了文坛珍稀动物。如今的文艺"繁荣"在满街满巷花花绿绿的杂志堆里，腿之林，乳之沟，有一种论调认定：与一段本身就能叫人血脉贲奋的情节相比，再美的语言不都一样显得苍白无力？

事实恰恰相反：用臃肿而贫瘠的语言来叙述一大截跌宕起伏的离奇情节的效应，恰似让你面对一位蹩脚的吹牛者，听众失去耐性，这是件迟早的事。而以最传神的语言来点触某个你最熟悉的生活细节，反倒会在你心底猛然惊醒一连串的生活记忆。图像、声音、色彩，其实，你也并不缺乏所有这一切，一旦联想成一幅有声有色的心理画面，感动，便会自你的内心升起。

当然，语言比重度的增加，并不能单靠精简句式间的字眼来获得。这是一种误解：古代经典与现代文学，长篇巨构与短思简辨，各有精彩，各具功能。将一段千字文精裁成百字的，这不是个斩文砍句的"物理"手术过程，而是个彻改思轨，重斟辞汇，再组句式的"化学"反应结果。对于同一主题的描绘，语言的切入角度构成了作家优劣标准的最佳区分指数。一个劣质写作者斯望仿冒文学大家的写作风格之所以没可能成功，首先就是在他们天渊之别的语言比重之中透露出来的——就像泼墨宣纸成不了张大千一样。

传神，其实也就是那么一两个字眼，能从辞海的浩瀚之中垂钓上来，精确对应你思考版图中的某个亮点，已经很不容易，还必须将它们不留痕迹，不动声色地融合到一片语言铺垫的背景与氛围之中，便更是难上加难了。这不是件偶得灵感，便能一蹴而就的事儿，而是个坚韧不拔的作家，在历经了多少年跋山涉水的语言长征后，必将、必会、也必能抵达的境界。对于每一句写下的语言的把握度，他都要建立起一个稳定的自信，他的思维剔除着一切不合他比重标准的语言杂质——尽管它们其实可能已经很优秀——进而再夜以继日地苦思冥想，努力寻找到一句更精妙，更准确，但又不至于重复了过往自己已使用过了的，表达替代。这是个揪心揪魂的思路探索过程，却更磨亮磨锐了他语言的斧锋。在完成也完美了一篇文章的同时，他日后创作的大厦上也因而垫多了一块永不会再被移去的功底的基砖——作家语言的精彩度，便是靠这么一步一脚印的，走完其万里长征的。而构成一个成功作家要素之一的独特的语言风格，也便在其中渐渐成型了。

一九九七年十二月二十六日　于上海

12. 学会宽容 ▲

　　一提起宽容，就会让人联想到一位须发苍苍的哲者，正胸有成竹地吸着他的那把油黑乌亮的烟斗。透过朦朦胧胧的喷雾，能见到他的一种笑，一种大彻大悟者的笑；他睿智的眼睛似乎能洞察一切：你的爱你的恨你的心你的魂，你深藏而又不齿于口的种种，种种。他没说，但他在说：一切，真有必要那么认真吗？

　　这便是宽容的境界了，宽容者的那颗，始终充满了幽默感的心。人能对两只好斗的公鸡，两只因争食而打翻瓦罐的小花狗，显示理所当然的宽容，人却宽容不了人。这是因为我们都不是上帝，不是那位在圣保罗大教堂的十字架上，背景是七彩拱窗的圣人。两千年来，始终坚持同一种痛苦的神情，滴血，只是为了洗刷他人的罪故。人，往往对刚够被他智商目光透视的伎俩反应最强烈，就像幼稚园仰望小学，小学仰望中学，中学仰望大学，大学仰望教授。天狼星太远，悬挂天际，青光幽幽；一轮明月才是你境界中的现实——有时，满腹经纶对于只好奇于一只电子玩具的孩子，反而显得束手无策。所谓哲人的导师是儿童，有趣的是，愈大智大慧者反而愈能发现隐藏于童稚之中哲理的原汁原味：这是生命的循环，智慧的循环，也是宽容的循环。

　　能宽容，一半是先天的本性，另一半是后天的修炼。所谓"学"，其实只是一种辞汇采用上的故意存误。一如"躲避高尚"与"告别革命"之中的"躲避"以及"告别"，每当大势所趋，现实无奈到了除了摇头与冷笑外，你再也做不了什么时，适应便成了唯一的选择。因为就某种意义而言，真理是一种安命、理解、有时也带点儿被迫的意思。而长期的被迫，反倒最终成为了一种自然，且"自然"到来了那一天，当真实以及真理又重新降临时，反倒令你别扭了起来。比如说那些人，想想也着实不易：攒得一把胡子，才换来一本薄薄的银行存折，熬得一头灰发，才混了个带"局"字号的官位，能不珍惜？能不暗自欣喜？但如何钱权交换，如何策划老年，如何安排子女，如何能在年龄越境后，继续保证有车用，这虽都是些微不足挂齿的人生话题，却都成了一件、两件、三件……吊在了你腿膀之上的，大小重量不等的生存砝码，成了让你再无法脱离世俗地心力，而潇洒起来的种种负荷。

　　理解，有时就得自这种角度。

　　退一步已经海阔天空了，假如退两步呢——不因为什么，只因为我们生活在二十世纪末的中国，生活在一个凡事都至少要退两步来想一想的时代。走在街上，刚准备蹀过马路，就被一辆偷步交通灯转换的单车撞个正着："哎哟！你……?"正打算责骂对方，谁知道他的怒气比你更盛："拣死也不拣个地方——你瞎了眼不是?！"

"喂，兄弟！是你撞上我了，怎么反倒——?"

"撞？撞你又怎么啦？放着这么多豪华房车都不撞，偏拣我这破车？告诉你，老子如今下了岗，下岗工人踏脚踏车：横竖横——听见过没有?"

你胀红了的脸一下子褪色了，你紧绷的肌肉也为了一句自嘲的笑放松。升官没门，贪污没路，腐化没胆，难道还不允许人家心理平衡的天秤偶尔有一次剧烈的晃荡？这年头，乔扮高尚，伸张正义，是人人于随时都有资格拥有的一份，慷慨激昂的演出权。

宽容，就这么地不期而至了，可见学不学其实也都无所谓：能宽容的不学也会，不能的，怎么学也学不会。宽容原是一种感觉感情与感受的升华，互解频率上恰到好处的共振；宽容的获得，最怕理解角度的扭曲，这有点儿像歪了脖子使力气，伤筋扭腱于顷刻间，疗伤倒往往需时绵长。

能让这么一种心态来包容的世界，必定是美好的、幽默的、有趣的，充满了互解的阳光，以及处处都能让你找到理由忍不住笑出声来的世界。又比如，你在一位心胸狭隘的为官的手下打杂已多年，却总也得不到应有的报酬与升职。其实，对方也有对方说不出口的潜台词：压住他！压住那个不知天高地厚的毛头小子！知不知道老子爬上这张座位所耗去的精神、笑脸、手段究竟有几箩筐？以及失神的昼失眠的夜，以及不知寒的冬不知热的暑——压住他！压住那个不知天高地厚的毛头小子！除非……（当然，接着的那"嘿嘿"两声冷笑，就只能留在了说话者心的最深处）。面临这种形势时的你，就千万不宜去与他斤斤计较，甚至针锋相对，理解后的心态应该变奏成：媳妇熬成婆时比婆更婆。当年的右派很多都长成为了今日坚定的左派，而今日最激昂的右派，却又是当年最虔诚的左派们转化而来。如此现实，还不能对当下的很多人事物作出深刻的诠释？

世事难料，骗人是因为自己曾痛苦且深刻地上当受骗过的缘故。而人，有时是不得不为自己的将来留点儿相反的理据余地的。于是，宽容便显得更重要了起来。这是一种一了百了的境界的不断攀升，欺骗与被骗，感激与愤怒，顺从与反抗，总有一日，都会成了在它瞭望制高点上的一览众山小。

这年头，因此，提倡宽容，有时反而比提倡一些不着边际的"主义"或"旋律"什么的，或者更具有实用意义——难道不是么？

一九九八年四月于上海

13. 另一场战争 ▲

—— 政经大随笔之一

一

世纪末。二十世纪末。一切圣经、预言、先知都说难免一场大战的二十世纪末。正当小心翼翼，一步一惊心的政治家们将目光聚焦在中东、巴格达和克罗地亚之时，正当诚惶诚恐的世人抬头仰望飞碟，低头微观艾滋病毒的时候，大战突然爆发，爆发在一个出人意料的时刻和地区：1997年7月的东南亚。然而，这并不是一场炸弹、硝烟以及蘑菇云的战争，而是一场资讯、电脑与金融的包抄，对垒和厮杀的攻坚战。轻轻松松，舒舒服服，斯斯文文。战争发动者们在电脑屏幕前观察，分析和追踪了多年，终于定下了攒紧五指重拳出击的那一刻。他们的短期战术是：泰山压顶，速战速决。他们的中期目标是：掠取巨资，合理合法；他们的长期战略则着眼于天边的那条再清晰不过的地平线：摧毁——至少也要拖缓亚洲以及中国在二十一世纪首十年间的崛起速度。

没有人会、没有人敢、也没有人肯、承认这一点——至少在今天。在这个文明已高度进化而德操与公理已深入人心的时代，一旦公开，这将成为一桩遭全球传媒炮火合力平毁的阴谋，任何权势者也逃脱不了火葬其中，灰飞烟灭的命运。但战争还是爆发了，且速来速去，骤聚骤散。被打击者们尽管满腹狐疑，但还不得不在措手不及与晕头转向之中跪地乞饶，打击者们自然必须扮出一副同情、公正与慈者的面容。一切就像是做了场梦，雷霆不及掩耳的假戏真做或真戏假演：亚洲诸国累积了几乎二十年的财富于瞬刻间化作了瓶底的一层薄液（据说这是泡沫消失后的正常状态），而且也未必再能在将来十年之内得以元气恢复。万事不一定能够也不一定需要揭穿谜底，结局便是最好的注解。历史的一次潮汐往往需时百年，水落石出或者总有一日，但那要等到五十年后的某一天，当一切已事过境迁星移斗转物改人换之后。就如今日的我们在教科书上读到第一次世界大战的背景以及成因，阴谋到了那时也就无所谓再是阴谋了。

没有条文规定说所谓"战争"就必定要具备某某形态。斩首砍头，刀光剑影在中世纪，炮舰政策时兴于十九世纪，囚禁、流放以及文字狱是二十世纪的特色，为什么二十一世纪的战争就一定不可以舒舒服服在空调间里，彼此看着灰色跳跃的电脑屏幕像对弈棋盘般地进行？

而索罗斯就是他们之中肩垂金边红流苏的传奇式的将领，当他在屏幕前调动、集结、指挥着资金的千军万马时，他有哪一点会输于巴顿、麦卡索和隆美尔？

之所以说他仅是位将军，因为全盘的战争自始于那些面目模糊的决策者，他们躲在云里雾里，躲在另一个星球上操作这一切。一场金融风暴，是的，除了以"金融"以及"风暴"来命名外，还能称作为什么？没消灭任何社会硬件（包括人命与财物），偌大的一家银行，一家跨国公司，一家外汇交易市场，块砖不少，根梁不缺，改换的只是它们的姓属。这，才是一场真正的战争呢，一场非常高明的战争。为了占领一座城池就得先炸毁它——就如当年的柏林与东京？不，这决不是索罗斯们奉行的战事宗旨，硬件已不再重要，如今谁还会掠地蓄奴？改变财富的姓氏与拥属地位才是最根本的——而这，难道不可能会是下世纪战争的某类特定形态？

新一个世纪的某种存在的曙光往往会通过上个世纪末的一扇没掩盖好的窗洞之中预先透露出来。很难想象的是：在这政治世纪与经济世纪的交接口上，绝对没有任何政治能量与背景支持的索罗斯能单凭手中掌握的千亿美金的基金以及一颗所谓"唯利是图"的勃勃野心便能将拥有一整套健全国家机器的亚洲政府挨个击倒。或者授意或者暗示或者默契——反正在今天，我们见到的只可能是在台前的聚光灯下表演的索罗斯。

二

继日本二十世纪六十年代末经济崛起后，七十年代有四小龙，八十年代有新四小龙，而更令人震惊的是：从八十年代末期起，中国，这条拥有了九百六十万平方公里领土和十三亿全球最大人口市场，沉睡千年的巨龙也被吵醒了，它开始游移，搅动起来。这是一条自龙首至龙尾的一周曲动都可能需时十数年的庞然大物，然而，愈缓慢的必然是愈坚固的愈可怕的愈难撼动的因而也是愈不易被战胜的——到有一日，待她睁开如炬般的双目，五爪起舞，凌空腾跃时，一切，又会是何种局面？

不是没有人想不到这一点。

然而，亚洲仍是极具吸引力的，她生机处处，她刚被启蒙了的商业觉悟一年一截刻度地往上成长，她成了全球最富于机遇的区域。一时间，"亚洲世纪"

浮生三辑 绵情昏睡

的呼声甚嚣尘上，二十一世纪鹿死谁手，成了西方政治家们最难言的隐痛和心病。

但商人们还是十分现实的，坐拥巨资的他们在宽敞、明亮、现代化的办公室中每时每刻想到的主题便是利润！利润！利润！他们之中的不少人毅然抛弃已老化了市场的欧美而去，向着正环流着新鲜商血的亚洲移动。他们带去了资金和技术的同时也带去了西方的价值观，民主思潮以及管理理念，而问题恰恰就在这里产生。

亚洲经济急剧市场化，西方的繁华与物质文明令人向往无限。这是一个落后的地区以及民族在一旦认识有自来水可以代替井水，电灯可以代替油灯时的一哄而上。但他们勤奋，他们刻苦，他们节俭，他们肯干一切西方绅士淑女们不肯干的活儿。财富迅速在他们手中累积，于是，便成了一种无法逆转的趋势。

财富是一回事，社会结构是一回事，根深蒂固的亚洲价值观与民主认同又是另一回事。资本社会的繁华套餐组合为其自由经济自由政治自由资讯自由思维以及自由表达，只取其一而舍其他的结果是经济基础与上层构筑的严重错落，资本运作与思想体系的深刻矛盾以及由此而衍生出来的各种社会腐败症。违反此套餐组合定律的国家、地区与民族必遭惩罚：至少在完全师从于西方的金融行业中，最能发现徒弟在连串形似成熟的动作之中露出致命破绽的恰是师傅他自己。金融，这是最宏观的市场经济，或者说，是市场经济的最宏观，是与政治结合最紧密的那扣经济环节，以此入手，扑杀力必能达到极大值，大到如何？大到能涵盖全部的社会生产成果，在它面前，一螺丝一铆钉的硬件累积已显得无所谓其存在。

于是，在这次战争决策者们的电脑监视屏上，亚洲金融曲线的波动与流向早已被长期地追踪、观察和提炼成了具有科学说服力的连串数据。就如当年军用地图上的诺曼底与仁川，重重而又粗粗的红笔其实早已把它们圈定为了二处将会永载史册之地。登陆包抄战的将领们的最高享受是静静地抽着烟斗，透过喷雾凝视着，想象着。地图上的几个黑点代表着若干头已十拿九稳将成为他们囊中的猎物，黑点呈放大形地奔流进他们的瞳仁中，他们能见到敌人的庞大军团在溃败时的自相践踏，震天的惨叫令他们兴奋，令他们血脉澎湃，他们知道一切都会在他们的预期之中！他们会不由自主地攥紧拳头向着壁挂在墙上的军用地图捶去："——这是给他们以一顿好教训的时候啦！"

教训？是的，除了教训还能称作是什么？梯级是被害人自己为入侵者们垫铺好了的，事到如今，即使是最不怀好意的"教训"也不能不称为是教训。

三

此种快感就如一位西方金融炒家在完成了对于泰铢狙击战和扑杀役的事后回味的那般："我们就像蹲伏在山岭上俯瞰鹿群的豺狼，泰国简直让我们难以自制……"这种冲动卑鄙吗？他接着说："不，我们猎杀的是鹿群中的病弱分子，我们维持了鹿群的健康存在。"

这没什么特别，因为每一个战争发动者都可以为自己找到一个冠冕堂皇的出征借口——真正的动机只能藏在背后。或者可以说，借口与动机互为表里，动机的存在以及合理就是因为借口的合理以及存在。

这次大战的启动借口是：为了撤除亚洲的经济泡沫。

所谓泡沫经济，这是指繁荣的一个虚假面，是繁荣在成长时从社会镜面中照到的一个虚幻的自己，并误以为自己真正扩张为了两倍的一种危险的沾沾自喜。这是近几十年来的工业革命所带来的经济高速增长后的世纪病，反映在高通胀高收入高消费等各种名不符实的经济表症上。类似现象欧美社会也一样经历过。当索罗斯们还是个金融营帐中的行伍或低级军官时，美国就正在经受此种痛苦折磨，且不惜以高息高失业率巨额财政赤字以及经济负增长的电疗与化疗法来对付这种金融血癌病。一时间，西方社会元气伤极，股楼市值严重失血；在此重手术的打击下，倒闭破产者无数，风声鹤唳，哀鸿遍野。今天，当这同样的厄运降临到什么发展都要比西方慢半至一拍的亚洲时，曾是病人的他们竟有资格充当起医生来，掂着掌中的手术刀，残忍而奸猾地笑道："嘿嘿，怎么样？要不要让我来替你……嗯？"

其实，一切都不是什么不正常的、可怕的，就如霍金关于宇宙膨胀之后必然会收缩的理论一样，只有经历换季不断的社会和人类才能永存不息。前苏联政府以一卢布比兑二美元的日子"稳定"了八十年，而中国也不是没有过"形势一片大好，而且愈来愈好"的人气高涨的记忆。但结果呢？真相面纱一旦揭开，所有的被压制因素都会弹跳出来，待释放尽它们累积的能量后才肯罢休。眼下亚洲的情势就有一种 MINI（袖珍）型的类似，没有质别只有量差。

然而，有一些因素的进展、演变与突破却是悄悄的，潜移默化的，不在反观反思和反省时不可能真相大白的。这便是金融格局的全球化；电脑科技从量变到质变的过程化；情报，资讯与数据的资产化；资金的流向，集中与潭积的深不可测以及纯政治向纯经济格局的转化及其边缘模糊之灰色地带的概念化和定位化。专职从事金融投机的大鳄们完全可以利用其手中的软（资讯）硬（资

浮生三辑 绵情昏睡

金）两件的配合在股汇市场获取天文数字的暴利。这种不受，也无法接受政府监管的政经边缘行为，不但使基金对抗政府，经济狙击政治在这世纪临末的日子里变为可能，而且也将对二十一世纪人类以及社会的演变方向产生巨大的，不可预知的正、背、侧面的推动或者冲击。（其实，冲击不也是另一类推动？）

于是，大手术便开始了。被股、汇、政、经、金几条粗绳扎扎实实捆绑在手术台上的亚洲各国政府只能在没有任何麻醉剂实施的前提之下，眼睁睁地看着明晃晃的手术刀向她们恐怖逼来。任人宰割？——当然，正因为有了向泡沫经济宣战，这种所谓"替天行道"的严正借口后，才有了这场顺理推章的风暴。但手术一旦开始，血肉模糊之间，有谁还能分清割去的是好肉还是毒瘤？事实是：在撤除泡沫的同时，抽吸而去的更有泡沫底下的丰富液体。在泰、马、新、台、菲、印尼货币的高速贬值潮中，金融投机家们赚取的是东南亚各国在此一二十年间巨大的财富积累；当泡沫渐渐消退而化为乌有时，人们才发觉，原来液体的很大一部分也通过几种既定渠道流向了美欧股汇市场，美股狂涨，美元暴升（相对于东亚货币）便可见一斑。而这种里面兼顾、利名双全、模棱两可了职责与权益的操作法正是大战发动者们在事先反复斟酌与权衡过的事。如今，一切已经打开，当升空的火箭正按照预定的轨道运行正常时，唯一剩下要做的作业便是将分明是非这种判断上的无谓推向一个极为朦胧的界定领域。

四

这一切的发生之所以在临近二十世纪末的日子中变为可能的一个重大原因是国际政治生态的破坏。

假如我们消灭麻雀，害虫便会泛滥；假如我们灭绝害虫，麻雀这种地球生物也会因之而自动绝种。而假如，麻雀和害虫统统被消灭，一种更大的，未可预知的生态失衡现象会带来比害虫吃谷麻雀吃虫更可怕的生存负效应。麻雀与虫类的害益与否，只是根据人类的喜恶与利益而制定出来的狭隘定义，在上帝的眼中，在地球生态平衡的大格局之中，它们都并无褒贬之分。

上述原理也同样适用于苏联帝国及其东欧附属体系在突然的历史一刻解析之后。

对于一种物质在突然消失之后的巨大真空的填充往往会促发强大的对流冲击，这是一种尚未定性定型定态定量定位和定秩的排列组合的由头来过。共产与资本在意识形态上的两大主流之对立，在冷战时代结束后的世界格局中将会被种族、宗教、文化、传统以及地域性经济利益等多种板块的互相冲击而释放出的能量所分散所替代。而此回的亚洲金融战正是那末项因素脱颖不同的意识形态层面而出，捆绑同区域内的不同国家以及民族为同一命运而战的最现实最鲜明最典型的例子。

凡事都应、其实也都必须，有个监管。追溯每一段独裁历史的成因都能把你引向同一源头。那便是民众对其社会前任的深刻怨恨。同是一片溅血残壁，将布尔什维克在地下室秘密射杀沙皇尼古拉二世全家的血腥一幕剪辑叠化为罗马尼亚反抗力量以同样理由以及仇恨处决齐奥塞斯库夫妇的另一幕，这整整八十年的周期说明了什么？

一个民族利用国会、议会、上下参众议院来制衡其现政府，这是西方发达工业国们的成功经验，也是他们引以为骄傲的民主商标。但在国际生态一旦失衡了的那个哪怕是再短暂的真空期，连联合国，这样的世界各民族叽叽喳喳论是论非的讲坛也都被统一成为同一个声音时，一切会不会又向着另一个极端滚去？

再美好的事物，再善良的人们，再优秀的制度，也都少不了一对不属于他（或他们）自己的，永远在挑剔其不足与短处的眼睛。

再说回亚洲，说回金融风暴，说回这另一场战争。

从军事占领（炮舰——殖民政策）到政治割立（冷战对峙）到宏观经济攫取（金融风暴）这是自十九到二十一世纪文明社会演变的阶段性特征。就像是穿了远落后于时尚的衣着招摇过市，中东、车臣、克罗地亚、科索沃、伊拉克入侵科威特以及台海飞弹演习，仍停留在军事恫吓武力打压思维层次上的政治团体以及政府必会引来一片国际舆论嗡嗡嘲讽和围攻的原因就在于此。其实，所谓豪取巧夺，一样笑眯眯地从你手中接盘过去、还可以聆听你一声道谢的岂不比胀粗脖子憋红了脸，双目瞪圆握拳待侧的风度要雅观多了？暂且假设人的贪婪本性在可以预见的几个世纪内还不至于会被改造好的话，这只能算是一种抢掠手段上的进化。有一天，待到西资再次东渡，注资、收购或贷款给你正濒临倒闭的企业，而你又感激涕零地向来者拱揖谢恩时，他可能会面带笑意地告诉你说："其实，这钱还不是你自己的？"

在这从二十世纪到二十一世纪的节骨眼上，在这政治世纪向经济世纪转化的微妙当口，有时，经济难题的解答还得，或者说，非得依靠政治公式。亚金风暴的最后一役，对于日元币值狂泻的止制便是中美日政府在会诊之后开出的一帖泛政治化了的医疗处方。经济巨人政治矮子的日本与将此比例恰好颠倒了的中国在某些方面的难言之隐是有着质异而值等之特点的，面对西方政经巨人美国，共同的地域利益已将她们捆绑为同一命运。当好饭都吃不上一碗时，中国政府一贯强调的所谓吃饱饭便是我国人权的基准于一刻之间突然变得可圈可点起来。

五

有一个日期的巧合也曾引发过人们的联想与推测：1997年7月2日，香港回归大典结束后的不足二十四小时，亚洲金融登陆战便在曼谷拉开了序幕——索罗斯领导的量子基金会成功攻占滩头阵地。

很多人说其中必有暗联，但也有不少人说：未必。我想，问题的提出与理解或者可以自一个反证的角度。

既然是为着争夺二十一世纪的世界掌舵权，这样宏大的战略目标，小小的香港恩仇应该不会成为形势的左右力量。然而，即使再没有耐性，曼谷登陆役的打响都一定要等到英国完全自香港的政治舞台上撤退下来之后——倒不是说，英国就必定是此场战事的实质合伙人；反正，此战决策者与英国政府的关系断然是密切的，因此他们便不会也不可能让他们的同盟者被动与难堪以及像湿手抓了干面粉一般地想甩都甩不掉的某只政治包袱。他们互通信息互换情报互切互磋互商互量，就如当年盟军联合指挥部中运作的有机以及有效，他们的合作不是刚从今日开始，他们的合作是有传统的，而在这点上的明白度就像灯泡必定是配在灯座上一样的显然。

时机的选择，怎么样，都留下了作案者逃遁后的蛛丝马迹。而英国在香港问题上的战术则是后发制人。

当她还在台上，她全身通亮地暴露在射灯下。隐没于黑暗观众席中射向她的每一支暗箭，发出的每一尖嘘声，她都一一记录在案。她在忍受，她知道，她的报复时间表应该定在她从舞台上撤退下来之后。政治家们的胸襟是最狭窄也是最宽容的。意气用事这句成语在他们的辞典中找不到。为了利益，他们能与其最切齿者很绅士地握手言欢，谈友谊谈合作谈下一个世纪的战略伙伴关系，但他们却可以同时牢记你的哪怕曾经只是一个轻蔑的眼神——这是英国的政治传统、外交风格，也是这位老牌殖民者通过时间告诉你我的一个又一个的他们的心态故事。

一百五十四年了，在这殖民政策早已过了时的二十世纪末，英政府的唯一希望就是能光荣光彩光辉地自她最后的，也是她管治最出色的一块殖民地——香港完成撤退行动。她希望历史能这样地记下一笔，世界能这样地见证一次，香港民众能永远地缅怀这段在她统治之下的辉煌岁月。

浮生三辑
绵情昏睡

为了这项最高目标，末代港督彭定康上任了。他不是来挪款，不是来安插，更不是来运走繁华的。他窃笑在某些中共官员指责他企图搞乱香港，要将香港丰厚的外汇储备偷偷运回英国祖家去时。在他的主持之下，一连串与中国当局的谈判展开了：新机场，外汇留存，社会福利资源，直选和全面政改方案。虽说跌宕起伏，但最终都能归于个圆满的结局。圆满，并不表示什么，因为在当时，只有"圆满"才是合符双方最大利益的。而彭定康、卫奕信、柯利达和何维等英政客之间有关谈判策略的矛盾并不存在有根本的目标冲突，它们只是些手法采用上的分歧而已。他们总会站回到同一条阵线上去的，就像在今时今日，当撤退任务完成，当已有人替身于他们站立到射灯下去之后，恰如当年的敦克尔克大撤退，三十多万英军从法国安然回到本土，撤退为了摆脱被动，撤退为了争取主动；丘吉尔将之称作为了"世纪伟事"和"拯救奇迹"。

现在，他们再一次地自在了，当一位他国将领索罗斯在亚洲打响了"金融诺曼底"之役的第一枪后，他们便可以悄悄儿地出手。

他们借凭的优势是对于香港社会全盘运作的了如指掌——就算香港全身披盔，但总会有那一二处被刺中后可能致命的部位，对此要害的精确把握，除了他们还有谁？他们曾把香港从一疏傍海的渔村发展成为一个经济奇迹，一个令全世界都为之惊讶得而作掩口状的繁华的国际大都会——他们怎可能不理解不清楚不明白？而他们又怎么可能会完全心甘情愿将这么一颗光彩夺目的东方明珠毫无代价地奉还给她的那位几乎从未负担过她任何成长成本的亲生父母？她知道，香港的成功就在于她全部窗户门扇都被打开了的自由经济的运作，而香港的不易操纵以及难于管理也正在于此。没枪没炮没原子弹，这么个弹丸之地，香港之所以能安全能繁荣能世界瞩目靠的就是那么一套她的前任统治者为她度身定制的，只适合香港特殊地理位置、历史背景与传统的社会制度。香港每次挣脱捆绑的技巧不在于她声嘶力竭砍链断绳的硬功，而是全身关节都能松动全体骨骼都可以变形的柔术，捆绑之链仍旧形不改分毫地卸落在原地，而香港，却已再度获得了自由！如此技巧一个单靠凑合而成的政府与立法机构能否在短期内掌握？她再也不需要花费更多的口舌来与你争辩所谓民主、自由资讯以及直选对香港将来的重要性了，她绝对清楚，一场十二级飓风的亚金风暴能代替她说明些什么？

所有这一切都预料在已顺利完成了撤退大行动的英殖民者的视野中；他们已作了最好与最坏的布置，最高与最低的评估，最近与最远的打算，从这点着眼，老实说，特区政府能将危机化解到如此水平其实已属高分。

六

但无论如何，他们期望的底线已经达到：香港经济负增长，失业率骤升，楼股市崩溃，银根紧绌，信贷空前收缩，社会负资产阶级层面迅速扩大，金融社会动荡不安，几十年来，真还没有过如此"可观"的规模。在"一国两制"承诺保障之下的香港地区，资讯与言论继续保持高度自由，他们对此表示"满意"，全世界也因而对此表示"满意"。然而，就是为了这两个悦耳的字眼，特区政府付出的代价沉重。一次又一次的民意调查显示了：董特首的威信跌入谷底，而对殖民时代的怀念却攀上峰顶——人民很现实，谁能为他们带来繁荣、财富与安定的，他们便拥戴谁。"长江黄河"之类的爱国情怀那是要在他们的物质利益全然不曾受损的前提之下才能被唤起的一种歌咏冲动，而他们更拒绝反思说，高地价高工资高消费高经济增长率原是港英当局在十多年前就开始埋下此次祸根的雷管。

难道你不认为，已撤退了的英殖民者也懂得这所有一切？

彭定康目前在他潜心撰写《香江岁月回忆录》的法国农庄中透过其发言人表示他打算秋临香江后再度访港。他念念不忘中环嘈杂有趣的街市和鳞次栉比的古董铺，肥到流油的北京填鸭和馋到叫人淌口水的蒸笼虾饺；他说，他只能为自己的幸运而暗按胸口暗叫好彩——风暴至少没在他的任期内发生，但他理解特区政府面对的压力，这确实不是一件易为的事儿。

除了说这些，他还能说什么，假如他对一切都了解，或者也并不了解？

而陈方安生女士在美国对着传媒镜头的表态则是：要让我（以及我的不少同僚）完全放弃英式生活和管理理念就如当年要我们彻底放弃做一个中国人的信念一样地不可能——这是她合情合理合时合品的表态。

风暴的另一项副产品是：素来政治敏感经济低能的港产左派们开始失宠失势失利和失望。而与此同时，旧公务员高层中的铁杆亲英分子又开始了他们满面春风的日子——这是某种季节重临之时的症候。至少来说，担心这些人迟早要被清除出伍的时间表已不得不无限期地向后推延，或者甚至永远也无法再能执行，至少在五十年不变的期限内。这令英国政坛松下一口气来：英资企业在整体香港经济中仍有极大的占有率，他们是万万少不了几位在政府中的代言人的。

香港经济转型，这是前多少年的港府已体认到的现实；然而，有些严峻的事实却是透过此次危机才真正被端放到台面上来的。作为一个金融外汇市场彻底开放，资金出入绝对自由的弹丸之地香港，她得于此失于此，成于此，败，当然也于此。这套英国人在几十年之前设立的框架与现代国际金融格局正发生着极大的对位上的矛盾，但前港英政府却懒得去采取一些及时措施去将其齿位校正，事实上，这恰好是神不知鬼不觉埋下的一条绝妙伏笔。在这单以一个美国的机构投资基金已拥有近十三亿美金，而可随时动用的对冲基金已高达三千亿美金的时代，各国政府的几佰，即使是上了千亿的外汇储备还能对整体国民经济起到多少保护罩作用？更不用说是一个完全剔除了政治因素和行政杠杆作用的地区，如香港。所谓外汇储备，在现代世界，其实已沦为一帖国民的心理安慰剂，没有一个国家可能在没有任何政治能量炮火的支援下，而单以其纯储备于一个非常时期来抵消一切内外债务，从而取得一个连谁都不需睬不需理不需求的超然地位的——闭关自守，那已是前个世纪的事了。

因此，假如港币现一刻就与美金脱钩对于香港经济造成的打击之所以会是灭顶性的原因是：香港以往的种种金融张力都匿藏在7.8:1的表层之下，这与一贯奉行自动浮汇的国家不同——政治曾令你得益的，总有一天，政治仍要伸出手来连本带息向你索回去。

早有人想到和料到所有这些，只是当香港吃了大亏从噩梦中惊醒时，一切都已成了明日黄花。

但不管怎么说，搞垮香港仍然，也绝对不会，是某些别有用心者们的最终目的，他们说他们仍爱护着香港，关心着香港，注视着香港，祝福着香港。他们采取的方式很绅士很含蓄很理性很"费厄泼赖"（Fair play）很旁观型也很第三者化，他们绝对避免与港英当局"针锋相对"时的那种气急败坏的腔势。他们只想透过危机，透过传媒，透过舆论，透过某种政治之外的软性手段来规逼香港走上一条他们心目中的民主之途。比方说此次香港立法局直选——此次有人只强调它高投票率，有人则强调它民主派胜利的立局大选——就是一次在经济暴风雨中的政治摆渡，争舵与合作兼而有之。

1998年7月2日（巧合：恰恰与量子基金会登陆曼谷狙击泰铢相差了一年的同一个日子）跨时代跨纪元跨政权的香港赤腊角新机场剪彩启动。这项被誉为打破了若干香港市政建设以及世界航空站史记录的宏伟工程在它还未正式受理启航客运之前，便率先送去和迎来了当今世间两个政治超级大国的元首座驾的起飞以及着陆。香港问题的较量实际是两大利益集团之间政治与外交角力的重要一环，一升一降一前一后抵步的两位大人物已将此哑谜作了一回生动的点题。

七

一切都很像是冲着因改革开放的实施而迅速崛起的中国而来的。

因为，随综合国力指标同时上升的更有她愈来愈暴露出来的，足以让人们攻击的弊端的指标。

因为，这场经济大战的最终受力支点是中国——这个亚洲经济势力最大、最强、也是最终极的堡垒。而最可能间接导致后果是：其政权可能因经济失控而垮台，经济则因金融的崩溃而率先溃散。

当然，最终证明了结果是：一切并不是如想象之中那么地不堪一击。

首先，前苏联是前苏联，现中国是现中国。不能等同的原因是：历史背景、文化传统、民族个性、宗教、哲学体系与社会开放的时间表均存有很大的差异。人民币能坚挺住，这是十分出人意料的；这说明：中国政府对于广泛分布在中国国土上的权力与民心的控制仍牢牢在握。理财的精明更远不如预料之中那般差劲，在全面打开大门的同时，她始终没忘了留一手。而老一代江山缔造者们的所谓"亡我之心不死"的遗训更一直悬疑为了一种新一代领导人在改革、摸索与推进之中的步步为营的谨慎——这一切的一切，千钧一发之际倒真还产生了想不到的，神奇的急救功用。

就像手推石球，眼观之时是一回事，掌及之刻才能感觉到静止着的石球的重量与内质。其实，这已是一场十足的战场上的短兵相接了。于是，掌及石球的推球者们便当机立断地改变了姿态——这种政治家的机智与无耻，古今中外并不罕见——他们微笑着，改而抚摸着石球说，他们并不是想推滚它，而是觉得它可爱新奇得令人不能不产生出一种抚摸它的冲动。他们开始称赞起中国和香港的币值坚守政策的英明，了不起，卓有远见以及对整体亚洲金融免受进一步冲击的防波堤作用。（除了称赞，他们还能找到什么更好的掩饰借口？）与此同时，美国以及西方诸政府也都纷纷伸出援手，在这全球金融趋于一体化的今天，一则，可以及时阻止这场他们挑起的大火不要最终也烧及了自己的须眉，再说，万事都有个适可而止，戏演过了火也就不成为戏啦。

当然，神会了的中国也就将计就计地欣然接受了他们所抛掷过来的微笑与褒辞的彩球。因为人民币的不可能贬值（至少在一段可视见的将来）更多是出于政治与政权的考量而非经济原因，而能在此金融风暴袭来时坚守阵地，为国际社会勇承担责恰好又为中国第三代领导人提供了一个绝佳的契机。

经济的寒暑表量度出的是政治的气温。

其实，通过一场"实战"演习而暴露出来的隐患和庞大的匿藏数据群已足够令各个参战的方面军细细判研上它个好多年。总之，在这些二十一世纪就迫近于眼前的日子中，经济将逐步替代一切他因而成为这个世界主宰的最重要的实力指标——这已不可动摇为了一种确定确立以及确信，于是，打开贸易壁垒、金融壁垒、市场壁垒便成了所有具有超前目光与意识的西方政治人物向着世界他国天天月月年年的广播喊话。再不需将一个个国民的个体远涉重洋地自祖土"殖"往某一处不属其国土的地域，如今的殖民只是"殖资"的一种形式变奏。试想在"大战"中几乎成为经济废墟的亚洲各国除了全盘接受西方列强的各种带强制性的"殖资"计划外还能有什么别他选择？通过文明潇洒的现代金融手段掠夺他国他族的财富将愈来愈成为一条公认的国际法则，一种二十一世纪的时髦思维。

或者是趋势，是一种新科技新观念新体系新制度新理论互相促发、协进、调节和整合后的世界格局的必然模式成型，但至少于今时今日今一刻，一个庞大（包括人口与国疆），有着根深蒂固传统势力如中国的大国在一夜或几夜之间就将国门国窗都敞开于毫无政治大气层保护之下的做法绝不会是明智的——不仅对中国和中国人，而且对于世界各国以及全人类。因为渐进，虽需付出时间与耐性的代价，但可换来稳健与相对安定的结果。中国人必须时刻谨记在心的一条用粗黑字体书写而成的二十世纪的大事录是：曾以韧力与柔术，不动一枪一弹，于数周之内就崩溃了整座苏联共产体系的西方政治家们的智慧核潜能究竟有多强大？

民众效应往往带有极大的盲目与盲动性，当历史反观时的清醒足以令后人觉悟到当时荒唐的极端以及不可理喻，但我们之中的很多人就是那个时代的过来人，除了极少数清醒者外，你不妨问一问你自己，当时的你投入的真诚度又有多少？今天，当一切都成为过眼云烟，卡拉OK、夜总会、衣着稀薄，随时准备为你提供某种服务的款款女郎给你带来的是另一种繁华，另一种向往，另一种价值观。民众效应再一次被煽起，在这政治号召力一面倒的时刻，有识之士的思索主题恰恰应该是它们的反面，因为，铸成大错和巨悔，往往又在此时。

八

世纪末。二十世纪末。我们之中的绝大多数都能活着见证到这么一次千年过渡的世纪末。一切都在剧烈的变异之中，是非黑白在阴阳八卦图的点的孕育之中相互膨胀以及收缩为了一种对立标准的恰好颠倒。大战爆发、拉锯、平息、

谈判、分赃——一场多数世人都不清楚也不认为是什么战争的战争眨下眼已只留剩下了个尾声。悲惨者输了财产、输了企业、输了城池，也输了国家，赢家是谁？不像凡尔赛宫和密苏里军舰受降桌的两边，理利界河，阵壁分明；因为谁，也不愿出面来承担这个以目前的通用道德标准来衡量还不太光彩的角色。还是让它存在于朦胧之中吧，让历史的心中有数。

只是经此一役的亚洲诸国已元气大伤，她们呻吟着、挣扎着、互相包扎着地从废墟里站立起身，尘面垢体，行为飘忽。她们打起精神，清点着大劫后的家园，干干停停，坐坐歇歇，而叹息，始终伴随着她们整个的劳作过程——为什么？为什么我们竟然连想都没想到？！

当然，康复总会有一天，只是除了经济体质外，更应该包括一颗对于蒙面大盗在某个风高月黑之夜随时又可能降临的永远清醒着的戒心。

一九九八年七月完成于上海西康公寓

浮生三辑

绵情昏睡

14. 别裁人生的尝试 ▲

一

在动手《立交人生》(又名《人生别裁》)这部长篇之前，我一口气就写了四部中篇。应该说，无论从题材上还是写法上，它们都与这部长篇有着一脉相承的关联。或者可以这样说，它们是这部长篇启动前的暖身运动，是一种台阶的铺砌。在这之前的再之前，大约已经有十五六年之久了吧？当我完成了我的长篇处女作《上海人》(33万字)之后，就一直没再涉及过小说的创作。《上海人》是一部靠着回忆的激情喷瀑而成的小说。那时候，那个噩梦般的时代还刚过去不久，一切仍很鲜活，记忆犹新。

但有一日，我突然又想写小说了。而且，这种欲望竟然还强烈得就像要将生命活下去一样的毫无疑问和无从回避。尽管我有点怀疑自己再度写小说的能力和决心，但我拗不过我自己，终于还是老老实实地走到写字台的跟前，坐下。那是在2000年仲春里的一个温暖潮湿的夜间，此起彼伏的欲念在幽暗的房角里蠢蠢欲动。事情出乎意料地顺利，仅一个月的工夫，我便完成了我的第一篇中篇《后窗》(4万字)。

以后，我便陆续再写。台阶一级级地铺砌上去，终于铺到了非要动手写一部长篇不可的地步了。我扩大了的视野开始回眸，它们越过了我的青少年期，我的初恋期，改革开放期、十年"文革"期，直达我那安谧而温馨的童年时代。我仿佛正躺在哪里，又像是母怀，又像是某种舒逸而遥远的社会和人群的氛围里。但定神一想：现在的我不已是个两鬓完全斑白了的准老人了吗？而且，这种错位了的感觉往往飘逸而来又飘逸而去，带点儿神经质的冲动，像是一缕稍现即逝的气息，又像是天空中不断飘过的朵朵浮云，没有来由也不续去踪。

想一想这是一种什么样的感觉吧！但这种感觉却是异常地真实而且准确。尤其对我们这代人而言，半辈子做人所穿越的时光断面几乎相当于我们祖辈好几代人才可能经历的。有时感觉，这是一条悠长而又深邃的时光隧道，自己正漫步其中。两边的展橱五光十色，目不暇接；而展品杂乱无章、高低错落，既熟悉又陌生。就是这种感觉，我很珍重它，不愿让它受到丝毫破坏或者改观。它不是情节——人物传统的小说叙述功能，它只是一种氛围，强烈而迷人的氛围。

我把它忠实地，尽可能原汁原味地记录了下来，再对它进行了某种创作层面上的技术剪裁。于是，一部新的长篇便诞生了。出人，也出我自己的意料之外：这回分娩出来的，竟然是与《上海人》彻底面目全非了的另一胎！

二

要声明的一点是：从没刻意要去提倡某某主义或追随某某派别——事实上，我对学院派的类似课题从没感过兴趣，更妄谈去钻研了。我想，"自我"，便是那盏我提着它，走过创作漆黑而幽深长廊的唯一的提灯。

但无论如何，我明白，眼下这部长篇很可能是部带点儿这样那样"异类"色彩的作品。不少人说看不明白；不少人说，小说的情节人物场景描写的技法都与基本的创作原理有悖；甚至还会有人说，颠三倒四，故作玄虚，一派胡扯！还有一些熟悉我一贯创作风格的作家和学者朋友则可能会叹息，说，怎么他突然就不像从前的那个他了呢？

但，在创作的过程中，一个作家无法自控；事实上，也没有必要刻意去自控。既然，创作是一种无中生有，思维如何合成，感觉如何合成，这是件天才晓得的事。

你要做的只是静静地坐下来，等待——等待某种启示的到来。但有一点，你必须做到。那就是保持心境的绝对（或者说尽可能的）纯净与透明，尽量化解一切功利念头的污染。这与进入气功状态时的意守丹田有点相似。每一小格纯净度的提升，今后都能在你作品的质量之中反映出来。于是，一切便有点儿水到渠成的味道了：想到什么写什么，想怎么写就怎么写；厌恶什么抛弃什么，喜欢什么拣起什么。而有些，曾经是自己喜欢的，赞赏的，追求的，但写着写着突然就发现不认同了，不喜欢了，甚至生出厌烦来了，那就将它毫不犹豫地抛弃掉。老实说，我对自己都有点弄不清，摸不透，别说他人会怎么想，读者会怎么想了。

三

于是乎，"立交人生"便建造出来了。一个或半个世纪之前，当城市远不是那么拥挤，交通远不是那么繁忙，生活的节奏远不是那么紧张的时代，"立交桥"这种建筑概念怎么会兀自冒生出来呢？

道理是一样的：需要以及需求才是产生的直接原因和动力。

当然，在我的小说中，这种所谓"立交"是抽象的。但又并不抽象到哪里去：时空交错，意识交错，角色交错，现实以及梦境的感觉交错。我突然就发觉：毕加索和达利笔下的一个个变了形的人物和一幅幅变了形的景象是如此真实！

　　还有一点，就是对于人物（潜）意识矿藏的发掘。我始终认定：这些沉睡中的记忆是一批珍贵无比的创作素材。看要看作家有没有这份决心、能力和勇气去将它打开了。我是个电脑盲，至今都无法摔掉纸与笔的拐杖来进行写作。但这一次，我想借用的比喻恰恰是有关电脑网络的：这就像你一扇 Window 一扇 Window 地进入，你愈走愈远，你愈探愈深。那一刻，当五角大楼最机密的全球作战计划图表都突然呈现在你眼前的时候，你想，你面对着电脑屏幕的将会是一副什么样的狂喜然而又是惊呆了的神情呢？

　　弗洛伊德，这位伟大的、天才的二十世纪初的心理学的奠基者告诉你说，这一切都不是没有可能的。

　　怎么可以说这一切都是不真实的呢？我要说：真实，异常真实！无比真实！而且真实得都有点近乎于透明了。这是我们这代人回首生活来路时的最确切的感受。尤其对于我，二十六年前，"文革"刚落幕，我通过罗湖桥，从当时的一个全球最封闭最黑暗的地域顷刻之间进入到一个最光鲜最色彩最自由的世界中去。又过了十年，我又从同一座桥上走了回来，回到了那个曾是自己熟悉不过了的，如今却已变得面目全非了的故乡和故乡人中间。一切就如活在一幕幕的电影场景里，蒙太奇，便不再是什么文学和影剧作品的创作手法了，它成了你真实生活结构体系里的一个组成部分。于是，人物便在小说所铺垫出来的那派时代与社会氛围的水土中，一个个自然而然地成长起来，事先并不预设任何假定。于是，"我"便分解了，分解成了作者以及小说人物的双重存在。这有点像自己飘浮在半空中，俯瞰着自己在干些什么时的感觉。并以此来增强小说表述上的中性度、透明度、清醒度以及视野度；同时，又不失投入度。这是一种神奇又有点毛骨悚然的感觉；而这种写法，可以说是我的，一种突发奇想的"发明"。我涉读的中外文学著作甚有限，或者，此法的使用者一早就大有人在。但既然我一无所知，我就有权认定这是我的"发明"，我拥其"专利"权。当然，这是在说笑，其实，这种形式最适用我当时的感觉罢了，如此而已，没什么特别。

　　四

　　还有，便是对于这部小说整体结构定型上的考虑。说到这一点，就不得不涉及现代人的孤独感，强烈得无法排遣的孤独感。而这，又正是现代人对生活感受的核心。现代社会，就心理而言，人心不是愈来愈打开，而是愈来愈倾向龟缩，龟缩进心的内核中去，内核深处的某一只心理暗匣中去（这也就是为什么在当今世界，心理医生和心理治疗能大行其道的缘故）。当然，这些都是以美式生命哲学为代表的全套西方价值观，向着全球每一个角落输出的结果。话说到此，就已经开始涉及某个其他领域内的课题了，就此打住。

但，你又不得不承认，这是现代人类所面对的某种可怕的精神虚无症。人人行走在一条互相不能真正沟通的人生单行道上，偏偏天又暗下来了，更暗下来了。心慌心乱心惊心怵，但还不得不强装镇定，提着那盏正变得愈来愈黯淡下去的信仰的提灯，吹口哨前行。路的尽头在哪里？尽头又各有什么样的结局在等待着你我？没人可以回答。

这便是我为什么要让小说的主人公在黄昏时分选择一种离家外出，漫无目标一路向前走去的原因。一条是具形的柏油大马路，另一条是抽象的人生来路以及去路，并行立交，时合时分，亦幻亦真。更以此来展示每个小说人物，半世人生间的记忆细节，交织关联以及心理互渗，当时代的大背景竖起如同巨型的舞台布景，一拉一扯之间便改变了季节，改变了色彩，改变了晴雨明灰的调子，如此这般，藏进了一份相对强烈的时代反差感。而有些看似是十分细微的人生道具，在小说中重叠出现，反复被点睛，其实，其中是充满了各种暗示和隐喻的。

五

同是个作家，每人对文学创作的终极目标和标准的理解差距会很大。有点儿生命追求的作家是无法控制自己的创作路线图的——我指的还不仅是某一部作品，而更是他一生的创作轨迹。我欣赏一位作家的如下一段表述语言："假如我永远十八岁，那我三十八岁的作品谁来替我写呢？……谢天谢地，我已经三十八岁了，我很满意我可以写出三十八岁的东西来。将来我六十八岁了，我还渴望我能够写出六十八岁的东西。一个艺术家的艺术创作能够完整无缺地展示他的一生，我认为，这是一个艺术家最大的幸运。"（毕飞宇：《玉米》后记）。

三十八岁和十八岁对人生的理解完全不同；同理，六十八岁的也不同于三十八岁的。

十六年前，我完成了第一部长篇《上海人》，那时我刚踏入壮年，回首青年时代，澎湃的激情，缤纷的色彩，自以为洞察世事的目光已臻于炉火纯青。这回，我的这部《立交人生》(大陆版名:《长夜半生》)是完成在我快要踏出中年这个人生阶段的一刻。回首大半世人生，沧桑历数眼前；一切激情都沉淀了下去，剩下一些感慨一些冷笑一些自嘲，也都一一吞入肚中。人像一叶孤舟，在芸芸的人海之上飘浮着。就是这种可怕的，来自于内心深处的孤独感让我完成了我的第二部长篇。再以后，我便老了。但我相信，我至少再会写多一部长篇的。这部仍未出世的作品的形式、内容、语言、情节、人物各会呈现啥模样？那要看世界在我年老了的眼中会是啥模样而定。站在今天的立点上，这是个谜:对于所有关心我的人，读我书的人，以及我自己。

六

其实，就某种意义而言，小说创作是件非常乐事，尽管在创作的过程中总难免会有举步维艰的时刻。这是一片你为你自己创造的虚拟世界，供你逃逸——从那个你无法忍受，却又对它无可奈何的现实之中，逃逸而出。于是，你的心魂便自由了，你生活在梦中，但你又不妨将错就错地就把它当作是你的真实世界。你投入了，深深地，不可救药地投入了，甚至当你完成了一部小说作品后的很长一段日子里，你都无法回过神来，无法从那片虚拟的世界中自拔出来。我相信，不少古今中外的小说家的佳作都是在这种心态中完成的。

再说回我自己，说回我的小说。讲起来也有点稀奇:这部长篇的起点本来也只是另一部中篇，叫"游男"。是写一个没有人名只有人称的"他"，一路夜行时的不断的心理回归。但写写，就觉得有点不过瘾。我又写多了一个第一人称的"我"，来作为"他"的一种分身和投影。当然，其中也就难免要出现"她"了。但"她"是合一的，当"她"分身时，"她"会分属于"我"以及"他"。

到了这一步，中篇也就扩容为了一部长中篇或短长篇了。就这么一部基本结构的小说，在不知不觉的演变中，就出现了目前这部《立交人生》的雏型。没人刻意要追求点什么，真的，没有。

当然，眼下的这部24万字的长篇已经是第三稿了，是在对那些片断式的情节，人物以及背景作出的统筹与改构中，完成了它的最后一道工序，从而让它成为了一部长篇小说结构意义上的"正式产品"。

如此一部结构可塑性极高的小说是有一个很明显的特点的。那便是:它几乎可以无止境(或者说:相对无止境地)将飞入它引力圈内的一切感觉与细节的流陨都一一吞噬进去，从而令她本身不断壮大了再壮大，却还显示不出什么

浮生三辑
绵情昏睡

太大的结构与内容上的不协调痕迹。为此，我的一些作家和编辑朋友，都向我提了不少合理化建议，旨在增强小说的可读性和人物的可看性。但不知怎么的，我有点不想再干下去了，我固执地认定：这已经到火候了，我不想把话都说尽。我在此打住，为小说圈上了最后一个坚定的句号。同时，也为自己迢迢的创作征途立起一块界石碑来。或许，我需要的是另一次的等待，耐性的等待。等待哪一天我又感到我非要再写点什么了的时候——就像三年前的我那般。

二零零四年三月三十一日于香港

绵情昏睡 浮生三辑

15. 立体创作与当代 ▲

一、关于艺格

性格、人格、艺格，三位一体。它们共同组成了一个艺术家的本位与本体。读过《圣经》的人都知道圣父圣子圣灵三位一体的道理。后来，为把人类从罪孽中拯救出来，仁慈的天父遂决定将他其中的一种格位：圣子，切割了下来，降临人间，成了耶稣基督。他既通人性又通神性，因此，他同时能感受人间的痛苦以及天堂的快乐。他一直滞留于人间，直到他那被钉于十字架上的头颅猛然垂落下来的一刻。他回到他的天父那里去了，回归了他的原位，并与另外二种格位重新结合，成为了一种完整意义上的上帝。

如此描述传达的是一种什么讯息？而"他"又是谁？

当作家投入地创作时，他就将他的艺格切割了下来，降生到他作品的虚拟世界中去了。正因为这种艺格的存在，作品才有了灵性。我们老喜欢打的一个比喻是：背负十字架而行，却浑然不知其中的涵意。处于创作酣态中的作家既痛苦又快乐，他同时在体会跋涉的艰辛和表达的舒畅。作为人类之中一分子的作家，他的另外两种格性：性格和人格仍留待在他那里，而他的艺格却神游在他的作品里，体受着他创作出来的人物的痛苦与绝望，兴奋和欢乐。直到那一刻，那一刻他为他的小说圈上了最后一个句号。他突然便感觉失落了，无缘无故。因为，他的艺格也与此同时回归了，艺术家又变回了一个在精神存在意义上的完整体。你说，作家、艺术家的创作过程奇不奇妙？是不是也带点儿宗教意味上的玄奥呢？不管别人是怎么说怎么想的，反正，这是我的感受。

因此，对一位艺术家作品的形态与风格的理解是建立在对其艺格的形成以及组合的了解基础上的。

十五六岁的我，曾是一个脆弱而又敏感的少年。对梅雨的季节，对黄昏的氛围，对晚春的气息，对小巷对弄堂对那些低矮乌黑的民居，对临街谁家的那扇永远紧闭着的百页长窗，对晚饭时分从厨房里飘逸而出的家常菜肴的香味，总之，对这都市中感知性较强的任何生活细节，我都敏感，都怀着一种莫名的忧伤。偏偏又在那时，我迷上了普希金，迷上了巴赫和肖邦，迷上了《约翰·克利斯朵夫》，再加上那种朦朦胧胧的性觉醒。我感觉自己生活在梦与现实的边缘地带，既充实又虚无，而充实正是那种虚无感所带给我的。学校一放学，我就一头栽进了父亲的书房里（那时的父亲已离沪赴港谋生去了），我独自待在那儿，享受着孤独的幸福。我在那儿听音乐、练琴。然后，我便打开了那盏垂目的湖绿色的台灯。案头堆放着一厚本一厚本父亲留下来的英文原著，读懂读不懂，或读懂有多少，我觉得自己漂浮了起来，我脱离了上世纪六十年代初，中国社会的那一片红彤彤的生活形态，我遨游在自己的时空里。

暮色渐变深浓的时候，我上街去。我穿巷钻弄，专喜爱去接近那些最民俗的，最有生活动态的，因此也是最能令我动容动心的城市生活的场景。我见到一辆辆晚归的自行车从狭窄的弄堂里推了进来，那些飘逸的少女们，那些动人的少妇们，在家门口支起了撑脚，停好车，然后便消失在了低矮黝黑的门廊里，宛若一个个不真实的幻影。没人留意到我，只有我自己才知道自己的存在。但我享受这一切，这一切所带给我的感受以及想象的美妙是无与伦比的，我陶醉于其中。

几十年后，让我罹患抑郁症和写就那些带所谓"异化"味觉小说的情绪种子都在那会儿同时播下的。精神类疾病与艺术家的灵性互为皮毛互为表里，孰对孰错，孰美孰丑，孰取孰舍，根本就没法分割清楚。

这是病态呢，还是艺术？即使是弗洛伊德，也未必能说清道明。但弗洛伊德却告诉了我们有关人格、性格、艺格之间的那种隐秘的联系。当然所谓三位一体说只是一种宗教化了的隐喻，性格是面向世俗社会时的人格的外化与面具化，艺格则是在面对精神宇宙时的人格的聚焦与爆发。几十倍，几百倍，乃至上千倍的对于光能的聚焦力度终于点燃了一部艺术作品的灵感的火种。

二、文学的伊甸园

我出生一个江南的书香世家。祖父是一位清末民初的医家兼书法名家。父亲是经济学家，上世纪三十年代中期毕业于上海复旦大学，后又一直留在大学里执教。直至六十年代初离沪赴港。赴港后的父亲因应时势，改换了职业的性质，他担任了某大企业的高层主管及董事，主谋商务。我是在1978年初赴港与父母团聚的。之后，结婚、生女；将父业接手，并以一种纯自我的思路与方式将其发展了开来。其间，时晴时雨，风生浪起。有沾沾自喜的日子，也有顾此失彼的时候。但无论如何，我还是一关又一关地闯了过来，非但没有破产，应该说，还算经营得法，将原有事业基础的年轮扩大了一圈。但不觉老之将至，残忍的霜白已不知在何时爬上了我的乌鬓。我在对某些东西渐渐失去兴趣的同时，对另一些东西却兴致勃勃了起来。我毅然决定将我从前所从事的人生事业

浮生三辑
绵情昏睡

划上一个永久的句号。地壳的变迁开始进入稳定期，火山不再频密爆发，一切冷却了下来。

你看，这大半个人生岁月，三语两句便能将它说完，但假如要写它部多卷体长篇巨著的话，也不会说就缺乏素材。可见思绪表达功能的伸缩性之大。写作者的思点从何处切入决定了写出来的会是一只什么样的故事版本。这叫什么？这就叫文学。

其实，陪伴我这人生之道一路走过来的还有我的文学创作。先是诗歌，后是小说。少年时代，我就迷上了诗歌：读诗、思诗、写诗。有时候，一行诗句就可以把我弄得热血澎湃，通宵失眠。为了能读到、读懂更多的诗，我还死啃英语（我在中学堂里学俄语——这是那个时代的教学大纲所规定的）。除了英语之外，我还学音乐、拉提琴。因为我觉得：诗与音乐也是某类谱系上的同宗弟兄。有位英国女诗人写过一首短诗，仅三行。我读到的是原文，但因语言浅白，涵意清澈见底，读后竟然至今不忘：**你死了／把孤独留给了我／直到我也死去**。文学的元素是文字，文字表达的深浅繁简与读者记忆功能间的那种对应关系由此可见一斑。

说到失眠，我想多发挥两句。不要一说到文人、作家，一谈起书香门第，就以为整天都在干些操琴吟诗，拆鬚壁题之类的清雅活儿。艺术家与生俱来的还有他们强烈的焦虑个性。我不知道我的祖父与父亲是怎么样的，但我知道我自己的情形。而我相信，我人格之中的某部分基因正是他们遗传给我的。作家的焦虑症源自何处？我想有两点：一是对客观世界中一切存在的现象与对象都过分敏感。二是又要设法将他所敏感到的一切都能在文学表达的象限内找到恰如其分的对应点。这自然是件很有难度的事，然而，作家怀着的却是一种不达目的誓不罢休的决意。而假如，你还有志于在"立体创作"这一思维领域里有所作为的话，这种焦虑症状更会加重。你老兄是在燃烧自己照亮文学，照亮作品，照亮作品中的人物——虽然我必须承认，我自己并不具备那种要去照亮这照亮那的伟大胸怀与才华，但至少，我也希望能擦亮一根火柴，在这茫茫的夜色里点着一朵小小的温暖的烛光。

正是这种个性与努力让我在进入中年之后的长长八年中饱受了抑郁症非人的折磨与痛苦；并在近乎于没顶的打击之下奇迹般地存活了下来。我必须说，抑郁症的本质是一种精神肿瘤，吸尽你精神的能量后，让你干枯而亡。抑郁症也是一座人生的孤岛，随着病情的加剧，你感觉海面愈拉愈阔，而你能力的小舟再也无法抵达人群热闹的彼岸了。在这座无人的孤岛上，只有写作陪伴我，只有作品理解我，只有文字同情我，只有作品中的人物愿意倾听我无穷无尽的絮叨。创作成了我裸露着的灵魂能得以藏身的最后的一枚硬壳。

说来也够惨的：1976年以前是政治，去港后，转变成了社会与生存环境对我的挤迫。到如今，如今一切枷锁都已打开，却没有想到中年人生后的心理与情感因素又搅起了波澜，遂使生命再度失衡。创作生涯这一路走来，始终泥泞，始终崎岖，始终得不到应有的认同、支持与理解：从前是那批人，后来换成了这批人；而从前的那批人恰好就是今天的这批人——时代的变迁让一切秩序都颠倒了过来。社会不能容忍你这么个立志要成功为作家的人，从前有从前的原因，现在有现在的理由。艺术家永远孤独。人们觉得你可厌可烦，失态自闭、扰人清梦。而我呢？我却在精神极端困苦的同时意外地收获到了一份充实，这便是我的小说。

这样的生活、创作与健康境况注定了我的创作会从诗歌转向小说，并最后停留在了小说上，不想动了。生活在我的眼中显得如此奇诡博大，如此立体交错，而要表现这么一种生活，真还非用小说这种文学载体不行。再说了，我也必须在我小说的虚拟世界中寻找能继续生存下去的勇气和慰藉——这是俗世之外的另一片精神的伊甸园。其实，在这之前的1986年，我曾用一种严谨的写实风格写过一部33万字数的长篇小说《上海人》。当时，社会和读书界的反响都颇强烈，作品被改编成影视和广播剧目，流传甚广。然而在今天的回首里，觉得这部小说里描述的一切，顶多也是山脉、河川和森林。虽有些气势，也有些所谓"画卷"的意味，都是地表式的、地貌式的，总之，是在地壳的表面上做文章。在今日的我的潜意识深处，流动着的是一条潺潺的人性小溪，细小但极具灵性。每时每刻，她都处在一种幻变之中，她唱着歌，穿谷入林，时而隐没于地下，时而又淙淙地露其真容了。这当然是年龄的增长带给我的一种人生悟觉，但更是上苍对我忍受抑郁症痛苦的一种慷慨补偿。所谓意识流，原来"意识"就是如此这般地"流"了出来！我让自己的思绪随着这股清泉一路奔流而去，没有目标，也不预先设定流程。我只知道：这叫快乐，叫有趣。偶然兴来，我会让自己在这块或那块岩石上站立一会儿。岩石布满了青苔，散发着一股青葱的幽香。这让我童年和少年时代的记忆复活。我站在那儿，东看看西瞧瞧，歇歇脚缓口气儿。我让自己的思路集中、聚焦。尽可能地作些写实主义的叙述与描绘，一了我在创作习惯上某种隐匿了的宿愿。完了，我又逐波而去了。我连自己也弄不清，怎么走着走着，就"创造"出了这么一个十分个性化的叙事文本来了呢？这究竟是一种病态的宣泄呢，还是文学创作？——或者，这本来就是一回事。

三、印象稿

　　思绪的河床有时候就是记忆的流程，但有时候，它只是一种艺格的独白。

　　我的创作习惯是记"印象稿"。然而连我自己都弄不清楚"印象稿"究竟是样什么东西？因为印象稿并不能算是"稿"。我的那种奇特的创作习惯应该追溯到我早年的诗歌创作期。那时的我没有任何发表欲，再说了，也没有任何地方可供我发表作品。故，那时代的那种记录完全是为了精神宣泄的需要，是纯粹的，是远没烙上任何功利主义印记的。渐渐的，它形成为了我的一种复杂的少年情结。似乎每天不记点什么就算是虚度了一天；这是自己都无法向自己交代的一天，因而也是无法上床去安眠的一天。后来，我成了作家，这种写作心态仍旧保存，就像已爬上岸来生活的蜥蜴还保留着某种水族生活的习性一样。

　　迄今为止，我记录的"印象稿"已有数万张之多，这都是些碎纸片，包括各类发票、车票、戏票和钞票、他人来函的信纸信封的背面、形形色色的商业票据，当然偶尔也夹杂着几张正规的白纸，但数量很少。纸上记录的内容全是不连贯的，东拉西扯的，攀峰入谷的。有完整和不完整的句子，有词汇、有单字、有符号、有中文、有英文，甚至还会有一段用五线谱记录下来的"主旋律"，红黄蓝白黑，色色俱全。它们带着我的汗味和体温塞在了我的裤袋里，或藏身在衣兜的随便哪一只口袋中——于是，我便感到踏实了。时隔十多二十年，当我将其重阅时，那种戏剧性的效果顿现：我无法清晰地判断出当时的我（只知道那时候我是多么年青，多么精力蓬勃！）究竟在想些什么或打算说点什么，但我能见到一团团依稀的幻影在我的眼前晃动，既陌生又熟悉。我能倾听到当年自己的"怦怦"的心跳，感受到它"突突"的脉搏。

　　我记"印象稿"的另一特点是喜欢将字迹写得很小很小又很乱很乱。东连西接，让它们之间尽量形成一种印象意义上的互联网关系。我酷爱那种"印象"和"情绪"们的热闹聚会，你一言我一句，永不冷场。或索性在那一方小小的领地上跳一回疯狂的 DISCO。在感觉上，愈是挤迫的"印象稿"愈有味，愈能在我重阅它们时，为我注入那种感觉和记忆重建的欲望与可能性。我不喜欢那种正规的方格稿笺，冷冰冰的，一本正经的摊在那儿，似乎时刻在伸手向你索取点什么。我一看见它们的那付"势利"腔就反胃。我偏爱那些形状不规则的废纸片儿，它们随意随便，既不功利也不势利，我感觉我必定能与它们之间产生出某种感应来。我想：这与少年时代的我老喜欢穿街入巷，将自己融入到最市井化生活中去的癖好是有着一脉相承关联的。

记是记下了，我却完全不能确定这些我视若"命根子"的宝贝疙瘩究竟可以派上什么用场？但我明白，这是一种自然景致，环保优等，生态极佳；这也是一口口资源十分丰富的鱼塘。它们可以在某一天蝶化为一首诗，一篇飘逸的散文，也可能成为我的一部长篇江河的潺潺的源头。然而，多数的它们仍是完全派不上用场的，它们只是我一时情绪的宣泄，或只是一幅精神建筑物的腹稿和草图。但我不打紧也不着急，我会在某个情绪合适，气氛也合拍的黄昏或清晨，扛着一枝鱼竿来到塘边垂钓。就算无功而返也无所谓。我告诉自己说，反正鱼儿都在塘里养着呢，而让鱼儿养久养大养肥点又有什么不好？

当成叠成叠的"印象稿"搁在那里时，我要做的事是筑起一条河床来，水是现成的，一旦将它们倒入河床中去，它们便会按照某种既定的轨道，唱着歌儿，欢快地流动起来了。

四、立体创作与当代

如今的创作不再，也不可能再，平面。因为，如今的时代已不再平面。由于时代裂变系数的高速叠增，"当代"这一概念所能涵盖的时期变得愈来愈短促，它变得不再纵向，而是横向了。

当代是相对于古代而言的。那古代又是什么呢？古代是平面的。这是时光玩弄的一种把戏。当某一时代离我们愈行愈远时，它便愈趋平面化了。因为生活在当代的我们对已逝日子（时代）的理解只可能是平面的。这与正在我们身边展开的那种有视觉有嗅觉有触感的日日夜夜形成了一种鲜明而又强烈的反差。没有什么特别的原因，因为只有让你经历过和经历着的生活才是最可靠的生活，才是能让你真正用心灵去感受的生活，除此之外，没有第二种可能。当我们企图从一大堆史料中去钩沉出素材来架构我们的小说时，我们往往会感觉失望，感觉不踏实，发现：无论如何努力，我们都没法子让作品真正立体起来（于作者的感受，也于读者的感受），道理就在于此。

还有另一层意思：我们正经历着的"当代"，其独特的立体感也是空前的，是以往任何时代所无法想象和比拟的。我们正生活在一个形态多元，意识"克隆"，信仰解体，人格与物格均高速裂变的时代。它们分裂后又重新组合，互渗互透，互置互换，互相冲突之后又互相勾结，它们织出了一张奇特的巨网来了。你生活在网中，于是，你的感觉即使不想立体也不得不立体起来了。打些比方，二十一世纪的各类学科都呈现出了互相渗透的态势：数理中有文学、哲学；文学中有数理、天文、政治、金融、企管；医学中有人文、心理、老庄道儒。而我们更是难以将金融市场学归属到哪一类性质的学科中去。再说人吧。如今的文人，文不文、武不武、商不商、官不官，像什么？如今的忠臣，忠不忠、奸不奸；如今的奸臣，奸不奸、忠不忠；他们又各像什么？如今不少的官僚也都可以出版他一两部著作（叫不叫人代笔，不得而知），或参股开他家厂矿企业去过把老板瘾的，甚至还可以走上大学讲堂去讲一课"企管学"什么的。还有，如今的妓女也都不太像传统意义上的妓女了，她们倒更像淫妇，更像荡妇，还有点儿像淑女了。像我们的女企业家了，像我们的女作家、女诗人了，也像我们的女官僚了。像做了婊子也不必劳其大驾去立什么牌坊了，或者说，立了牌坊也不妨再做多几回婊子的了。你说，如今的什么还像什么？但社会对此已熟视无睹，并渐渐地认同了这一切。不伦不类，这是当下生活方式的特色。"不伦不类"是一种表达法，而另一种呢？另一种就叫"立体"。

如此"当代"投影在创作构思的屏幕上，你说，产生的会是一种什么样的艺术效果呢？

一般认定，作家在方格稿中填入文字，画家在画布上涂抹上色彩，作曲家在五线谱的沟渠里放养进他的"蝌蚪"，这叫创作。但，这是平面的创作，是对"创作"这一概念的原始诠释。一位优秀艺术家的创作是无时无刻不在进行之中的，是与其生命的存在过程同步的。月下的散步与沉思；黄河渡口极目瞭望时的那种惊心动魄感；身处教堂、庙堂以及任何宗教场所时的那种虔诚感以及对宿命的悟觉；置身于森林草原河谷，当你充分融入到大自然中去时，你难道就不认定这也是你有机创作生命的另一个组成部分吗？

寓动于静，融静于动。立体创作告诉你一个秘密：在艺术领域内，任何元素都是可以相互转换的。而在它们的转换公式中存在着一个常数，这才是那个关键的密码。如何找到它，提取它，然后将它乘以某个单元值之后，你便可以计算出了另一种量值来了。

让画家手中的画笔写出诗句来；让作曲家的音符画出画卷来；让作家们手指敲打着的电脑键盘摆脱科技的地引力，虚构出一片画面感和旋律感的天地来，尽量利用他山之石来化作吾岭之玉，这种努力，我谓之"立体创作"。

立体创作还有一层意思。作家任何时候都不宜用任何"流派"或形式来自我定格（哪怕这只是一种暗藏于心底的"隐性定格"），理论永远只是追随创作之后产生的一种概括或企图概括。将其自套的作家与端一小板凳，踏上，然后悬梁自尽的悲剧没太大差别。因此说，文学是有着它极大的随意性和可塑性的。是一件作家想将它拉长就拉长，压扁就压扁，搓圆就搓圆的东西。正如"小说"这种文体，你为什么就不能叫它作"大说"，"中说"，或仅仅只是"说说"而已呢？当然都是能的。其实，命名不表示点什么，一切都无从定论。还有一个更大的假如。假如在古代，我们的祖先从来就没有发明出我们今天所熟悉的那种文字，以及运用这些文字来结构出的一种叫"文学"的东西来的话，我们又将何为？说到底，我们肯定也能找到某种文化和文明的形式来宣泄我们的感受，来交流我们的经验，来感动我们的人生的。但它又叫什么呢？不知道它叫什么。但有一点可以肯定：它是一种不叫文学的文学。那就让我们生命的一部分活在那个假设之中去吧，想方设法地去找寻出那部分不叫文学之文学的踪影来。

五、霍金还是弗洛伊德？

瘫痪在轮椅上的霍金非但是一位伟大的科学家，也是位伟大的艺术家和哲学家。他的宏观和具像思维的无限扩张与心理学大师弗洛伊德的微观和抽象思维的无限内敛相互呼应。就某种意义而言，这两位科学巨匠是作家们永久的精神导师。

从莫奈的油画到德彪西的音乐到弗洛伊德的潜意识理论再到后一点时代的爱因斯坦以及至今仍存活在我们中间的霍金博士：可见人类对其生存本质的探讨与认识在不同领域内的推进都能保持一种基本的平衡与平行。我们的文学创作也是对这种本质探究与表达的形式之一。

我们每一个人的生命，其实，也都是一个独立的情感宇宙。四十岁前处于膨胀期，四十岁后开始缩塌。根据霍金的理论，它最终会收缩成为一只极小极小的黑洞。一只能吞噬一切时光与生存细节的黑洞，而我们的生命也在此中止了。在这最后一刻来临之前，我们用一生构筑起来的是一条时光隧道。当我们的记忆力与想象力在这条隧道中自由穿行，并在某处突然惊愕相遇时，我们创作出来的小说作品又会呈现一种什么样貌？——去问霍金？或者问你自己便足够了。而只有具备了这么一种创作能力的作家才有可能将他生命中的任何一个一闪而过的瞬间定格、定形、定影，变为永恒。

这也是我为什么每天每日要记那么多"印象稿"的原因。这些小纸片上记载的片思断绪不停地提醒我一些浩大得不着边际的问题。诸如：我究竟是谁？我为什么会碰巧生活在这么个时代，与这么些杂色人等为伍的？其实，这是个很重要的生命提问，常常能为提升我作品的精神境界提供动力。艺术家自省式的发问就是向他的广渺无际的内宇宙发射的一枚又一枚的探索火箭。

有一位作家在其创作随笔中有一段很精彩的感觉描写：我的写作就像是不断地拿起电话，然后不断地拨出一个个没有顺序的日期，去倾听电话另一端往事的发言。

或者也可以这样来表达：你会不断地接到一只又一只的电话。电话的彼端是一把沙哑、含糊、不连贯的声音。声音讲不成一只完整的故事，但它极具征服力和诱惑力，它的每一个音节都真实无比，真实如生命之本身。这便是记忆的呈现状态了。在我的那部中篇小说《姐妹》的末段中，我写了那么一只来自于海底深处的电话，亦幻亦真，其中隐涵着的便是这么个意思。

无所谓古典还是现代，无所谓写实主义还是意识流，无所谓具象、印象、还是抽象。为了什么而什么这件事的本身就没有多大的意义。比如说，为现代而现代的结果是产生了后现代；为后现代而后现代的结果是产生了后后现代。如此直线式地延伸下去，如何了得？这不都要到达地极的边缘了？记住：只有周而复始才会永恒。这既是一切宗教理论的"奥秘"，也是文学的。而钟，就是基于这个原理而发明出来的一种计时器，简浅又深奥。所以我们说，立体创作的目光将它们视作为的不是流派，而是工具和道具，是为我所用的一件件外套。出行、远足、宴会、派对，还是下厨房；春夏秋冬还是刮风落雨，你总需要调换不同的衣衫鞋裤吧？就那么随便和随意。我相信，当你尽可能地将一切属于人类的智慧产品兼收并蓄，逐渐融会贯通于胸中，并最终成了你自身觉悟的一部分时，某种创作的思维与手法便也不期而至了。

二零零六年十二月三十一日完成于沪港往返间

16. 净化生活的角落 ▲

　　曾几何时，社会上凡目光所能及的一切角落都被突然占领、利用和广告化了——包括了坐厕前的壁板以及便斗上方的墙面。如此创意，据说，源自于北方某商业机构的一群入行不久的广告新手。当时，真还着实让媒体给炒作了一番：为了赞许那群广告小子们太敏感太天才了的市场触觉。

　　然而于我，偏偏对这种无孔不入的广告举措，除了"恶俗"两字，真还想不出第二个词汇来加以定义的。其实，就是在"商业广告"这一概念发源地的西方诸域，甚至在"拜金国"的美利坚，如此现象也闻所未闻。雪白无疵的瓷砖，清洁无异味的空间才是最适合如厕者们生理操作习性的。其他画蛇添足的心理效应均属逆向。但创意者们却说，什么才叫广告，你懂吗？广告产品的推销是带强迫性的；广告要让任何不想看它的人都不得不看到它时，才是广告人的成功。此论或者不假，但也要看是在什么场合。豪宅名车的三维像素被安置于坐厕的上方又有啥好的？不好，对于如厕人，也对于所销产品之价值与品位的提升。

　　更有甚者。我想，这应该是基于那班广告人灵感地基上的某类高层建筑？标榜超前意识还是张扬心理冲突，反而让我辈这等时代的落伍者瞠目语塞。那一回，我去杭城的某条著名食街用餐，席间上了一回厕所。我在便斗前一站，便发现与我目光在同一水平面上的一幅半裸女的彩照：姿色撩人，纤毫毕露，颇有点夺壁而出的意思。一愣之余，遂令排泄的愿望也有过片刻的抑制。再打斜横里一瞧，一位先我而到的老者，一头苍发，也正作面壁状。而他注视的却是另一幅形异神似的女像，如此这般，遂令其站姿僵直而别扭。当然，我很快便收回注意力，完成了全部程序。但当我收拾停当，准备撤离时，见老者依然凝视壁面，点滴不漏。见我注意他，便转过脸来，朝我尴尬地笑了笑，笑中有苦涩："不看不行，看了又……我年纪大了，再说还患有前列腺肥大症，真是的！——"我说："别急！别急！慢慢来，慢慢来会成的。"待我回到席间，一通形容，引来了满桌男女的捧腹开怀。

　　那次自杭返沪后，此事便始终耿耿于怀。冥思之余，念及一策。虽是一厢情愿，仍决定毛遂自荐。既然这是"中国国情"，既然便斗上方总要有些悬挂物来供人视阅的话，我倒愿将自己多年来创作的千余首哲理性灵短诗免酬提供，目标很明确，剑锋直指那些被女照占领污染了的生活角落。净化心灵也好，清醒空气也罢，惟鄙人愿为社稷人群行善积德的初衷是真切、真实而又真挚的，往实用里说，至少对面壁者的保健通脉也会起个正面作用吧？再说了，此项抛砖引玉之举，旨在能得到普天下诗人们的集体响应，从而掀起一场文明与廉耻的保卫战。有无下文，当然要看商家们的意向啰，在此一提，权作一笑。

二零一一年于春节假期中

浮生三辑
绵情昏睡

17. 做一个坚毅的执灯人 ▲

　　人类社会少不了作家，而作家又少不了评论家。作家是人群间的执灯照明者；而评论家又是作家群中的提灯送光人。惟纵观当今文坛之现状，情势似乎恰好来了个颠倒：作家要取悦的是读者，要向读者"借光"，而评论家的借光对象则成了作家。

　　或者也无可厚非，这是市场经济的另一条法则，另一类副产品。脱离了制度保障的作家的生存靠什么（少数仍在享用俸禄的作家除外）？靠市场。而评论家更麻烦：就如胃无法越过嘴去摄取食物那样，评论家与读者间相隔着作家，这座桥梁。于是，原来 1＋2＝3 的加法算式便来个颠倒，它变成了 3－2＝1 的减式了。

　　伟大领袖毛主席早就教导过我们：群众是真正的英雄。他又说："人民，只有人民才是创造历史的原动力。"现在看来，这话不假，一点不假。他老人家从来就是位超常的预言家。他的断言非但适用于社会主义，还适用于资本主义。延安文艺座谈会上一席谈已近古稀，但仍生机勃勃，仍能生儿育女。这不？君不见，人们都争先恐后地奔它而去吗？

　　倒不是要将作家的地位故意神圣化：除了美学意义上的承担外，作家更应该是一位人群中的思想先驱，一位教化者。就如当年基督的训示，世尊的法会，几千年后的今天，非但没有褪色，反倒令生命的真谛经时光的打磨后越发锃亮越臻完美了。当然，作家是不能与耶稣和释迦牟尼相提并论的，但我们作品的思想和哲理矿藏至少也要具备几十乃至上百年的开采储量吧？否则，我等的作品还有何价值可言？难道就为了博取现世社会的几声喝彩？若干万元稿酬？一套三房一厅？一个带局字号的官衔？如此目标，不仅是作家功能的萎缩，更是其人格的退化。而一个只是拥有了退化之人格的作家和思想家的社会又会是一个什么样的社会？假如耶稣和世尊是点灯人的话，作家便是那位执灯人。灯点亮了没人来执是不行的。点灯是一种智慧上的伟大，执灯是一种信念上的坚定和坚韧。即使与大智者相比，我们的付出也并不见得就不更重要。

　　说了作家，再来说说评论家。文学评论属于市场学概念上的"二传手"——假如作家是生产商，而读者是终极消费者的话。有一种观点认为：任何"传货人"均属多余，都是剩余价值的"盘剥者"。只是随着市场经济观念越来越深入人心，人们才开始领悟到，原来商场上的一切中间环节都是有其必要性的：就如一家进出口贸易公司对于一家生产厂商的不可或缺那般。但必要是必要了，文学批评的"利润"又从何而来，如今，当一切纯书斋生活方式都已逐渐退化成为历史陈迹后？ 一旦站到了这个立场上来观察，思考问题的你，或许就不再会感觉评论工作者收取"红包"的行径有什么不妥了。我曾读过一篇有关"评论家收红包实话实说"的文章。文章很圆滑，也很技巧地就此论题绕了个兜圈后，便蜻蜓点水般的稍一触要害随即扑刺刺地飞开了去。而我要说的是：凡属正常的，不损人利己的，不违道害德的生存手段都是合理的；非但合理而且还是必要的。否则，我们怎么个活下去法？ 作家也好，评论家也罢，我们都生活在了这么个传统价值观被彻底颠覆了的时代，这不是我们能选择的。但我们却能选择坚定、坚毅、坚韧和坚持。就像在护照查验台前排队轮候出境——我想，我们大家应该都有过这方面的经验与经历吧？ ——一会儿，这列队快些，一会儿，那列。如果为求快，你手执护照奔东又奔西的结果会是什么？ 结果是你老兄将是这代人中的最后一位出线者。因为，谁都说不准将来会是个啥模样？ 颠覆了的价值观难道就一定不会再被颠覆过来？ 近百年了，中国人不就在如此这般颠来倒去的信念和信仰之中存活了下来？

没有评论家，作家会生活在黑暗中；正如没有作家和思想家，人类将生活在黑暗中一样。尽管当下的物质世界五彩缤纷，眼花缭乱，但思想和精神的境地却是漆黑一片。人们竞相践踏在一条不归途上。而我们既然选择了作家这么个职业，我们便应该立志做一位在黑暗中的坚毅的执灯人。这非但是我们职业道德上的意义所系，更是我们能对得起"作家"这一称呼的良心和良知所在。

二零一一年三月二十三日于沪寓

18. 文学生命与生命文学　　▲

一

无一字之差，仅是一组文字排列上的颠倒，传达出的却是两个迥然不同的表述概念，可见文字的智慧使用有时非但有趣而且还很神奇。再加多两行短诗，以资佐证：它之从属于火／就如一类烈望从属于／我。(《煤》)。聚宝盆和陷阱的差别在于／手还是脚的／首先／进入。(《财运》)。还有那句如今社会上人人都言之不疲的流行语：钱不是万能的，但没钱是万万不能的——民间的知性有时很直接，但又言简意赅。

再说回我的那行篇题：因为文学作品是有生命的，故而就有了文学生命与生命文学的差别。前者表示"诞生"，后者强调"延续"；诞生在当下，延续则可以连绵为永恒。我们作家创作了一件文学产品，小到一行诗句，大到一部多卷式的长篇巨著，之于作家母亲，它们作为一个作品孩子的地位都是平等的。我们让我们的精神受精，孕育，临盆，然后——然后我们便完成了一位母亲最原始，最基本也是最神圣的使命：诞下了一个有生命的文学法人。

当然，对于许多生活在现世的，物质化的母亲而言，在完成了阵痛折磨的"诞生"过程后，她还会主动地去承担去操心她那孩子日后生活的一切细节：成长，教育，恋爱，结婚，传宗接代。甚至细微到连他们的嫁妆，婚宴以及新房的布置如何才算得体等等，她都不得不让自己不去理会。在此漫长的过程中，一位执著的母亲与她所钟爱的孩子之间，出于代沟和价值观的差异，磕磕碰碰，争争吵吵，甚至闹到"势不两立"的个案断然不会少。有人说，这叫"自讨苦吃"，有人说，这叫"爱子心切"，也有人说，这不正体现了母爱的伟大？惟这些发生在物质世界中的一切，并不适用于精神领域。作家，作为一位精神生命的诞生者，只有生产的权利与义务，因为诞生后的作品已完全脱离母体，成为了一位独立的文学法人，惟有她的阅赏者才有权说出她的好歹，决定她的命运和寿数。母亲即便再"爱子心切"，再折腾，再奔走游说，短期或有几年，十几年，乃至几十年的影响力，但终究归于徒劳。作品在诞生那刻起，其实，她的生命将延续多久，或永恒与否的结论早已锤定。就如人之生死，有一种宗教理论告诉我们：死辰定于未生时。

浮生三辑
绵情昏睡

二

　　别说是本身就处在不同精神生活层面上的作家了，就是同一个作家在创作同一类背景和题材的作品时，由于心态、环境、专注度、以及对于某种特定素材认识程度之深浅，有些作品可能流传千载，有些过不上几年就会夭折——其生命甚至还短于作者本人之肉体的。

　　文学作品，作为一块精神受孕体，说它物质也物质，但终究还是一种精神存在。物质是因为有人要将它出版，将它影视化，将它推向市场谋利，它，便有了一种貌似物化了的价值替身。假如本末倒置，即为了谋利而去创作，这不与将本供排泄的器官颠倒为品味佳肴美食的口舌一样荒唐可笑？从深里讲，这既是对作家人格的一种自我贬值，也是对美学的亵渎。害人害己，更毁了作家最钟爱的作品孩子的前程。

　　但没法。在这个高度物质化，价值观道德观都严重扭曲了的当今社会，作家作为一个肉体生活者，他摆脱不了这股生存离心力的强大牵引。渐渐地，他习惯了，也适应了，他已经能做到自己说服自己了：人不是为了能活下去，能活得更好吗？他误以为，他见到的那个他所生活的色相世界中的他作品的命运如何，它便将永远如何下去。他因而从根本上放弃了能成为一个真正的优秀作家的理念与梦想了。他气质中的艺术成分开始急剧退潮，他感觉要维持这种艺术家基本精神元素的运作太艰难了，而且还吃力不讨好。再有天分，再有潜质，再怎么怎么样的作家在这一动因的驱使下，也都可能自甘堕落，无可救药。而如此作家写出的如此作品怎能期盼成为一部永恒之作？孤独。孤独是一位有希望成就的艺术家必须面对的精神现实。让你孤独，迫使你孤独，将你赶入孤独之穷巷，绝不是上苍对你的惩罚，而是恩赐。是打磨你的那些永恒之作必须历经的程序。红尘滚滚的功利路只能让你目不暇接一只又一只的彩色肥皂泡，破灭，到头来空梦一场。

　　不错，有些作家很有名望（这可能是他未名前，曾经的优秀带给他的果报），有些作家很有权势（这又是他作家之外另一种人格长袖善舞的结果），有些作家很有手腕（怎么说呢？凡能被称之为作家者，艺术天分撇开不谈，一般都有较高的生存智商），有些作家善于交际，四面来风，八方玲珑（原因与第三类相似），还有些作家……但这些，都无助于能让你写出跨越时空的生命作品来。这是不同的两码事，非但"不同"，而且还"相冲相克"。印度诗人泰戈尔的诗品之所以能风靡全球，流传千载，就因为他诗中蕴含了最朴质的"童性"。

记住，惟童性永恒，而成人化了的老于世故消灭的恰恰是童性。

只有中国的佛学相对全面的阐述了"灵魂永恒"的原理，而作家任何一篇（部）作品不就是他灵魂运作的一次成果？希望其作品具有恒久生命力的作家要做的就是尽可能将其灵魂保持在一种永恒的存在状态中，这种状态称作为"清净"。

太多执著，太多顾虑，太多欲望，太多盘算，太多的太多，这些就是佛学里所谓的"业障"，而负累着这些沉重的"业障"包袱来到这世间的作品生命能活得潇洒，活得轻松，活得长寿，活得不磨难重重吗？只有心地清净，换而言之，只有"童心未泯"的作品，才能活得无忧无虑，活得"童言无忌"，活得延年益寿。哪怕最后看破红尘，遁入了空门，又如何？再不过问世间任何价值需求，最终，它还能得以虹化，获得生命永恒的通行证。

《圣经》、《华严经》、《论语》，这些初衷只是"述而不著"的著作反倒千古流传了下来，且还拥有了众多"如恒河沙粒"般的读者和膜拜者，如此现象说明了什么？再扩大一圈，是李白吟诗为稿费呢，还是曹雪芹写《红楼梦》为报酬？还有肖邦，莫扎特；还有梵高，卡夫卡，生时可能穷困潦倒，失意，郁郁不得志，死了，反倒愈来愈光辉夺目了起来。物质的扬弃与精神的富足永远是互补的，这些作品的永恒性，自某种意义而言，就是以消解了其物质索求而换取的。

扯远了，再说回作家及其作品上来。作家伟大，就伟大在她无私的母性。对其作品孩子毫无保留，丝毫不求回报的精神呵护与奉献（注意：绝非是物质的，物质是榨取，是向她孩子的一种即炒即食的榨取！），只有将这种品质发挥到淋漓尽致的母亲，才有可能于某一日写出一部灵性深邃，乃至无限的传世之作来。反之，世俗的功利观将导致作品精神的冷漠，愚昧，迟钝及其灵性的风化与沙解。这也算是另类心理疾病：一个整天忙着搽胭脂涂口红，交际应酬，打麻将，而将她的孩子弃之于不顾的母亲，你又如何期待她的那个长大成人后的孩子能真诚而又深情地来拥抱他周围的社会与人群呢？他的那种经情节化处理后的所谓"可读性"粉饰着一种叵测，隐匿了虚伪以及欺骗。而这，正是他的那位作家母亲在诞生他时的基因遗传。于是，他也只会从他的读者那里收获到一份价值同等的虚情假意：当下热烈，随即忘却。而作品生命的尾声也随之来临了。

三

"每个灵魂都有她自己不同的梦呓语言"。可见，所谓文学作品，其实都是某种意义上的梦呓语。太清醒，太理性，太功利化的创作，因而，无法传达真实的灵魂语也就不难理解了。这是一种语境，更是一种灵境。创作者的表述之所以无法达致某个心灵核点，正是因为他还没能让自己真正"睡过去"，没能让自己进入一种状态，一种能将隐藏于心灵最深处的意识语言发露，流淌出来的状态。有一种密宗理论告诉我们，人的意识分为三种存在状态：（浅表）意识，潜意识和本识（即本性）。一生中，人之本识醒来的时刻只有两次：生之刹那与死之瞬间，这是一种靠造物主的能量才能被唤醒的东西。而前两种灵魂语——无论是色彩的（绘画）、声音的（音乐）、还是语构的（文学）——则不同，它们基本上还是属于人类本身。它们苏醒在色相世界的纷纷尘埃渐渐落定后。而优秀作家的优秀作品就是这类灵魂语言的发掘者和表达通道。惟这种钻头直捣灵魂深部的挖掘作业非但艰苦卓绝，还须数十年如一日的坚持。功利主义的盘算者不可能成就之，这是因为他缺乏那种勇气、信心和能力来做到这一点，同时也不可能觉得有此必要去承受这种无谓的刻骨铭心之痛。由此，他那精神产品的含金量会高吗？

　　但，还是有人会说，功利写作，"迎合"写作又有啥不对的？它们真会严重到扼杀一个有心灵钻探能力的作家的才华的发挥？先这么说吧。"迎合"分两种：迎合当权者的口味是一种，迎合读者（即迎合市场需求）是另一种。第一种，不言自明。因为"权力"就是这世间最大的无常，尤其在中国，在东方。今天，你在位上，明天下了台，甚至成为阶下囚的几率都很大，能善始善终者反倒渺若晨星。而迎合旧当权者的作品又如何能被打倒他的，或赶他下台的人所认同，接纳？当他成为阶下囚时，你就能保证说，你这位"儒"也不会连带着的被（或变相被）"坑"了？第二种，写作品不就是为了让人读，让人爱读，喜欢读？既然如此，去迎合读者口味的写作又错在甚处？这是个伪命题，对于这个乍一听颇有道理的结论，我的答复是：错——至少不准确。错就错在那个"去"的动词上。是读者走进作家的心灵，而不是相反。爱读，这种情绪分两种走向：愈读愈爱读，愈读愈想读；以及读读就感觉虎头蛇尾起来，感觉趣味索然起来，感觉不读也罢，不读反倒心绪宁静。这样的作品怎可能持久？作品是作家心声和心像的回响与倒映；作家与任何艺术家一样，只需顾及自我感受。事实上，能充分、及时、准确、深刻地将你真切感受到的语构于纸上已是件极其了不起的事了。任何一丝分心都可能令你功亏一篑。聚焦你的精神能量点燃一根灵感火柴头的努力，是很艰巨但又乐趣无穷。一旦当你能成功地将当年的你的语言表达重新立体化，形象化，色彩化，旋律化于历代（哪怕还不包括当代）读者的想象中，并能与之产生强烈共鸣时，你作品的恒久生命力便自然而然地获得了。这是一种选择，且泾渭分明：你是选择永恒呢还是权宜？真理呢还是功利？精神呢还是物质？不同的价值观导致不同的选途。

这还是一种佛学的修炼理论，不妨借来一用。愈清净，愈透彻，愈纹丝不动的心，愈能照见你本性的投影。而愈是能投影到你心底（其实也是一切他人心底）的影像，则愈具其文学、哲理和宗教的价值和功能，因而也愈接近真理和真相的本质。被功利蒙垢后的意识其实已完全，或至少说，部分丧失了它的语言表述功能。这也就是为什么保持"童性未泯"状态的艺术家很可能是所有艺术家群体中最优秀者的道理。因为他（或她）离上帝创造人的初衷最接近。对问题自这种意义上的观照，就不难理解为什么愈童性就愈人性，而愈人性也就愈佛性。佛不在西天，佛在你心中——其实，西天的佛也是你心变现出来的。

而如能长久保持在这种心绪状态上创作出来的文学作品能不打上相对恒久的生命印记？人的肉体生命是一个卵子和一个精子结合后的产物，作家的作品也一样。功利卵子与功利精子的结合物能不发育成一个功利的生命体？而功利化的文学是一个先天畸形的文学生命：伴它同时来到的不是先天性心脏病就是后天的癌症。如此一个先天不足的文学生命决不是钟爱他的作家母亲所能拯救得了的，即使她再爱他，再舍不得他，再为他奔走呼号，为他砸锅卖铁，也无济于事。

这个道理说深奥也深奥，说浅显也浅显。任何一位稍有灵性的艺术家都会有对类似问题的，一闪而过的思考，感悟和体会。看是看你留不留得住，留住了又能不能坚持长久？有一行短诗如此写道：（人类的）灵感是上帝连绵思索进程中的一截横断面，光耀闪烁，一瞬即逝。

什么是灵感？这个看似抽象得来带点儿玄虚的概念，在二三十年前的中国非挨批不可。但在今天，我们知道，灵感这东西非但存在，且还是会让作家，艺术家们精神受孕的唯一，也是最佳机遇。错不错过是一回事，即使被你抓住了，还有一个能不能与"上帝连绵的思索"接上线，对上号的问题。世俗功利，还有"迎合"，这种带点儿"厚颜无耻"的姿态，上帝他老人家能接受吗？他会愿意将你的灵感融入他思维的大海中去，成其一滴水么？而任何没经神性触摸过文学（艺术）作品都不会具备久远的生命力。灵感，灵感，灵属神，感属凡，抽去了灵的凡，还能有什么作为？就假如在当时，上帝从没曾朝那具泥土捏成的躯壳的鼻孔中吹上那么一口气的话，人类，这种生物，能在这颗蔚蓝而美丽的星球上喜怒哀乐的繁衍至今吗？

说宗教化了点。而一宗教也就玄了。入世的表达应该是这样的：在功利主义和实用主义压力锅里煮熟了的作品最多也是件艺术赝品，经不起阅读者思索的敲打。要知道，生命文学不来自于当权者的指派，不来自于权势的显赫，背景的炫耀；不来自于金钱的万能和名利的热闹，不来自于圈子人群间的相互吹捧或世俗传媒的裙带炒作，不来自于这，不来自于那，它们恒久的生命力扎根在与创造者有着相似气质与基因的历代读者群的精神土壤中。而作家与他读者间真正的，长久的思想与情绪互动才让作品的经久不衰的生命力有了保障。无它，因为你已将你作品的精魂融化进了他人的思维空间，成了他们精神生命的一部分。人传一人，代传一代，这根作品的接力棒在接受了历代读者评头论足检验的同时，也对他们思想的成熟起了催化剂作用，这样的作品会有灭度的一天吗？

是的，这样的作品，作为作家的我们中的每个人都渴望能拥有，但单有愿望是不行的。伟大的精神产品的生产者也必须是一位伟大的精神修行者。

四

同样是完成了一部作品，每一位作家在落笔与收笔时的心态与情绪各异。由此，便透露出了那部未来作品的巨量的生命信息。

当然，大可将之诠释为创作者本人对其作品所虚构出来的那片氛围，那种情景，那些人物，那段故事的投入度到底有多深？作品从虚构到成形，从物化到心化，或相反，从心化到物化的可逆性，可行性和可能性是否存在？诸如此类的一些形而上的课题，一旦谈及，便很可能钻入学究式的牛角尖。这样说吧，主题先行，预设目标的文学作品之所以无生命力可言，这是因为其生命的延续能力，当作家在书桌前坐下，旋开笔筒，执笔构思时已被扼杀。这永远是一具没被上帝吹气入鼻孔的泥捏的躯体，缺乏灵性。而当作家为其作品圈上最后一个句号时，他的心情又是另一种回光返照：且截然相反，但又准确无比——或茫然空洞，可有可无；或兴奋难抑，充满预感。母亲爱孩子也最了解她的孩子。作家，惟作家本人才是能对其孩子前程作出判断的第一人。

当然，还有些其他的什么。比如说作家智库的囤积量：（中西）文化和语言的，哲学的，社会的，宗教的，政治的，心理学的，天文地理的，科学科技的，财经金融的，等等，等等。愈丰杂愈好，愈可能在有需要时，随手便能从你的知闻之仓中寻找到一件意想不到的，停产已久的智慧配件，恰到好处地镶嵌到你的文篇中去，让你暗暗欣喜一番的同时也叫文章拥有了一种别致的复古风情。根据这一理论，哪怕是最黑暗年代里的，最荒唐岁月里的语言残渣也不例外，不应排斥，不妨做些留存，为了能在某个上下文中，演出一回闪亮登场。所谓

"不垢不净"，凡属人类文明史上留痕过的思想以及语言（诸如"打着红旗反红旗"、"练好铁脚板，打击帝修反"，还有什么"摸着石头过河"之类等等），哪怕是糟粕，也有其珍贵性和稀缺性；糟粕的结论只是在某个特别历史时期与语境下给界定的，不带——绝不带——永恒性。而阁下的文篇恰恰相反，你是希望能写出具有永恒值的作品来。在明白了这一道理后的作家的作品便会呈现一种消解了一切歧视与偏见的包容性，而愈具有时代包容性的作品，其耐久性亦愈大。

再有一点。任何艺术作品（尤其是文学的）对人之气质土壤的改造与改良功用是巨大的，这也正是文学创作重要的社会功能之一。所谓针砭时事，所谓历史长卷，所谓为艺术为人生，所谓草根和贵族，所谓古典与现代，所谓修辞，所谓语法，所谓结构，所谓意象，所谓隐喻，所谓遣词造句，等等，等等。或者都可能是一部优秀文学作品不可或缺的元素，但什么也不能与作品思想的深刻度相提并论——深刻，人性的深刻，哲理的深刻——深刻直接蕴含了作品能得以流传的基因。几分深刻度决定了几许春秋的贯通。

秋雨淅淅的深沉夜，夕晖覆盖大地的黄昏时分，天际一线的傍海漫步，明月当空时的一次把盏临风，突然映现在你脑海中的是几行千古名句，或李后主的凄词，或王维的禅诗，或李商隐的亲情，或泰戈尔的童性，或济慈的高贵，或普希金的纯粹。你感慨无限，你激动不已，你潸然泪下，你反复诵吟，不停咀嚼，却迟迟不肯下咽，你会于突然的一刻领悟到所谓"生命文学"是什么了。

五

还有一条准则，或者说，一项秘密。人之所以为人，古今中外，从原始到超现代，若干特征是共同共通共存共有的。比如说，爱与性；比如说，宽容与复仇；比如说，妒忌；比如说，良知，等等。只要人，这种高度理性，同时也高度感性的动物，存在一天，它们也一定会伴存一天。在这些带永恒性的主题面前，如何深刻了再深刻些，立体了再立体些，幽微了再幽微些；但最重要的还是：如何用最富有时代感和个性化的语言表达出来，构成了作品生命力持久与否的一项关键性指标。

惟这些说说大家都懂，非但懂，而且还能进一步阐述出个甲乙丙丁，子丑寅卯下文来的道理，实践起来却困难异常。这与高僧面壁的道理相若：面壁、盘腿、打坐，三个再简单不过的动作的连贯与坚持，几分钟或者可以，但假如十年呢？一世呢？凡人做不到，或者说，做到也就不是凡人了。面对我们这个貌似五光十色，缤纷绚烂，瞬息万变的色相世界，其实，一条最简单的 $1+1=2$ 或 $1-1=0$ 的公式就能将其一一解读，悉数剖析。这里包含的除了那些庙堂式的宗教理念外，也隐匿了究竟什么样的作品才能得以传世的那条神秘的染色基因。

　　终是牵挂着两句话。第一句是：只有永恒的心态才能创造永恒的作品。第二句是：作家给了作品以生命，而读者赋予作品以生命力。至少在文学创作的领域里，这是条颠扑不破的真理。

二零一二年八月三十一日于沪寓心斋

19. 关键词：文化中国·当代·语言· 教育·反思·作家·作品及其他 ▲

一

采用这么一长串文题，于我，是件很罕见的事儿。再说了，还出自于一个几近于电脑盲，仅与笔纸打了大半世交道的写作者之手，更带上了点反讽意味。我从来就固执地认定：电脑，这个企图在某一日替代人脑的科技怪物，对人类真正心灵语的流出非但帮不了忙，还添乱，堵塞河道，起反作用。就没想到，有一天早晨，醒来，思考着有好久没写东西了，每日所见所闻所思所悟，不记录点什么，似乎有点对不住已活过了的生命时光。就这么一动念，一连串电脑程序式的名词，就像排好了队似的，挨个挨个的在我人脑屏幕上，"嗒嗒嗒"地便打印了出来，令我惊诧。

想深一层，这种现象之所以会发生也不是没有原因的。我一定是哪一天在他人的电脑屏幕上有过这么样的一瞥而过，于是，在我自身的脑存库中便留下了它们永恒的印记。哪一天对上号了，它们便会自黑洞洞的记忆深处不由分说地蹦跳出来，活泼、新鲜，一如鱼竿端上的一尾刚出水面的鱼儿，让你感觉兴奋，有些意料之外，但仍在情理之中。

文题这般定位的原因有二。一是，带点儿印象派色彩与作派的文字组合颇合我的审美意趣及口味。二是，我打算絮叨一番的内容本来就很凌乱，繁杂，说互不关联也有点关联，但说关联了，又显得十分碎片。如此统一在同样也是呈发散性思维标题的框架之中，倒显得有点儿"文如其题"了。

当然，有些应归属于心理学范畴的探究，钻研太深了，会钻牛角尖。再说，也超出了一个作家知性的覆盖面。但，心理学也好，心外学也罢，有些事儿，你是想绕也绕不过去的。我们都生活在现世的现一刻，哲学或宗教的表述语是：活在当下。当下，只有当下才对你有意义。回忆以及展望都是虚的无的空的假的，也就是说，没有了当下，你又如何能走过去或退回来？所谓进程，再漫长，也都得靠一个个独立的当下串联而成。尽管如此，回顾以及向往（在佛学里，这叫妄念）对将来的人类能更优质更完美的生活仍是种不可或缺的存活元素。这是因为我们都是凡夫，而凡夫都少不了会有梦想。梦想哪一天会如何如何了，

梦想哪一天能如何如何了。梦醒了，才知道，原来这一切都是场梦；梦一刻未醒，谁都会全情投入地生活在梦境中，扮演你我各自的角色。还有第三种境界，虽然短促，但仍是存在的。在佛学上，这叫"中阴身"（或"类中阴身"）——而这，正是作家，艺术家们最向往，最渴求能进入的那种创作情景——当梦将醒未醒，或已醒但仍未彻醒时，那一刻的你所扮演的角色是个跨越在两重境界两度时空的临时演员。你，会拥有诸多意想不到的特权，特殊感受，甚至"特异功能"。或"语出惊人"，或"胡言乱绉"这类"边缘论述"——主题的边缘、意识的边缘、方法与方式的边缘——有时还是蛮有意思的。这叫"蜻蜓点水"，一点水即起飞，一起飞即俯冲，一俯冲又点水，如此循环，有趣，有效，而且还留有余地。至于谈题方面，则来个主题清晰，轮廓模糊；什么都说点，什么都不说深不说透。倒不是说不深说不透，而是说深说透了会开罪人，尽管你说的都是实话。而此文想到哪走到哪，走到哪写到哪，写到哪就在哪歇下脚来，做多一番离题发挥的做法就有点它的"相似相"。"语出惊人"谈不上，"胡言乱语"则肯定是有的。

二

先说说语言。

当代中国语言，尤其是书写语，即文学或类文学产品，历经蜕变，到底与《四书五经》、《论语》时代的语言文字还有多少异同？没将这个问题弄清楚，发掘完整之前的任何中文学习者，哪怕是研究者，还都只是个中国当代文学的"门外汉"，最多也只能冠以一顶"票友"的桂冠罢了。从被誉为思想启蒙潮的"五四"新文化运动（以我之见，这种一声喝，便将中国五千年来的传统文化统统斥之为糟粕的思想与行为，如真要计算其利弊得失的话，至多也只可以作五五开。加之群雄四起，军阀、土豪、政客、理想、空想主义者。折腾百年，一觉醒来，道德的沃土都已经沙漠化，传统文化的森林伐尽，留下一片秃坡。现在号召植树造林？是的，也惟有如此了。但古树参天，千年神木的景观，要等到我们之后的哪一代才能重现？而这，与80、90、00后的子孙们也要将我们所崇尚的那套文化体系，从内容到形式也来个全盘推倒之间是否存在某种因果关联呢？值得反思。——题外话）到上世纪三十年代，中国式的"文艺复兴"荷尖初露；从抗战期间，同仇敌忾的街边剧、墙头诗，到建国十七年后挖出的一条所谓"又粗又长的文艺黑线"；从1966年夏始的"踏上一只脚，叫他永世不得翻身！"的"文革"狂飙到1978年后，国门大开，西方的资金、技术、设

浮生三辑 绵情昏睡

备，挟带着各类思潮、文化与生存习性，雾霾弥漫，掩杀而至；当然还有，还有时而零星，时而系列化了的港台、海外华人文化——那些当年被旧政权装在皮箱里拎走了的华夏原生态的文化火种——也改换了各种脸谱，登堂入室，广为传播，倍受青睐。期间，更有华夏大地上，被彻底颠覆了的价值观土壤所催生，所培育出来的"土著一族"：京腔的，海派的，寻根的，前卫的，山旮旯的，黄土地的，此起彼伏，你方唱罢我登场，三天一换"大王旗"。一笔粗略的流水账带过是很难将中国百年来的文化变异，语态杂交说清楚，讲明白的。但你说，今日的华语还是不是《四书五经》时代的了？既然语言变了，文学哪有不变之理？假如让一位120年前的清末举人，穿越时光隧道，来到今日的王府井，在八大胡同影影绰绰的依稀记忆里，左顾右盼，彳亍而行。望着迎面而来，挎着LV提包的摩登女性，听着她们的言谈，不能说都听不明白；街边书亭随便买一份报纸杂志什么的，念一段，不能说全读不懂。但，但咋啦——总感觉语言的轮轴在哪里给卡住了。一个熟识如自个儿掌纹的语种怎么就变得影绰模糊，一如对于八大胡同的记忆了呢？我们的科举大人实在有点弄不明白。当代中国语文之于一位优秀的近代中国学人的感受都已变得如此，更何况是对于一个只是浅受中国古典文学熏陶，略晓当代中国文化、文字、文学皮毛之一二的洋人中的所谓"中国通"呢？

可见语言、文字、文化、文学从来都是活的，它们年年在变，天天在成长，长好长歪不知道，但前三十年不同后三十年，前十年不同后十年，今年不同于明年，这点可以肯定。只是由于时间过于漫长，进程也相对缓慢，不易被人察觉罢了。惟中国在这一百年中社会进化突然提速，而这又是中华历史溯上五千年来从未有过的事。一百二十年前的清末举人茫然于今日语文环境之程度绝对无法与四百二十年前明末举人不适应清末文化相比拟。再有，凡在一代人的生命中有过记忆之车辙的，车过人散曲终之后，谁都无法将其痕迹完全铲除抹平。比如说，许多人憎恨"文革"，便连带着地憎恨一切出现在了那个时期的文化现象，力图否定它们曾经存在过的事实。说，那个时期没文化，只有疯狂，只有理智丧尽人性扭曲，那时期是个文化的真空期，等等。事实果真如此吗？你走去公园的大草坪，头发斑白了一圈的大叔大婶们围成圈，激情地高唱"文革"歌曲。有时，柳荫回廊，鸟雀"叽叽"的欢叫声中，有人悠悠地嘎起了二胡，马上，就有人开始"打虎上山冈"了。这种生活场景在今日的中国随处可见。而凡真实的生活，又是不可能不在当代文学作品中留下它们印记的；哪天，作品走进了文学史，记忆不也一块儿跟了进去？而你所希冀的"真空"便不再是真的"空"了。

记得曾几何时，有一本在中国的知识人群中很畅销的书，名曰：告别革命。并由此，东效西颦的引领出了一长串相似的书名：告别高尚、告别理想、告别平庸、告别乌托邦、告别……不一而足。没什么，只是反映出了人们在经历了那段荒唐历史时期后的反思、痛心疾首以及后悔莫及。要追溯它的原始起点，还是 1919 年的那场极端运动。但革命不会引领进化，革命只能导致循环——这点，当时的人们可能没意识到。问题出就出在"R"这个英文字母上。"Revolution"——在"evolution"（进化）前加多一个"R"，"循环"的前缀韵。这个英文单词在其造字之初就将某种晦义暗藏了进去。革命在经历了血腥、暴力和杀戮后又回到了原点，重新起步。我们不都在上世纪五十年代已昂首阔步地迈上了共产主义的康庄大道了吗？怎么现在又说是回到社会主义初级阶段了呢？其实，这话还只能算是一句折中语（中国人的政治词汇斟酌技巧远高于文学的），观其现状，最多也只能算是资本主义初（中）级阶段。当然，今日的我们都已开始明白了，但是不是迟了点？所付出的代价是不是高了点？唯如能将其转化成深刻的教训，落实成为行动的果断，相对于漫长的人类历史而言，在什么样的时刻开始清醒都不能算迟。而什么样的代价之付出都谈不上高。

为什么要重提这桩事呢？因为今日的我们似乎又都不自觉的陷入到了另一场不叫"革命"的革命运动中去了。不是"文化革命"，当然不是，而是"物质革命"、"经济革命"、"科技革命"。在这场运动中，人人忘我个个狂热，一如"文革"当年，政治热情的无比高涨一个样。而由此导致了的道德沦丧，价值观崩溃，人格与物格的高度劣质化，会不会又让我们，或我们的子孙们，在某一天发现又退回到了某某主义的"初级阶段"，重拾启程呢？我看悬。在此冒昧措辞一句泼凉水语，还望不至于扫了那些正朝着财富巅峰攀登人们的蓬勃兴致才好。

三

扯完了这些，不知怎的，我又联想到了某项国人高山仰止的国际文学大奖的颁发——不早说了，将醒未醒时分的"游魂"是"为变"的？华语作家有幸在 2000 与 2012 年两度获此殊荣，本来是件美事，好事。可惜美中有不足，好中有瑕疵。而问题之一大部分就是出在语言——当代中国的文学语言——上。文学是什么？文学其实不是什么，就如绘画是色彩的艺术，音乐是声音的艺术，文学首先是语言（文字）的艺术。这也就是"美文"这个辞汇之所以会产生并流传开来的缘故。至于社会教化，历史反省、心理剖析、哲义探究、宗教隐喻等等，都只是在这匹语言织锦缎上的朵朵绣花罢了——皮之不存，毛将焉附？记得有位作家写过如下一段论述，大意是：用越是精美，含金纯度越高的语言原料所打造出来的故事、人物、情节、意象之器皿的终极价值越高的理由是：即使到了有一天，时过境迁，当这些故事，这些人物，这段历史对于后来的阅读者们再无兴趣可言时，它们语言的金质地仍具回炉重铸的价值。但假如是用铜的、铁的、合金钢的？甚至是木的石的泥的土的沙的呢？在这件事上，语言的终极文学价值便毫无遮掩地凸显了出来。笔者微弱的优势在于还认得半打英文单词，粗通文法。哪天找来获奖华语作品的外文译本来"比较文学"一番。想不到刚念上几页，便暗自惊诧了起来：译者训练有素，精美韵致的文字功底与华语原版三"R"（Rough, Raw and Rustic）式的语感大相径庭，实有云泥之别。还有，故事的叙述内容也已走样，有增有略。译者加大了西方式的想象能量，力求迎合西方市场与人文的价值观，以及对于东方式人物与生活情状的猎奇心态。一部驴唇不对马嘴的译篇，与其说作者获创作奖还不如说译者获会意篡编奖来得更合适些。说得更戏剧化一点，哪天将译文拿来再倒译成中文，一炮而红国内翻译作品市场的可能性不能说不存在。到时，再将它呈现于原作者眼前，他的台词或可这样来表述。人家外国作家就他娘的厉害，从未来中国生活过，想象力的触须竟然能伸展到咱北方的农村、山坳和偏区，还写得如此精致而传神，这不能不叫中国当代作家们汗颜哪！他哪知道，假如将小孩抱去医院，也来个亲子鉴定的话，它原来还是你王二麻子的亲骨肉呢！

　　笔者敢冒天下之大不韪的揣测是：此项国际奖项评委之中，究竟有多少位能直接品阅原文，并能真正提取其语韵及文采之精髓的？而单以译文为基准的评定又会是一种什么样的评定？而文学，在完全（或很大一部分地）排除了语言（即文字）这项基础因素在外的作品，其实已不再是什么文学作品了，至多也如作家莫言所言：是个讲故事的人所讲的故事。奖项的评定和授予本不应是件值得作家艺术家们太去关注的事儿，他们注意力的重心始终应该放在对其作品精深度的打磨上。反倒对于奖项的评判者，当在处理东方这一意蕴深奥，形态神秘的古老语种时，必须小心别在其丛林深处迷路，一疏漏墨，便可能把整幅书法作品污点成了永久的历史话柄。

　　走笔至此，联想到一位海外中国文化学者不久前曾发表过的言论，说，越是书写粗俗的生活场景，愚昧的人物形象，越是需要五大三粗的语言表述体系。这才表里合一，默契而呼应，云云。当然，这里的所谓"五大三粗"之中还包含了文法不通，遣词造句成误等中国语文的基础训练元素。如此悖论，绝不可能是该学者学养水平不够或理解能力有欠缺所致。这类形似质缪的诡辩术，一度国人都有过"曾似相识"感。窃以为,如此问题的理解恰恰应该是逆向的:越是书写愚昧混浊的题材与人物,越是需要作家具备过硬的文字素质训练和语言修养水准。因为粗俗愚昧的生活场景和人物心理之呼之欲出,神似而相非,正是依赖作家精美、传神的文字流动所营造出来的那种强大的语境所导入的,生动、真实、准确、栩栩如生。生活之粗俗人物之愚昧属题材之本身,而语言之精妙与表述之准确体现的则是作家的文学功底和对文字的驾驭能力。怎能混为一谈?

四

再将谈题扯回来。刚说哪了?噢,对了。说到一个一百二十年前的清末举人返生还世,重临王府井作"一日游"。在他生活的那个时代,"五四"运动还未爆发,但中国的政治、民生与文化的积弱已到了"阿芙萝巡洋舰朝着冬宫一声炮响"的前夜。就是那个时代的中国社会之情状,在西方精英们的大脑中根植下了深刻无比的印象。印象是如此深刻,而且固执,乃至于到了他们的孙辈,重孙辈,重重孙辈,还不肯轻言放弃这种对于中国的文化想象。他们的理性或者已经跟上,知道如今的中国早已如何,如何以及如何了,但在他们的潜意识中,他们坚守,坚守祖上传下来的那方记忆阵地。他们所以要坚守也有可能是因为他们暗中希望中国仍然,应该,一定,还是,如此。他们还停留在了"赛珍珠"时代,停留在了八国联军攻占北京时,拖辫拉车人,眼中闪着惶恐的神色,仓促躲闪到一旁去的场景之中。十九世纪粗劣的摄影术留下了他们愚昧而又贫困的身影,与太阳伞高礼帽们的形象与礼仪形成了强烈的比差效果。他们蔑视华裔人种的那颗种子就是在那时播下的。且代复一代,固态化,常态化,基石化,甚至于都快化石化了。凡符合他们这种文化想象的所有文艺作品统统都是好的、真实的、深刻的、具有颠覆意义的,因此,也是能获得某类国际奖项来以资鼓励的;反之,则是虚假的、粉饰的、僵硬的、程式化的、或经某种意识形态"洗过了脑的",总之,是没任何价值可言,最终都会被扔进历史的垃圾桶里去的。这种非黑即白,非正即反,非柔即刚,缺乏灰色中间地带的价值判断显然是非客观的。尤其是在对待以语言为创作原材料的文学作品时,对于当代中国语言的进化过程、结果以及成就所知甚微的人们又如何能把握好这竿尺度?

然而,歪打正着的结局反倒变成了:西方人的这种心态被国产人种当场活捉,从而在中国催生出了为数不少的一批专事"黄土地"文化生态的文艺工作者：美术的、影视的、文学的、音乐的、雕刻泥塑的，几乎遍及各个文艺领域。取悦洋人，迎合洋人的结果是令他们在西方的获奖率，人气度，曝光率都迅速蹿升。当然，对于当代国人而言，这种获奖的宣传代价是：让他们后十九世纪的所谓"愚昧之态"更加深入西方人心。这原是经一番苦旨琢磨，精心策划的。他们在读懂了西方人的那种只可意会不可言传的心态的同时，更明断国人的根性：排洋，贬洋，否洋的精神实质是崇洋，媚洋，尊洋，唯洋是瞻。这种自卑感（Inferior Complex）与自尊感（Superior Complex）的情结交织正是现代心理学领域里最难对治的病症之一种，而我们偏偏又都患上了。这些人本就是这个族群中土生土长的一分子，他们又如何能不明白你们的这点儿心思？于是，他们便出手了。就好比那些个"雷人"抗日剧中所绘声绘色的那般：头戴一顶"皇军帽"，开襟宽袖筒衫，腰间横挎一"盒子炮"，这里嘀咕几句，那边吆喝一片："各位父老乡亲们，都给我听好了啊……啊……啊，皇军已说了……"这真是有点儿像那批"文化汉奸"（请允许在下的不敬语）的漫画像。唬住了当官的同时，也唬住了大众。其实，当官的当年不也来自于大众？且上行下效，习惯了凭官员眼色行事的大众，能在当官的说行时说不行吗？于是，奖项一旦到手，啥都搞掂：房子，位子，车子，票子，还有小娘子。

西方获奖成功的中国效应不全如此，但也基本如是。这是一出绝妙的以洋制华的当代版。见到满街穿戴华美的富家狗了吧？干活干怨了的年轻人会说，下辈子当狗去，当宠物狗。每天要干的就是猜透主人的心思，讨他（她）欢心。便能整天被抱拥在美人的怀中，尽享温软细语，衣食无忧。"我愿做一只小羊，偎在她身旁，我愿她将那鞭子，不断轻轻地打在我的身上……"——哦，多么令人陶醉的意境哪！

其实，每个民族的文化都有它的特点，并无优劣之分。西人文化，就如他们的竞选那般，是自我张扬、自我宣传、自我吆喝、自我招徕的文化。这与中国儒式教育的谦逊、礼让、含蓄，而后才能得人以尊重、认同、赞叹和推崇的文化模式刚好相反。两种文化各有其亮点与阴面，好处以及弊端。率真的可爱并不应遭到谨言慎行者们的批判与否定，它们之间并不存在矛盾与冲突，看只看适不适合谁的脾性罢了。假如一定要说有关系，那是鱼与熊掌的关系，千万别指望能兼得。试想，假如中国式的运心术再配上美国式的吆喝劲，这条道一路走下去，究竟会踏出一种什么样的步姿来？搁下钓鱼岛问题不谈（小平同志不也说了，留待后人来解决，后人的智慧比我们高吗？），至少在这一点上，我们真还得向倭寇一族学着点：他们是决不肯将自己的文化遗产与民族尊严献上，供他人作踏脚石的。

五

月前听闻一则报道，说，今年高考外语比分的占有率从 150 降到 100。而中文则相反：从 150 升至 180。这，又释放出了何种讯号？值得叫人玩味一番。权以此展开去，再扯多一个话题。

首先，文化一事不是搞经济，更不是安排官位：定个指标，叫什么（谁）下来，让什么（谁）上去。文化是一种代复一代，渗透式的潜移默化。往往于无声中便酿成一劈惊雷了。再说了，所谓要与国际接轨，融入国际社会，在国际族群中发挥更大、更深、更有效的影响力，云云，外语（尤其是英语），这项基础技能必不可少。决不可能是外语水平下去了，中文水平就一定上来。或者：为了叫中文水平能上来，就必须把外语水准（要求）适当压低一点。就语言技能的训练层面而言，这两门学科的培训进程非但不矛盾，反倒还有很强的互促互补性。这样说吧，玩得转母语的，对外语的领悟力和语感度肯定高人一筹；而外语学精了的，其母语水平也差不到哪里去。在我们的前辈知识人群中，随便找出两个来，林语堂，傅雷，便是。现在还有个错觉，说是从小就出大代价，将孩子往西地一扔，让他整天与高鼻子蓝眼睛们混在一起，还怕学不好外语？外语，外语，不就是外国人说的言语吗？再说了，咱中国不自古以来也有"楚人学齐语，置于齐"之一说吗？但不同。这里指的是方言。京人、沪人、粤人，我们说的、写的、用的、都是汉语，有着相同文字与语法体系的汉语。由此错误观念引发的所谓"疯狂英语"、"二十天说一口流利英语"、"会说中文就会说英文"等之类的荒唐广告语，电视、网络、街头、随处可见。其实，只需发一个小小的提问就不难将此谎言揭它个 inside-out（底朝天）：满大街都能说一口流利中文的路人，难道随抓一个就能到大学的中文系，汉语系当教授？在美国，这个理儿不也一样？这种将孩子"往西国一扔"说只能吓唬一下从未出国受过训，老是从里往外瞧的你我罢了。与高鼻子蓝眼睛厮混一通，从未肯真正下苦功的学习者，到头来，仍一事无成。而所谓一口流利英语的很大一部分组成成分乃 Street Talks & Patters（街头流行语）。一旦动笔，其 Spelling and Grammar Errors（拼写以及文法错误）之纰漏百出令人瞠目——还远无法与纯粹自国内院校培训出来的学生相比拼。可见语言是一项由多部件组装而成的复杂而又巨型的知识工程。而 Street Talks（街头语）与 Academic Lectures（学术语）绝对是风马牛不相及的两码子事。只有无知者才会拿着 Swarovski（奥地利产的一种高纯度的玻璃产品）的玻璃球当作十克拉钻戒来炫耀。当然，也只有同样的无知

浮生三辑 绵情昏睡

者才会去相信，去上当。盲目崇洋的结果不是什么，而是让洋无赖也有了能在中国大街上手挽窈窕，一享尊贵的机会。

六

教育，说到底还是教育。教育机制、教育观念、教育宗旨；教学目标、教学手法、教师资质。而资质的涵义中，除了水准外，更是指其为人师表的品行与人格。家长是学童的监护者，教师是家长的导航人，而教育衙门又是教师队伍的组建和管理核心。于是，脉络便开始清晰起来了：所谓德智体全面发展，德始终带在头里。不是今日如此，古代也如此；不是中国如此，外国也一样。乏德而育的结果，无论是于育人者还是被育者都是含有毒性的。而社会在缺乏了道德黏合剂的整合中，终将会风化为一盘散沙。毛主席他老人家始终高瞻远瞩，他不早说了：纲举目张——当然，很可能也是从古人那儿借鉴来的——但无论如何，这是一句智慧语。就那么一条主线，抽高拎起，其他枝节，诸如中文外语孰重孰轻，举棋不定一类的困惑，自然也都顺风扬沙般地飘走了。

80、90、00后的年轻一代，因崇洋连带到物质崇拜，科技崇拜，甚至于洋文崇拜洋文化崇拜的原因，当然还要追溯到中国这近百年来一浪高过一浪，一潮汹涌过一潮的，杠倡"文化"之名，行毁"文化"之实的，连串的"革命"、"革新"、"改革"运动。近因还得落巢在他们的上一代，即我们这一代人的身上。在"文革"的炼丹炉中，我们究竟练就出了一些什么样"火眼金睛"的法术？铸造出了一种什么样的人生观、价值观、道德观和理想观？说"垮掉了的一代"，不太好。更有甚者，说是"喝狼奶长大的一代"，当然更不中听。但当年的造反有理、打砸抢斗、虐亲辱师的案例还嫌少？更有把人活活逼死，打死的。当时的我们正值青少年的生理与心理萌动期，那个年龄段种下去的种子能不影响你一生？近半个世纪过去了，现已六七十近古稀之年的我们开始了反思，开始痛哭流涕，开始上网忏悔（无论如何，忏悔总比不忏悔的好），但，生命的蜡烛已燃近根部，我们都已回不到过去，而血脉里留存，累积了五十年的"PM2.5"毒素会不会毒性发作？你吃不准，哪天遇上一位出家人，叫声师父，以求其解。他会向你一合十，说："阿弥陀佛，那是要下地狱的，苦海无边，回头是岸……"。是啊，随着那一天的步步逼近，我们都将何为？畏惧感日增，困惑的阴霾在变浓，无神论的信念愈发脆弱。这是因为从人心的内部始终有一个声音在呼唤在质问在警醒，说，你这一生都干了些什么呀？踏过了生死那一条界线，谁还会是谁？什么还会是什么？如何还会变得更如何，或是更不如何？——这个声音是什么？这个声音就是人与生俱来的，永不会泯灭的良知的呼唤，自性的呼唤。再说了，我们也有过三十四岁，四五十岁的年记啊，别忘了，那正是我们的下一代心智成长，成熟的关键期，那时的他们又能从我们的言行和意识里接收到些什么信息，授受到些什么教育呢？从"和尚打伞"——那些无法无天的日子里走过来的我们这代人，要培养出心性温良品学兼优的下一代来？"性相近，习相远，苟不教，性乃迁"——责怪后代，还不如先责怪我们自己来得更合理些。

当然，西方没有"文革"，但西方有"科革"、"技革"、"经革"。就破坏的严重性而言，后者远逊于前者。但两者表异质同，同样会对人类精神的绿源起到沙漠化的作用。如今全球一体化了，东方人向西方学，西方人往东方流。两头怪兽交媾后生产出来后代会是个啥模样？不敢想象，也难于想象。作为生活在今时今日的我们，就像曾生活在前朝前代，感慨世风日下的无数前辈们一样，或者终将证明一切都是杞人忧天。相信人类的自我修复机制，世界总会找到一条走下去的出路的。假如连这点信心都丧失的话，那就甭活了。但无论如何，没有了信仰，没有了宗教，没有了伦理，没有了道德操守的基本约束，我不知道，我们不知道，谁也不知道，何人将把世界引向何方？是的，科技很重要，就像人的肉体很重要一样，但没有了精神擎柱的肉体只是一具行尸走肉；同理，没有了信仰的世界是彻底消解了内聚力的世界，终将会走到土崩瓦解这一步。

但文化不同。文化是人，作为一个精神存在体的唯一，也是基本标杆。因而，也是对治这种物质虚无症的最佳处方。由文化之内涵所辐射出来的那种精神气场是另一种宇宙，与我们现在用天文望远镜所观察到的物质宇宙完全等同，它们平衡在人之所以为人，人之所以是人的那架天平的两端，稳妥而安全。从这点出发，所有权威奖项的评定是否都应朝此靶心瞄准？放下一切偏见、固见和执见，思考一下，当今人类的价值谱系中，除了西方人族所大力提倡的民主、自由、人权外，是否还应包括业已变得十分稀薄了的，本质上的，而非形式化了的，宗教、道德、伦理、因果教育等等，虚弱的人类精神机体急需进补的营养成分呢？相信对这些标准的遵循将向全人类释放出一种积极的信号，从而让国际权威评奖真正责担起一艘世界航船瞭望员的重任。

七

犹言未尽，还想说多点有关语言（文字）方面的事。世界上有上百个民族，上千种语种（包括方言）。其中，唯英中两语才是鹤立鸡群，一览众山小的巨人。先说英语。作为世界语，英语当之无愧。经历了几百年（尤其在近代）的进化、扩充、兼收并蓄了法文的优雅，德文的果断，俄文的规范，意文和西班牙语的浪漫以及妙趣，加上英语世界本身的源远流长，今日的英语已成为了地球上最先进生产力与生产关系的标志和象征物。当然，还得加添上英美两代世界霸主的垄断与推广，以其母语为代表的强势文化，不由分说地介入到了世间的一切事务之中，渗透进人类生存的每一个角落。如此事实，毋庸置疑。

再说中文。中文，这一蛰伏了五千年，曾被誉为东方"智慧符号"的语种，就如一坛深埋于塔基下的舍利子，哪天被发掘，得以见天日，决定佛光普照大地，柔和而温暖。光之所至，无所不显，无所不明，无所不在，无与伦比，且无往而不胜。在人类社会还没能完全领悟并获得其实际好处之前，有人会说，哦，这大概只是一种夸张一种形容一种比喻罢了。其实不然，这是一句再贴切不过的描述了，尽管眼下的情势还远未臻如是。这百多年来，它的使用者们信心沉沦，人尊我贱，人杰我粕，自贬自卑的情绪已渗入了民族的骨髓，连他们自己都无法认识这块祖宗留存给子孙们的无价瑰宝，那就甭怪他民异族会如何来待之了。

然而，近年来，随着中国国力的迅速崛起，对中文的价值评估先从经贸，外交，国际事务交流等诸多实用领域起步，大有渐入其脏腑，即语韵、语法、语构、语感等语言本身的深层次组成元素之趋势。换而言之，将用中文构建，书写出来的文化、文学作品作为一种艺术来品尝来鉴赏的日子的到来，现在看来，只是个时间问题。在此关键时刻，吾国人之有效配合决定是支撑其最终能得以成就的另一个重要受力面。自秽形惭，唯西为尊一类的逆动力理应减低，乃至彻底消散去。西方的优秀要学要借鉴，但自身的优势，祖先的遗泽更应珍惜，爱戴，发扬光大，开河宽渠，让它们能通畅地流向世界。尤其是当代中国语文，历经劫难，重塑，抛光，打磨，上釉，等等一系列"工艺流程"，使之与相传，坚守了几千年的古老的文言文相比，更焕发出一种独特的奇光异彩，匠工天成。犹如自古树根部上迸发出来的一尖茁长的新芽儿，拥有了无比强大的生命力，出乎意料地变异成了一种崭新的衍生语种。总有一天，它会得到世界的认同，欣赏和赞叹。并由此成就为能与现代英语相比肩的两座语言高峰，耸入云端，仙雾萦绕，遂演变成一大片各类艺术品种得以成林，成材的沃土。

但话还要说回来。去除盲目逐西崇洋之陋习绝不是单靠削足适履式的减外语分填中文坑的办法便能奏效的。正确的理解应该是这样的：中文100分了，外语也能争取100分；而外语100分了，中文更应超越100分。能拥有这样的志向，能树立这样的学习目标才对，才好。世间事总是这样的：人们尊重你的文化了，人们也会尊重你的人格；人们尊重你的人格了，人们自然都会信任你的一切——从言语到行为。摘取国际文艺（学）奖项，因而，不再需要靠揣摩，迎合，抄近路，找捷径一类的运心术了。而这一天的到来，才是中华民族能真正扬眉吐气时代的降临。绝对不是靠世界第一高楼、全球最快铁路干线之类的硬件攀比可以叫人心悦诚服的。

八

杂乱无章的扯了一大通后，再绕回我那文题上去。首尾呼应，中学堂里上写作课时，老师向我们传授的基本技法中，好像就有此一项。

"关键词"一说，虽带点儿印象派色彩和发散形思维模式的现代元素，尽管新鲜，有趣，贴近时尚，但在我的心中，仍有一种忧虑在隐隐作梗。为了绕过网检的哨卡，为了"多快好省"地垒建语言大厦，为了让个人意志的表达欲尽快地社会化，一套别出心裁的网络语的（算不上是体系的）体系，正悄悄成形——成形为青年一代的时髦和"灰色幽默"。要知道，绝不是每每都会"印象派"的——这纯粹是我个人的解读行为——白字，错字，别字；音同字不同，音同意不同；或反过来，字同音不同，字同意不同，等等，等等。一切都是故意的，一切都是为了引来网友们赞赏的欢呼。如此泛滥开去，又会把我们美丽严谨的中文语种带往何处？或者是我多虑了。多虑，少虑，和从未作虑的结果其实都是一样的。然而，我仍要多说两句：起底好中国语言，就要起底好中国文化，起底好中国文化，就要起底好中国历史。历史的长河就如此这般地奔流而下，该沉淀的沉淀，该涤荡的涤荡，该携带而去的携带而去，该掀起浪花的也一定会掀起浪花。没人能左右它，也不存在任何商榷的余地。只有你去了解它，走近它，切入它，适应它；绝无它会来答理你点什么的。而今日的网络语与新一代人群的价值取向也将符合这同一规律。唯一点可以肯定：已流逝了五千年的中华文化，中华语种仍会以它特立独行的姿态继续她那浩浩汤汤，摧枯拉朽的进化流程。

二零一三年十二月三十一日完成于上海 Howard Johnson 酒店公寓套房内

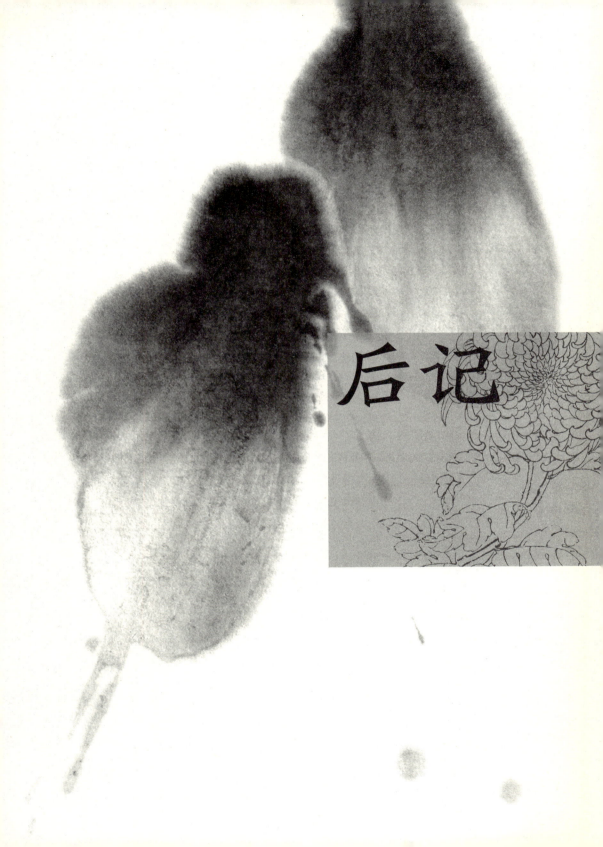

后记

文集之散页便堆砌在案头，蒙尘积垢，一过又是两年，而我，也已六十有三了。

《浮生三辑》编后记 ▲

童年、少年、青年、中年——当我登上耳顺之年的六十层高楼向下俯瞰时，整片的生命的记忆竟都变得灰霭而温柔，边缘模糊，亮点不再，让人生顿生一种烟雨苍茫的背景上，有一条天际长河隐约流动而过的感觉。我知道，这便是我那朦胧的人生轨迹了。

这，就是我此时此刻在案前坐下，动手编排这本册集时的心情与目的：心情，为了感慨为了重温；目的，为了总结为了觉悟。在此文集中，之所以所有的篇什都以年代和月份的顺序贯穿起来的动机无非是为了对我生命轨迹的一种苦苦追寻，努力但有时也很无奈。

有时想想，当个作家也不能不算是件幸福的事：一点一滴，一字一句，每天，他将自己生命的每一寸推进都归流进了文字的河床中去。待到他老了，他或者可以在某一天溯源回归。在童年或少年的树荫下，他盘腿安坐在一块青苔茸茸的石板上，静静地垂钓一个下午直至黄昏。而当那些濒于遗忘的往事突然活蹦乱跳地自他鱼竿的顶端腾空而出时，那份情趣和感动又岂是一个非作家者所能体念得到的？

其实，每个人的生命，自他呱呱坠地的那刻起，就注定会去走一段必然必定也是必行必经的路程。走过了也就走过了，忘却了也就忘却了，惟录下后重阅的感受恰如梦醒未醒时分，手握一把美妙的虚无；眶泪欲滴在微笑的余波中。什么样的形容都是苍白的，什么样的解释也都是徒劳；突然映入你脑屏的很可能是一句类似于"黄粱一梦"的成语，或者更甚——这是某段宗教意味极浓的偈语：色不异空空不异色，色即空空即色，难道你这日子串联日子的一生不是对此段经文的最佳诠释吗？

感谢中国社科院文研所的 L 君和出版家 C 女士，有了他们的鼎力相助，才有了这本文册的问世。在这个拜金主义盛行，追名逐利不择手段的非常时代，不知道我的这些唧唧哦哦着深秋虫鸣般情调的散文作品能否为阅读者的心灵带来些许慰藉？

作者　二零零九年三月三十一日于上海寓所

数易其稿——代新后记 ▲

　　数易其稿，指的是后记，而不是本书的收录篇目。

　　花甲之年，即 2008 年盛夏，好友，社科院的 L 君，于其新版旧著问世之时，也向其书的出版商举荐了我，并嘱我自选一散文集，以备付梓。于是，便有了这部《浮生三辑》的诞生。书稿是有了，也交了，但"黄雀一去杳音讯也"。事隔年余，才由 L 君婉言转告说：此集太纯文学了，如今出书需创利，而创利，要么内容抓人眼球，要么作家知名度妇孺皆识，此人两头不着岸，非也！此言伤是伤人了些，然毫不虚饰，切中肯綮；刀及要害，一针见血。我，不就是这么个人吗？在这么个文学必须与权力或类权力相结合才能彰显其影响力的时代，我，正如摇滚歌手崔健所唱的那般，"一无所有"。无权，无势，无背景；无学历，无头衔，无圈子，无组织可归靠，当然也无任何掌控之文学阵地可供投桃报李之用，偏还死心塌地咬定了"纯文学"这块硬骨头不放，绝无商榷之余地。再说，一把年纪了，还有什么远大的文学或仕任前程可言？故，于此人身上押下投注，回报无期。如此一件"多无产品"，遭此冷遇，实属情理中事矣！

　　于是，文集之散页便堆砌在案头，蒙尘积垢，一过又是两年，而我，也已六十有三了。直到有一日。有一日，陈先法兄前来陋居叙谈，视及此稿，粗阅之下，便表示愿尽力相助。他是出版行家，理应明白个中因由，却能如此真诚，敢于承担，遂令鄙人感动不已。当然，后记之修改也就事所难免了。L 君改成了先法兄不说，某出版社也改成了另某出版机构。如此这般，又过招了几个回合，先法兄大名没变，另某出版社则改为了另另某出版社，进而，另另某出版社再度易帜成了另另另某出版社。至于屡遭拒版的理由亦与北京方面的大同小异。于是就到了这一回，当我已六十有七，直逼古稀了。

　　期间，也不是没有过明白人指点迷津的。一说是当今出版世道，有一条路是永远畅通的：买书号出书。管他娘的纯文学俗文学，曲高和寡还是低级下流，只要是不违法的，都行。法，或许也算个法，坏就坏在我老甩不掉在小学堂里就念诵过的那几行诗的记忆。这是一位被关押在国民党大牢中的革命志士，在被要求写一份悔过书，便能放监出狱重获自由时写下的：**让人进出的门紧锁着／为狗爬出的洞敞开着／一个声音高叫着／爬出来啊／给尔自由！** ……少年时代建立起来的价值观体系就是如此可爱而又可恨，执拗且无药可救。去与那个曾是不齿之徒的自己还是他人的影子打交道？俺不干！

二是，有人劝告说，如今的互联网，人人都上得——不是吗？虽说，这是片嘈杂不堪的大排档，本不应是个适合我等这般年龄与写作风格的作家们的登台场所，再说了，我对互联网知识之贫乏又几近于零。但毕竟，这是一条通往在遥远遥远处还存有一线依稀光亮出口的甬道，在热心青年朋友们的鼓励和相助下，我毅然上路了。在这片良莠不齐，生态杂交，有时疯长，有时荒芜，有时怪石嶙峋，有时绿洲盈盈的广阔虚拟世界之一隅，我也像社会上所有那些酷爱文学，却又找不到发表渠道的业余写手们一样，从头来过，你蹭我挤地摆设了一席摊位，叫卖自己的文学产品。但我仍是快乐的，自在的，心安理得的。至少，我可以不求人，活得有尊严，有自我。而在这片人熙人攘的表达空间，向我摊位流来的虽仅是一条涓涓细流，但他们都是些真心喜爱文学，不带任何功利企图的人们，这就够啦，他们不就是我要找的知音人吗？就这么，我一篇一篇，一章一章，一首一首地剪贴，上传，不急不缓，不慌不忙。我像一尾小鱼，潜游在一口生态蓬勃的池塘的深处。我记起了法国诗人保罗说过的那句话：但愿我的诗能被一个人读一千遍，而不是被一千个人只读一遍。

那一日，先法兄再度屈临陋室，告诉我说，已与上海世纪出版集团世纪文睿文化传播分公司基本谈妥，他们愿出我的这本集子。我当然高兴啦，对于我们这个年龄段的写作者来说，纸质出版物的情结毕竟是深刻得此生都无法割舍的，一旦有机会，我那内心余烬未灭的希望便又会"死灰复燃"起来。余下的问题是：我的后记是否又要另易其稿了？但这次，我决定换种方式来处理。本来，这册集子所收的文篇，就是我六十数年来生命轨迹行进式的记录：有甜蜜的恋爱季，有美满的婚姻期，更有家变后，个人感受上的，近乎于"百年孤独"的绝望岁月，棘途漫长。然而，我的这次文集出版经历之本身不正也符合这一选稿标准吗？于是，在保留了的旧后记的基础上更续上了这篇新后记。

其实，此回出书的艰辛与曲折，不仅是对我，一个作家来说是空前的；它折射出的，同样还有出版系统自身面临的日益逼仄的生存空间。纸媒出版业面对这前所未有的挑战时，将如何自处？这是当历史的车轮滚滚向前时，向一切的曾经是辉煌者们提出的同一道难题。还是达尔文的那句话：适者生存。我们无法改变历史，只有历史来改造我们——当然，这些都是我，一个写书人的题外话了。

数易其稿的故事讲完了。但愿此回能梦想成真——中国有她宏伟的强国梦。我们这些当作家的，也有我们小小的，谦卑之梦啊。

甲午年立夏日，识于沪寓

图书在版编目(CIP)数据

浮生三辑/ 吴正著.—上海:上海人民出版社,
2014
ISBN 978-7-208-12532-2

Ⅰ.①浮… Ⅱ.①吴… Ⅲ.①散文集-中国-当代
Ⅳ.①I267

中国版本图书馆 CIP 数据核字(2014)第 202320 号

出 品 人　邵　敏
责任编辑　邵　敏　方蔚楠
封面装帧　流　鲤

世纪文睿出品

浮生三辑
吴　正 著

出　　版　世纪出版集团 上海人民出版社
　　　　　(200001　上海福建中路 193 号　www.shsjwr.com)
出　　品　世纪出版股份有限公司上海世纪文睿文化传播分公司
发　　行　世纪出版股份有限公司发行中心
印　　刷　上海市北印刷(集团)有限公司
开　　本　720×1000　1/16
印　　张　15
插　　页　1
字　　数　230 000
版　　次　2015 年 1 月第 1 版
印　　次　2015 年 1 月第 1 次印刷
I S B N　978-7-208-12532-2/I·1298
定　　价　28.00 元